马克思主义理论学科
研究生系列教材

MAKESIZHUYI LILUN XUEKE
YANJIUSHENG XILIE JIAOCAI

马克思主义与
当代社会思潮

（第2版）

肖　巍　主编

北京师范大学出版集团
BEIJING NORMAL UNIVERSITY PUBLISHING GROUP
北京师范大学出版社

马克思主义理论学科研究生系列教材
评审委员会

主任：顾海良

委员：陈占安　　梅荣政　　逄锦聚　　沙健孙

　　　　吴潜涛　　张雷声　　郑永廷

前　言

习近平总书记在纪念马克思诞辰 200 周年大会上发表的重要讲话中指出，马克思留给我们最有价值、最具影响力的精神财富，就是以他的名字命名的科学理论——马克思主义。马克思主义是中国共产党人立党立国的根本指导思想。高校马克思主义理论学科建设是社会主义中国高校"双一流"建设的重要内容和思想政治工作平台，高校马克思主义理论学科在凝集马克思主义理论研究学术队伍、引领哲学社会科学发展方向、推进党和国家主流意识形态建设、支撑高校思想政治理论课教育教学等方面，发挥着不可替代的重要作用。面对新时代、新形势、新任务，加强马克思主义理论学科建设，充分发挥马克思主义理论学科的引领作用，是巩固马克思主义在意识形态领域主导地位、提高社会主义意识形态凝聚力和引领力的重要任务，是一项具有重要意义的战略工程。

2005 年，国务院学位委员会和教育部下发了《关于调整增设马克思主义理论一级学科及所属二级学科的通知》，将马克思主义理论学科从政治学学科中分离出来，升格为法学门类下独立的一级学科。至今，马克思主义理论学科建设已经走过了十几年的历程。十几年来，马克思主义理论学科由弱小到壮大，发展势头迅猛，取得丰硕的成果并取得宝贵的建设经验。随着高校马克思主义学院的广泛成立，马克思主义理论学科，在体制机制保障、经费支持等方面有了较大的改善和提升。但就学科发展来讲，还有许多基础性、内涵性的工作有待推进和加强，具体体现在课程设置不规范、教材建设相对迟缓等方面。加强马克思主义理论学科建设，现阶段迫切需要的是加强马克思主义理论学科课程设置的规范化和教材建设。

2015 年，为有效推动马克思主义理论学科的发展，规范并建立研究生阶段马克思主义理论学科教育与教学体系，整合优势教育资源，反映马克思主义中国化时代化最新成果和中国特色社会主义新经验，北师大出版社邀请国内重点马院，统一编写"马克思主义理论学科研究生系列教材"。本套教材涵盖马克思主义理论一级学科下设的 7 个二级学科，对应在马克思主义理论学科硕士阶段开设的 9 门课程，以及博士阶段的 3 门延伸课程，共由 12 本教材组成。本套教材的出版，为当前马克思主义理论学科研究生阶段的教学实践提供了权威的参考，同时也规范了全国范围内的马克思主义学院的课程设置和人才培养计划。

在北师大出版社组织的"马克思主义理论学科研究生系列教材"启动会上，由顾海良、沙健孙、梅荣政、郑永廷、张雷声、逄锦聚、陈占安、吴潜涛8位专家组成的本套教材评审委员会，认真和严格地对每本教材的提纲进行了审议论证，提出了很多宝贵意见。在后续教材写作过程中，评审专家也进行了多轮次审定，最大程度上保证了本套教材的质量。对于专家们付出的辛劳，表示诚挚的感谢。

2020至2021年，"马克思主义理论学科研究生系列教材"陆续出版。丛书出版后，在国内马克思主义理论学界产生了广泛的影响，成为众多高校马克思主义学院教师和学生的必备教材，并成为众多高校马克思主义学院研究生考试的参考书目。2022年10月，党的二十大召开，大会报告提出，要"加强教材建设和管理"，将教材建设作为深化教育领域综合改革的重要环节。为深入贯彻落实党的二十大精神，系统反映马克思主义中国化时代化最新成果，2023年起，北师大出版社组织进行"马克思主义理论学科研究生系列教材"修订工作，历时半年，各分册教材陆续交稿，也就是目前呈现在读者面前的"马克思主义理论学科研究生系列教材"的第二版。修订版教材坚持以马克思主义为指导，认真贯彻习近平新时代中国特色社会主义思想，充分吸收马克思主义中国化时代化最新成果，更加切合当前高校马克思主义理论学科教学与研究实际，期待产生更好的社会影响。

从立项到初版再到本次修订出版，本套教材历时近十年，其间吸收了马克思主义中国化时代化研究的最新成果，数易其稿，但相信仍有不足之处，敬请专家指正。

目　录

导　论 ……………………………………………………………… 1

第一章　马克思主义视野中的意识形态与社会思潮 ……… 12

一、马克思主义对意识形态的理解 ……………………… 12

二、社会思潮与意识形态的关系 ………………………… 24

三、马克思主义是科学也是意识形态 …………………… 36

重要论述 1 ………………………………………………… 47

第二章　当代社会思潮及其谱系 ……………………………… 55

一、当代社会思潮的产生及根源 ………………………… 55

二、当代社会思潮的基本谱系 …………………………… 68

三、当代社会思潮的意识形态性 ………………………… 78

重要论述 2 ………………………………………………… 91

第三章　当代社会思潮的一般特征 …………………………… 99

一、当代社会思潮的多元化、政治性与影响力 ………… 99

二、各种社会思潮相互渗透相互激荡 ………………… 109

三、新媒体及其传播的复杂效应 ……………………… 119

重要论述 3 ……………………………………………… 129

第四章　主要社会思潮批判（上） …………………………… 138

一、"普世价值"论批判 ………………………………… 138

二、新自由主义批判 …………………………………… 148

三、历史虚无主义批判 ………………………………… 158

四、文化保守主义批判 ………………………………… 168

重要论述 4 ……………………………………………… 176

第五章　主要社会思潮批判（下） ·· 184

　　一、市民社会还是"人民社会" ··· 184

　　二、"宪政"之争的实质 ··· 192

　　三、生态中心主义思潮 ··· 202

　　四、互联网时代的民粹主义 ··· 212

　　重要论述 5 ··· 220

第六章　用社会主义核心价值观引领社会思潮 ····························· 228

　　一、坚持核心价值观的引领地位 ······································· 228

　　二、围绕核心价值观加强意识形态建设 ································· 240

　　三、牢牢掌握意识形态领域主导权话语权 ······························· 249

　　重要论述 6 ··· 259

后　记 ··· 269

导　论

　　中国的发展离不开世界，世界的繁荣稳定也离不开中国。中国的前途命运与人类文明、时代潮流和世界大趋势就这样紧密地联系了起来。近代以来，我们从来没有像今天这样接近世界舞台的中央，这样接近实现中华民族伟大复兴的目标，这同时也促使我们抓住机遇，迎难而上，大胆吸收和借鉴人类社会一切先进文明成果，实现社会主义现代化。可以想见，未来全球竞争仍然此起彼伏，国际环境仍然复杂多变，各种文明和制度相互碰撞，不同社会思潮相互激荡仍然是常态；国内深化改革、扩大开放，协调推进"四个全面"战略布局，落实新的发展理念进入攻坚阶段。作为社会主义革命、建设和改革观念引领的主流意识形态，也由于国内外条件的巨大变化必须与时俱进，意识形态工作也更加显示出其极端重要性。

一

　　在"中国特色社会主义"伟大旗帜指引下，我们党围绕什么是马克思主义、怎样对待马克思主义，什么是社会主义、怎样建设社会主义，建设什么样的党、怎样建设党，实现什么样的发展、怎样发展等重大问题，不断探索中国特色社会主义道路，形成了中国特色社会主义理论体系，不断完善中国特色社会主义制度。党的十八大以来，以习近平同志为核心的党中央，在新的实践基础上不断推进理论创新，形成了一系列治国理政新理念、新思想、新战略。中国共产党顺应人民期待，回应时代要求，勾勒出实现国家治理现代化进而实现中华民族伟大复兴中国梦的大方略。而所有这一切，都是源于为了人民的"初心"。

马克思主义就是为人民做事情

　　马克思主义问世以来，整个世界发生了剧烈而深刻的变化，为前人所难以想象；不以新的思想、观点去继承、发展马克思主义，就不是真正的马克思主义者。我们应该把高举旗帜同与时俱进、解放思想同实事求是、立足当前同放眼长远统一起来，勇于探索，勇于创新。实践没有止境，创新也没有止境。马克思主义同中国实际相结合，说到底就是同中华民族、中国人民的实践相结合。"我们要想一想,我们给人民究竟做了多少事情呢?我们一定要根据现在的有利条件加速发展生产力,使人民的物质生活好一些,使人民的文化生活、精神面貌好一些。"①要把人民答应不答应、满意不满意、拥护不拥护作为衡量党的路线、方针、政策是否正确的根本标准。为了实现这个愿望,就必须坚持尊重社会发展规律与尊重人民历史主体地位的一致性,坚持为崇高理想奋斗与为最广大人民谋利益的一致性,坚持完成党的各项工作与实现人民利益的一致性;始终把实现好、维护好、发展好最广大人民的根本利益作为党和国家一切工作的出发点和落脚点;从人民群众最关心、最直接、最现实的利益问题出发,不断满足人民日益增长的美好生活需要。用发展着的马克思主义指导新的实践,就是不断做出符合我国社会发展进步要求和人民群众实践需要的新的理论概括,把马克思主义真理的力量深深熔铸在民族的生命力、创造力、凝聚力之中,始终走在时代前列,敏锐把握时代特征,准确反映时代要求,使当代中国马克思主义具有更加鲜明的实践特色、民族特色和时代特色。

社会主义要顺应人民的新期待

我国改革开放以前所经历的失误和挫折,改革开放以来所遇到的犹疑和困惑,都与对什么是社会主义、怎样建设社会主义这个问题没有完全搞清楚有关。解放思想,最重要的就是在这个问题上的思想解放。"不解放思想不行,甚至于包括什么叫社会主义这个问题也要解放思想。经济长期处于停滞状态总不能叫社会主义。人民生活长期停止在很低的水平总不能叫社会主义。……社会主义是一个很好的名词,但是如果搞不好,不能正确理解,不能采取正确的政策,那就体现不出社会主义的本质。"②贫穷不是社会主义,发展太慢也不是社会主义;平均主义不是社会主义,两极分化也不是社会主义;僵化封闭不能发展社会主义,照搬外国也不能发展社会主义;没有民主就没有社会主义,没有法制也没有社会主义;不重视物质文明搞不好社会主义,不重视精神文明也搞不好社会主义。邓小平关于社会主义本质的界说,为我们正确认识社会主义的历史进程、社会主义初级阶段的特征表现以及这个阶段的历史任务奠定了基本框架。我们最大的实际就是中国现在处于并将长期处于社会主义初级阶段,所以要大胆吸收和借鉴各国包括资本主义发达国家的一切反映现代社会化生产规律的先进经营方式、管理方法和组织形式。而任何忽视、偏离社会主义初级阶段实际的认识和做法,都只能给社会主义事业带来损害。为了顺应人民过上

---

① 《邓小平文选》第 2 卷,人民出版社 1994 年版,第 128 页。
② 同上书,第 312、313 页。

美好生活的新期待，我们就要不断深化和丰富对社会主义建设规律的认识。

共产党的先进性须获得人民认可

办好中国的事情，关键在党。我们这样一个发展中大国，思想要统一，力量要凝聚，必须有执政党的坚强领导。改革开放之初，邓小平就提出执政党应该是一个什么样的党、执政党的党员应该怎样才合格、党怎样才叫善于领导的问题。随着改革开放和社会主义市场经济的发展，社会经济成分、组织形式、就业方式、利益关系和分配方式日益多样化，党和国家事业的发展，也使党的队伍发生重大变化。这给党的发展带来了新的活力，也提出了新的挑战。我们党要不断巩固自己的执政地位、紧跟世界发展进步的潮流，就必须始终坚持党的先进性。党的先进性是具体的、历史的，必须放到推动当代中国先进生产力和先进文化的发展中去考察，放到维护和实现最广大人民根本利益的奋斗中去考察，归根结底要看党在推动历史前进中的作用。从新的实际出发，以改革的精神加强和改进党的建设，使党在世界形势深刻变化的历史进程中始终走在时代前列，在应对国内外各种风险考验的历史进程中始终成为全国人民的主心骨，在建设中国特色社会主义的历史进程中始终成为坚强的领导核心。重要的是，世情、国情、党情的深刻变化对党的建设提出了新的要求，党面临的执政考验、改革开放考验、市场经济考验、外部环境考验是长期的、复杂的、严峻的，是否经得起这些考验，终归还是要以人民的认可为标准。

发展成果与人民共享

我国是一个发展中的大国，能不能解决好发展问题，直接关系人心向背、事业兴衰和共产党的威信。离开发展，坚持党的先进性、发挥社会主义制度优越性和实现民富国强等都无从谈起。改革开放初期，邓小平就提出要实现"中国式"的现代化及"三步走"的发展战略设想，以及社会主义的根本任务是解放和发展生产力，抓住机遇加快发展，既要有一定速度又要讲质量、讲效益，物质文明和精神文明"两手抓、两手都要硬"等一系列重要思想，特别是提出了"发展才是硬道理"的论断。发展是我们党执政兴国的第一要务，解决中国的所有问题，关键在发展；解决人们的思想认识问题，说服那些不相信社会主义的人，坚定人们对社会主义和祖国未来前途的信念与信心，最终也要靠发展。但是，各国发展经验表明，发展不仅仅包括经济增长，还应该包括政治、文化、社会的全面而协调的发展，是人与自然相和谐的可持续发展。我国现在面临着推动经济发展方式转变、加快以保障和改善民生为重点的社会建设和节约资源保护生态环境等多重压力，为了破解我国经济社会发展的种种难题，妥善应对关键时期可能遭遇的风险和挑战，就必须协调推进"四个全面"战略布局，特别是要把改革创新精神贯彻到治国理政各个环节，全面提高开放水平，破解发展难题、增强发展动力、厚植发展优势，为实现更高质量、更有效率、更加公平、更可持续的发展而努力奋斗。

习近平总书记在庆祝建党 95 周年大会的讲话中指出：“坚信党的根基在人民、党的力量在人民，坚持一切为了人民、一切依靠人民，充分发挥广大人民群众积极性、主动性、创造性，不断把为人民造福事业推向前进。”①没有一种力量比人民更强大，没有一种根基比人心更坚实。中国共产党的根本政治立场就是“为人民服务”。坚持以人民为中心，就要坚持发展为了人民，对人民负责、对历史负责，顺应民意、尊重民意；执政党要呼应人民之愿望，要顺应人民之期待，今天就更要以保障和改善民生为重点，不断改善人民群众的经济、政治、文化、社会、生态等权益，使人民群众有更多的获得感。坚持以人民为中心，就是要坚定发展依靠人民，尊重人民的主体地位，发挥人民的首创精神；只有尊重劳动、尊重知识、尊重人才、尊重创造，才能使社会财富的源泉充分涌流；只有坚持问政于民、问需于民、问计于民，发展才能矫正方向，朝着共同富裕的社会主义目标稳步迈进。“人民对美好生活的向往，就是我们的奋斗目标。”习近平在党的第十八届中央委员会第一次全体会议上当选总书记后与中外记者亲切见面，明确表达了共产党执政的价值目标。“中国梦归根到底是人民的梦”，“把人民放在心中最高位置”，“坚持以人民为中心的导向”，贯穿党的十八大以来治国理政理论和实践的，就是必须坚持以人民为中心的发展思想。明确人民在国家发展中的中心地位，是中国共产党为人民服务的本质特征决定的，同时也是完善和发展中国特色社会主义制度，推进国家治理体系和治理能力现代化的“基本盘”。

二

作为我国社会主义意识形态的核心内容，当代中国马克思主义体现了马克思主义融会贯通的整体性和与时俱进的理论品格，它不是“完成时”，而是仍然处于“进行时”。以往我们对马克思主义的了解可能更多地来自“本本”，但现实生活，无论是中国的改革发展还是世界形势的变化都在不断给我们上课，促使我们继续从马克思主义深切关注“人本身”那里寻找解决问题的“钥匙”，为国家

---

① 习近平：《在庆祝中国共产党成立 95 周年大会上的讲话》，人民出版社 2016 年版，第 18 页。

富强和人民幸福提供强有力的思想支撑。

意识形态往往被认为是论证某种统治秩序或政治体制的观念体系，但在现代社会，特别是处于转型阶段的中国，社会意识形态情况则要复杂得多。在我国，执政党意识形态与国家意识形态高度重合，构成了主流意识形态，此外还涌动着各种非主流的社会思潮。改革开放使我们的意识形态和思想认识不断从那些不合时宜的观念、做法和体制中解放出来，从对马克思主义的错误的和教条式的理解中解放出来，从主观主义和形而上学的桎梏中解放出来，既坚持了宝贵的历史遗产，又谱写了新的建设篇章。但我们也应该承认，未来意识形态领域不可能风平浪静，也不可能没有颠簸，仍然会遭遇来自"左"和右两方面的风险，某种陈旧的东西仍然留存在习惯性系统中，有些人对马克思主义的理解仍然停滞在陈旧、误读甚至歪曲的水平上。我们在解放思想，锐意改革，用发展着的马克思主义指导新的实践，解决当下中国的实际问题，并提出一系列新思想、新观点、新论断时，也经常面对这样或那样的意识形态质疑和非议。

事实上，导致苏联解体、东欧剧变的因素尽管是多方面且复杂的，但其中一个重要思想原因就是当时的苏联、东欧割裂了马克思主义的科学性与意识形态性，脱离了实际、脱离了时代、脱离了群众，形式主义、教条主义盛行，甚至还试图垄断真理。在苏联及东欧社会主义国家，"泛意识形态"化表面上抬高了马克思主义的地位，实际上却使其沦为蛮不讲理的权力工具。把苏联模式绝对化的政治教育令人生厌地一再重复"本本"，而对现实生活中存在的困难、问题和积弊视而不见，久而久之在群众特别是知识分子和青年当中产生了愈演愈烈的逆反心理。苏联的意识形态失败是一个我们必须认真汲取的教训。

我们强调主流意识形态引领，不能满足于它居高临下的地位，满足于强势宣传上的轰轰烈烈；意识形态工作要深入人心，融入中国文化，内化为中国人民的精神状态和时代追求，仅仅靠灌输和政治运动是不够的。我们应重视马克思主义"研究方法"与"叙述方法"的方法论，既要有理论勇气，反对教条主义、生搬硬套，提升根据中国实际发展马克思主义的研究能力；也要有政治敏锐性，警惕方向迷失，努力探索使主流意识形态为大众所认同、所信服的叙述本领。

主流意识形态是确定国家一系列大政方针的精神前提，它对国家的基本制度、政府职能和治理方式进行辩护，确立国家和社会的发展目标和实现途径，并培育全体人民的国家认同，具有无可替代的社会引导、社会整合和社会动员作用。无论从历史还是现实看，在不断深化对共产党执政、社会主义建设和人类社会发展的规律性认识基础上，我国主流意识形态是凝聚全社会发展动力的思想保证。

改革开放以来，我国强调以经济建设为中心，强调"发展是硬道理，是执政兴国的第一要务，是解决我国所有问题的关键"，鼓励大胆试验，这对于提倡思想解放、推动改革开放、勇于探索创新、增强社会活力发挥了重要作用，但同时也产生了一些不容忽视的思想问题。在实事求是和"不争论"原则的指导下，意识形态从高扬理想到回归常识，从崇尚精神到重视物质，从强调斗争到促进和谐，市场经济、民主政治、多样文化、多元社会等观念意识被逐步接纳，主流意识形态在表现出开放性的同时，也不断遭受来自国内外不同方面的各种社会思潮的冲击，其引导方向、批判错误和驾驭舆情的功能也有所弱化。

因此，我们的意识形态建设仍然面临相当严峻的形势。在经济全球化背景下，我国继续深化改革、扩大开放，经济市场化、政治民主化、文化多样化和社会多元化的趋势亦越发明显，个人主义、享乐主义、拜金主义、物质主义、消费主义等非主流思想将继续渗透经济、社会、生活的各个领域，不同程度地"消解"主流意识形态的权威性和主导性；国内社会阶层的分化和利益格局的调整也将使意识形态领域呈现出更为多变更为复杂的态势，各种社会思潮对于国家发展现状、问题和走向的歧见在所难免，争论也将无法回避，进而尖锐地考验主流意识形态的整合与引领功能。我国是坚持以马克思主义为指导思想的社会主义大国，中国的崛起势必激发西方和周边某些势力遏制中国的企图，其中就包括在意识形态领域寻衅滋事，而且，这种针对中国的意识形态施压态势在未来一段时期不会改变，也就是说，国际意识形态的冲突和斗争仍将进行，有时甚至还可能激化。

面对各方面的思想挑战，意识形态建设要以核心价值观为支点，进一步明确核心价值观的社会主义性质，同时充分吸收各种社会思潮的积极方面，认真借鉴他国意识形态建设的经验教训，处理好意识形态建设"常数"与"变量"、结构稳定性与内容开放性、立场坚定性与策略灵活性、精神统一性与形式多样性、思想先进性与影响广泛性等关系，努力构建内容更加充实、表达更具活力、效果更为显著的意识形态体系，使之成为指导国家发展的强大精神动力，为中国社会主义现代化建设提供最有力的思想支撑。要把培育和弘扬社会主义核心价值观作为凝魂聚气、强基固本的基础工程，让社会主义核心价值观真正发挥意识形态的引领和规范作用，还要使之融入国家建设和社会生活各个层面，体现于国家的制度安排、法律法规、公共政策、社会管理乃至每个机构、组织和公民的行为规范之中。只有把社会主义核心价值观落实到经济社会发展和国家治理现代化进程中，才能形成弘扬社会主义核心价值观的认同环境和体制机制，不断增强社会主义核心价值观的向心力，这既需要自上而下的社会主义核心价值观宣传和教育，又需要自下而上的社会主义核心价值观实践和推广。为此，我们要重点关注以下几个方面：

国家发展与意识形态的关系问题

透视意识形态功能的演变，可以了解意识形态对于现代国家的影响轨迹。大量事实表明，主流意识形态与社会思想需求的"匹配"和"交集"，在很大程度上反映了国家发展的精神质量。意识形态既是国家发展之魂，也是国家软实力之基，决定了我们事业的精神状态和凝聚力，这对于我们这样一个有着十几亿人口、悠久历史文化的发展中大国尤其如此。当今世界，各种思想的交流、交融、交锋已成常态，如何有效整合社会思想观念，保证主流意识形态的权威性和主导性，是意识形态建设研究的重大课题。

当代中国马克思主义的引领作用问题

马克思主义是科学性与意识形态性的统一，是建立在科学基础上的意识形态。当代中国马克思主义不但要立足于本土，也要面向现代化、面向世界、面向未来。马克思主义传播史与时代化内在地蕴含了指导国家发展、造福社会大众的历史使命。当代中国马克思主义要增强亲和力、吸引力和感染力，必须创新传播方法，研究现代传播机理，探索有效传播途径，促使大众心悦诚服。面对国内外各种社会思潮，当代中国马克思主义要确立引领地位，不能仅仅靠说教和灌输，必须提高研究水平，做出令人信服的解释和展望。

社会主义共同理想与公众认同问题

社会主义是追求公平正义的理想目标，而不是简单的制度形态；"既要做大蛋糕，又要分好蛋糕"本来就是社会主义的通俗表述，国家富强、人民幸福，是主流意识形态与社会思想观念的最大"交集"，发展成果由人民共享，反映了社会主义的共同理想；在国家建设的同时加快社会建设步伐，不但要承认多元、鼓励包容、和而不同、和谐与共，还要更新民生观念，大力推进普惠的发展型福利，注重量力而行，避免道德风险，最大限度地兼顾公平与效率，最大限度地获得公众的认同和支持。

面向世界的民族精神凝练创新精神培养问题

意识形态建设还要以开放的心态继承传统、学习先进、博采众长；有效反映国家意志与社会愿望，凝聚经济全球化时代的民族精神，既传承中华文化优秀遗产，又赋予爱国主义新的世界情怀和时代内涵；培养敢为天下先的创新精神，发扬独立思考、勇于挑战、不断创新的优良传统，无论是加快经济发展方式转变，还是推动政治进步、文化繁荣、社会和谐、生态和美，都需要创新提供永不枯竭的动力源泉。在经济全球化条件下，民族精神的时代性、创新精神的迫切性及其与传统文化的兼容乃国家软实力的重要组成,固本强身,才能始终立于不败之地。

核心价值观的道德实践与人民教育问题

坚持以人为本,促进人的自由全面发展,是社会主义的内在要求。既不能进行过分政治化、道德化的说教,也要防止去政治化、道德化,培育和践行核心价值观要通过教育引导、舆论宣传、文化熏陶、实践养成、制度保障等,使之内化为人们的精神追求,外化为人们的自觉行动。意识形态宣传和教育还必须加强顺应社会转型的人民意识、人民教育,增强主流意识形态的吸引力、凝聚力,使核心价值观的"三个倡导"润物细无声地融入人民生活,努力推进人民意识、社会公德和核心价值体系融入人民教育体系。

三

我国已经步入全面建设社会主义现代化国家的新征程,相对于经济建设、制度建设作为国家建设的"硬件"比较"实",文化建设和意识形态建设作为"软件"似乎比较"虚"。国家发展要跨上新台阶,更要最大限度地谋求意识形态共识,更好地满足人民精神需求、丰富人民精神世界、增强人民精神力量,为继续解放思想、坚持改革开放、协调推进"四个全面"战略布局提供坚强思想保证、强大精神动力、有力舆论支持、良好文化条件。这就必须切实提高我们的意识形态研究水平,意识形态建设也要与时俱进,更好地引领社会思潮,不断增强道路自信、理论自信、制度自信、文化自信。

意识形态建设离不开理论创新。应该在实践基础上不断推进马克思主义的中国化、时代化、大众化,"实践没有止境,理论创新也没有止境。不断谱写马克思主义中国化时代化新篇章,是当代中国共产党人的庄严历史责任。继续推进实践基础上的理论创新,首先要把握好新时代中国特色社会主义思想的世界观和方法论,坚持好、运用好贯穿其中的立场观点方法"。"党的百年奋斗成功道路是党领导人民独立自主探索开辟出来的,马克思主义的中国篇章是中国共产党人依靠自身力量实践出来的,贯穿其中的一个基本点就是中国的问题必须从中国基本国情出发,由中国人自己来解答。我们要坚持对马克思主义的坚定信仰、对中国特色社会主义的坚定信念,坚定道路自信、理论自信、制度自信、文化自信,以更加积极的历史担当和创造精神为发展马克思主义作出新的贡献,既不能刻舟求剑、封闭僵化,也不能照抄照搬、食洋不化。"①加强意识形态建设的目标应该是建设自主的、包容的、中道的、创新的意识形态，也就是变消极被动、反应型的意识形态为积极主动、引导型的意识形态，使主流意识形态更符合当代中国的精神需要，使社会主义核心价值观的影响力和辐射圈与中国改革开放的成就和负责任的大国地位相适应，真正掌握意识形态领域的主导权。

中华人民共和国成立以来，中国共产党领导中国各族人民不断探索符合中国国情的社会主义道路，建立了社会主义基本制度，特别是改革开放 40 余年来，形成了中国特色社会主义理论体系。中国道路既不同于严格计划经济与政治集权的苏联道路，又不同于资本主义世界体系的西方道路。中国特色社会主义理论作为中国道路的意识形态表述，尽管在不同时期有所侧重和强调，但一以贯之的基本路线是：始终把多民族的社会主义中国的统一、独立和主权作为一切工作的前提和基础，始终把广大人民群众作为国家的根本和历史的创造者，始终把发展作为解决中国一切问题的关键，始终把社会的稳定与和谐作为国家发展的优先价值目标，始终在世界发展的大格局中思考中国的问题和全人类的前途。这些思想可以概括为：人民为本、发展为要、社会为先、天下为怀。它们与社会主义核心价值观相辅相成，共同构成了当代中国主流意识形态的"定海神针"。**引领社会思潮、建设自主的意识形态**，就是坚持并不断完善主流意识形态的这一"定海神针"，并在此基础上构建中国特色社会主义的理论高地，提出中国人自己的理论主张，用以回答国家发展的重大理论和实践问题，不断增强其说服力、感召力和凝聚力，防止在与各种社会思潮的互动碰撞中随波逐流、进退失据。有了这样的"定海神针"，主流意识形态就不会被国内外各种社会思潮所撼动，我们就能拥有一个社会主义大国应具备的主流意识形态的独立性和稳定性，就能为全体国民描绘一幅较为完整的值得期待的国家愿景，有力捍卫中国作为负责任的发展中大国的形象和尊严。

确立主流意识形态的"定海神针"并不排斥对各种非主流的思想观念和社会思潮合理资源的吸纳。只有对多元化社会意识形态进行包容和整合，才能较好地形成意识形态共识。在中国改革开放和社会转型过程中，多种社会思潮都有其存在的现实合理性，世界范围的意识形态传播也或隐或显包含着各国的利益诉求，它们与我国主流意识形态长期共存，有交流交融也有交锋，这是不以任何主观意志为转移的。我们必须充分了解各种社会意识和社会思潮的来龙去

---

① 习近平：《高举中国特色社会主义伟大旗帜 为全面建设社会主义现代化国家而团结奋斗——在中国共产党第二十次全国代表大会上的报告(2022 年 10 月 16 日)》，人民出版社 2022 年版，第 18～19 页。

脉，以我为主，为我所用；对各种非主流的思想观念和社会思潮进行积极引导，最大限度地凝聚社会共识，最大限度地发挥各方面积极性，同时也要谨防消解主流意识形态的离心倾向。**引领社会思潮、建设包容的意识形态**，一个重要依据是当代中国马克思主义不但属于中国，而且具有世界意义。我们不能仅仅满足于中国话语的阐释，还应具有反映时代特征的世界眼光，这也与意识形态建设与时俱进的要求是一致的。应该看到，经济全球化为马克思主义理论创新提供了更开阔的舞台，为世界社会主义发展提供了新的机遇，意识形态建设同样要以当代中国为本位，遵循"古为今用，洋为中用"的原则，努力做到"承中、接马、化西"，有选择地吸纳、消化古今中外一切优秀成果，以服务于这个目标。"文明因交流而多彩，文明因互鉴而丰富"；"人类文明因包容才有交流互鉴的动力"。① 对大量属于思想认识领域的问题，不能靠围追堵截来应付，也不能罔顾现实自说自话，而是要通过充分说理赢得人心、聚集最大公约数，在保证主流意识形态自主性的同时，充分展现当代中国意识形态建设的时代性与开放性。

当代中国马克思主义深刻体现了马克思主义理论与实践相统一的整体性，而从理论到实践的进程不能照本宣科、依样画葫芦，也不能一下子就实现，重要的是密切联系当代中国实际和当今世界变化，提出切实可行的目标模式与行动路线。在方法论上，各种思想观念、社会思潮既有共性，又有个性。有个性，就有比较；有共性，就可以借鉴。这就要求我们在比较、借鉴的基础上，取长补短，举一反三，以适中取胜。社会主义中国要保持健康稳定发展的强劲势头，意识形态建设就要防止各种"左"和右的偏激主义，警惕危言耸听的"阴谋论"和巧言令色的民粹主义，还要注意克服急于求成、急功近利的冲动思维；要不厌其烦地提醒人们，绝不走封闭僵化的老路，也绝不走改旗易帜的邪路，前者貌似义正词严，实则贻害无穷，后者忘了老本，迟早要沦为人家的附庸。**引领社会思潮、建设中道的意识形态**，既要充分吸收一切可以为我所用的思想成果，也要对食洋不化的全盘西化论、泥古不化的文化保守主义与教条主义有自己的立场和严肃的批判，驳斥它们对中国特色社会主义道路、理论、制度和文化的歪曲诋毁。这就意味着对各种非主流思想观念和社会思潮的引导要"适度"，避免"不及"与"过头"。既不能放弃原则、一味求和、害怕斗争，对各种危害国家稳定和发展的声音不闻不问，放纵某些思潮挑战主流意识形态的权威性和主导地位，又不能草木皆兵、反应过度，用简单粗暴的强制或行政命令方

---

① 习近平：《在联合国教科文组织总部的演讲》，载《人民日报》，2014-03-28。

式来处理复杂的思想意识问题。在保持意识形态立场坚定性的同时，也要很好地讲求意识形态策略的灵活性，对一些有争议的思想观念问题应该允许有讨论争辩的空间。

意识形态的不断创新是社会实践不断创新的必然结果。与中国深化改革、扩大开放相适应，意识形态建设不能墨守成规、因循守旧，必须实事求是、解放思想、与时俱进、开拓创新。意识形态的创新发展离不开马克思主义中国化、时代化、大众化。马克思主义只有与本国国情相结合、与时代发展同进步、与人民群众共命运，才能焕发出强大的生命力、创造力和感召力。马克思主义中国化、时代化与大众化相辅相成：中国化、时代化就是马克思主义被中国大众接受、认同和运用的过程，也是马克思主义通过中国大众展开实践的过程，没有中国化、时代化，就没有大众化，也只有通过大众化才能真正实现中国化、时代化。**引领社会思潮要建设创新的意识形态**，其理论资源、话语体系、表达方式、传播手段等方面都要主动求"变"，特别是应主动利用各种现代化传播手段，打造意识形态传播新理念、新形象、新渠道、新载体，扩大主流意识形态的覆盖面与影响力，提高主流意识形态的指导性与有效性。特别值得一提的是，当代中国也越来越重视中华文明孕育的优秀传统文化，吸收艰苦卓绝的革命文化和社会主义先进文化，"积淀着中华民族最深层的精神追求，代表着中华民族独特的精神标识"[1]，打造更基本、更深沉、更持久的文化力量。这也对我们的创新意志和创新能力提出了更高的要求。中国共产党在领导中国革命、建设和改革的过程中，通过自身的政党意识形态创新，掌握了意识形态的制高点和话语权，赢得了广大人民的支持与拥戴。特别是改革开放以来，中国共产党打破了理论教条和实践框框，勇于创新，大胆进取，形成了中国特色社会主义理论和实践的伟大创新成果，带领中国人民创造了举世公认的发展奇迹。中国共产党从来不乏创新的意志、激情与能力，我们还要进一步把当代中国马克思主义发展的创新成果转化为主流意识形态创新的基本内容，并融合社会主义核心价值观，为国家发展注入满满的精神正能量。

---

① 习近平：《在庆祝中国共产党成立 95 周年大会上的讲话》，人民出版社 2016 年版，第 13 页。

第一章　马克思主义视野中的
意识形态与社会思潮

　　20世纪末，苏联解体、东欧剧变，世界社会主义运动遭受巨大挫折，意识形态领域的斗争日益尖锐，面对复杂的国内外形势，党和国家领导人一再要求重视意识形态工作，党的十八大进一步明确了经济建设是党的中心工作，意识形态工作是党的一项极端重要的工作。能否做好意识形态工作，事关党的前途命运，事关国家长治久安，事关民族凝聚力和向心力。我们要把意识形态工作领导权和话语权牢牢掌握在手中，不断巩固马克思主义在意识形态领域的指导地位，巩固全党全国人民团结奋斗的共同思想基础。而意识形态领导权和话语权的建立与获得，一个重要的前提就是正确认识意识形态与社会思潮的关系。当今中国，社会经济发展主体多元化、利益诉求多元化，使得诸多社会思潮层出不穷，正确辨明社会思潮的内容及其价值取向，是我国意识形态建设的重要任务。就此而言，我们首先要理解意识形态概念的一般内涵及社会主义意识形态的具体内涵，其次要理解社会思潮的核心内涵、基本特征和运行机制，最后要在理解意识形态对于社会存在与发展的作用基础上，旗帜鲜明地指出意识形态对于社会思潮的引领作用。

一、马克思主义对意识形态的理解

　　对于意识形态的内涵，马克思、恩格斯在不同时期的表述有所不同，但这种不同并不是内容上的逻辑矛盾，而是因为其针对的对象不同。但总体而言，马克思对意识形态的论述主要是围绕其虚假性、阶级性以及其如何作为中性的社会存在而展开的。马克思去世之后，马克思主义理论家的意识形态观念发生了不小的变化，意识形态概念逐步演变成一个中性的概念。列宁的意识形态思想充满了无产阶级的阶级意识以及"灌输"的特点。中国马克思主义在革命、建设和改革开放时期，根据当时的历史任务和现实需要，对意识形态的理解又有了新的阐发。

1. 马克思主义经典作家关于意识形态的论述

虽然"意识形态"概念不是源于马克思、恩格斯，但是马克思、恩格斯对意识形态本身的起源有着独到的见解。在《德意志意识形态》中，马克思、恩格斯认为："思想、观念、意识的生产最初是直接与人们的物质活动，与人们的物质交往，与现实生活的语言交织在一起的。"①意识起初仍然跟现实世界有着密切的联系，其表现为与人们的物质生活的直接关系以及与自然界的直接关系。

随着分工的发展，尤其是物质劳动与精神劳动分工的出现，"意识才能摆脱世界而去构造'纯粹的'理论、神学、哲学、道德等等"②，去生产各种观念体系即意识形态。"这在观念上的表达就是：赋予自己的思想以普遍性的形式，把它们描绘成唯一合乎理性的、有普遍意义的思想。"③同时，这种观念表达的核心原则在于普遍化，即成为一种普遍的思想，而这是现代意识形态的重要功能。

虚假性问题

马克思在《德谟克利特的自然哲学和伊壁鸠鲁的自然哲学的差别》中引述过："我们的生活需要的不是意识形态和空洞的假设，而是我们要能够过恬静的生活。"④这里的"卖弄玄虚"对应的德语单词就是"Ideologie"，即"意识形态"。这是马克思较早的对"意识形态"概念的运用，并且他将其与"空洞的假设"相提并论，可见此时的马克思认为意识形态是一种虚假的、空洞的设想。

在《德意志意识形态》中，马克思、恩格斯对意识形态进行了详细的论述。《德意志意识形态》中的"意识形态"一词，在马克思、恩格斯当时的思想中扮演着重要角色，特指哲学的范畴(幻觉、荒谬)。这种"哲学的范畴(幻觉、荒谬)"主要是指青年黑格尔派和老年黑格尔派。马克思、恩格斯认为无论这两派的观点有何不同，但归根结底都带有神秘主义的倾向。在这个意义上，这种"哲学"本身就是一种脱离社会现实的幻觉和玄想，它们不曾把握到整个社会的现实与苦难。可见，在《德意志意识形态》中，意识形态概念具有否定的意义，表现为揭露或者解剖某一思想观念体系的虚假性。然而，马克思、恩格斯所说的"虚假的意识"并不是指意识形态本身，而是针对以往意识形态的具体内容而言的，

① 《马克思恩格斯文集》第 1 卷，人民出版社 2009 年版，第 524 页。
② 同上书，第 534 页。
③ 同上书，第 552 页。
④ 《马克思恩格斯全集》第 40 卷，人民出版社 1982 年版，第 236 页。

尤其是那些将自身标榜为"科学"的意识形态。因为,在马克思、恩格斯看来,以往的意识形态,虽然因时代不同,其具体内容具有历史性,但就它们主张观念统治世界而言,都不过是虚假意识的表现。

虽然马克思、恩格斯指明了以往的具体意识形态的虚假性,但他们仍然肯定意识形态作为人类历史的一个方面而具有的社会存在意义。

阶级性问题

阶级性是马克思、恩格斯论述意识形态理论的重要维度,旨在揭示意识形态理论背后的阶级诉求和阶级利益,这也是意识形态理论能够成为一种分析社会结构的重要概念工具之原因所在。

马克思、恩格斯认为:"关于一个阶级内的这种意识形态划分:职业由于分工而独立化;每个人都认为他的手艺是真的。他们之所以必然产生关于自己的手艺和现实相联系的错觉,是手艺本身的性质所决定的。关系在法学、政治学中——在意识中——成为概念;因为他们没有超越这些关系,所以这些关系的概念在他们的头脑中也成为固定概念。例如,法官运用法典,因此法官认为,立法是真正的积极的推动者。"①在此,意识形态的理论家们并没有超越异化的社会关系,从而产生"错觉"。而这种异化的生活世界,就马克思所面临的实际而言,就表现为资产阶级的意识形态所统治的资本主义世界。

> 统治阶级的思想在每一时代都是占统治地位的思想。这就是说,一个阶级是社会上占统治地位的物质力量,同时也是社会上占统治地位的精神力量。支配着物质生产资料的阶级,同时也支配着精神生产资料,因此,那些没有精神生产资料的人的思想,一般地是隶属于这个阶级的。占统治地位的思想不过是占统治地位的物质关系在观念上的表现,不过是以思想的形式表现出来的占统治地位的物质关系;因而,这就是那些使某一阶级成为统治阶级的关系在观念上的表现,因而这也就是这个阶级的统治的思想。②

这就是意识形态与一般统治阶级存在着对应的关系,意识形态并不是自成体系的思想观念,而是与阶级思想联系在一起,有什么样的阶级利益就形成相应的阶级思想及其意识形态理论。各种意识形态总是以抽象的理论形式体现特定的阶级关系和阶级利益,它们是特定阶级从自身的地位和利益出发,对特定

---

① 《马克思恩格斯文集》第 1 卷,人民出版社 2009 年版,第 586 页。
② 同上书,第 550~551 页。

社会关系的认识所形成的思想理论和观念体系，在每一个时代，统治阶级的思想都是占统治地位的思想。

虽然马克思、恩格斯主要以批判的态度对待意识形态，但是，就对资本主义社会的分析而言，解释性功能的意识形态概念在马克思、恩格斯的理论中也具有重要的理论价值，它表现为一般的社会结构与社会存在的分析，这是后来社会学的马克思主义所聚焦的问题之一。在《〈政治经济学批判〉序言》中，马克思、恩格斯在结构上将社会分为经济基础、上层建筑和意识形态三个部分，并且采用了地形学的隐喻来论述这三者的关系——经济基础是指社会经济结构，上层建筑则包括政治、法律及其组成的政治机构和制度，并把三者及其关系作为解释历史及其进程的基本概念。而意识形态作为社会整体的一个必要组成部分，包括了全部的观念、思想和理论，即一切社会意识的总体。在此意义上，意识形态是社会存在的一部分，只不过不是物质形态的存在而已。在考虑经济领域与意识形态领域在社会变革中的作用时，马克思、恩格斯指出："必须时刻把下面两者区别开来：一种是生产的经济条件方面所发生的物质的、可以用自然科学的精确性指明的变革，一种是人们借以意识到这种冲突并力求把它克服的那些法律的、政治的、宗教的、艺术的或哲学的，简言之，意识形态的形式。"①在此，马克思、恩格斯已经区别对待两种社会变革，同时意识到了意识形态领域在社会变革中的作用，而这是马克思、恩格斯分析社会结构的重要方面，在此，意识形态概念就具有了解释性的功能。

意识形态的作用

意识形态的产生、存在和变化的过程都体现为它在社会实践中所发挥的作用。恩格斯在晚年致博尔吉乌斯的信中说，政治、法、哲学、宗教、文学、艺术等的发展是以经济发展为基础的。但是它们又都互相作用并对经济基础发生作用。只有经济状况才是积极的原因，其余一切都不过是消极的结果，这种观念是不对的。在此，恩格斯明确地指出了意识形态所具有的积极作用，这种积极的作用表现为对社会存在的塑造，只是这种塑造不再以经济的形式进行，而是以观念的说教、宣传等为载体。

首先，意识形态是人们历史活动的背景资源和精神条件，影响着人们对事物的认知及其态度，表现为对人们观念的影响。在此，意识形态作为一种观念意识、一种价值形式，浸润在人们的日常生活中。其次，意识形态作为一种社会意识，从整体上影响着人们的思考和行为。恩格斯指出，早期资产阶级革命

---

① 《马克思恩格斯文集》第2卷，人民出版社2009年版，第592页。

面临的意识形态状况是"中世纪把意识形态的其他一切形式——哲学、政治、法学，都合并到神学中，使它们成为神学中的科目。因此，当时任何社会运动和政治运动都不得不采取神学的形式；对于完全由宗教培育出来的群众感情说来，要掀起巨大的风暴，就必须让群众的切身利益披上宗教的外衣出现"①。可见，意识形态作为一种整体的社会意识，影响着社会变革的形式和内容。

与马克思、恩格斯关于意识形态的论述不同，列宁作为俄国革命的领袖，非常重视意识形态的动员能力。他以政治斗争为基础，探讨了意识形态的现实作用。在此，列宁将意识形态理解为一个中立的、描述性的概念，从而提出了社会主义意识形态概念。由此，结合俄国实情，列宁着力于将意识形态从一种批判性概念转变为一种描述性和策略性概念，将马克思主义本身意识形态化。列宁强调，每个社会阶级都有自己的意识形态，不存在超越阶级的意识形态，在他看来，意识形态是阶级意识的理论表达，表达着某个阶级的地位、利益和真理认知类型。在列宁看来，只要阶级斗争没有消失，阶级与阶级之间的意识形态斗争便不可调和，因此，不存在超越阶级斗争的意识形态问题。

无产阶级作为一个革命阶级，肩负着解放全人类和自我解放的任务，无产阶级的阶级意识，具有严格的科学性，包含了对历史发展规律的认识，它是阶级性与科学性的辩证统一。这是列宁对马克思主义意识形态理论的主要贡献之一，即主张社会主义既是一种意识形态，同时也是无产阶级的阶级意识，更是一门科学。社会主义在性质上不同于资产阶级的意识形态，它以理论的方式科学地描述了人类历史发展的客观规律，揭示了人类社会的必然趋势，它是一种科学的理论体系，是一门历史科学。某种意识形态是不是一门科学，不在于它是不是作为一种理论形态出现的观念体系，而在于它自身内容是否具有普遍性，而不是服务于少数人利益的理论说教。列宁之所以仍然将社会主义定义为一种意识形态，原因就在于社会主义的原则就是真正的普遍性和共同性，代表了绝大多数人的普遍利益和共同利益。社会主义意识形态不仅仅包含对社会主义自身的基本论述，而且在很大程度上包含对资本主义社会的分析、判断和批判，同时还包含着社会形态变迁的一般规律，以及社会主义社会实践的一般原则。就此而言，社会主义意识形态概念不同于马克思、恩格斯所批判的以往的意识形态内容，而是具有科学的内涵。

社会主义意识形态概念的提出，意味着将马克思主义意识形态概念的批判性与建构性实践统一起来，这是列宁对马克思主义理论的重要创新。在此意义

① 《马克思恩格斯选集》第 4 卷，人民出版社 1995 年版，第 255 页。

上，无产阶级的阶级意识、社会主义的意识形态和科学，三者在内容上是同一的。同时，列宁意识形态理论的重要内涵还在于对自发的阶级意识与自觉的阶级意识的论述、描述意识形态与阶级意识形成的关系。就阶级意识而言，列宁区分了自觉的阶级意识和自发的阶级意识。在列宁看来，社会主义不是一种自发的阶级意识，而是一种自觉的阶级意识，它表达了整个阶级的利益和对未来社会的建构。同时，列宁指出，自觉的阶级意识，必须从外部灌输到工人阶级及其运动中去，"社会主义学说则是由有产阶级中学识丰富的人即知识分子创造的哲学、历史和经济的理论中成长起来的。现代科学社会主义的创始人马克思和恩格斯本人，按他们的社会地位来说，也曾经是资产阶级的知识分子"①。这就是列宁所主张的"灌输论"，因为自觉的阶级意识是以理论的方式获得的，来源于哲学、历史和政治经济学理论，而政党和知识分子在这个过程中发挥着重要的作用。就此而言，列宁在意识形态领导权问题上做出了巨大的理论贡献。无产阶级的革命，其中一个重要的前提是阶级意识。只有形成了稳定的阶级意识，才能有稳定的阶级集团。列宁认为，革命不能离开意识形态的教育，这也是政党的一个重要职责。

在关于意识形态的领导权问题上，列宁认为，要对抗资产阶级意识形态，无产阶级必须要掌握意识形态领域的领导权，以科学的社会主义理论指导社会革命和政治实践。列宁将科学社会主义视作一种新的意识形态，使得科学社会主义实际上变成了一种指导实践的理论体系。在此过程中，科学社会主义将不再仅仅是一种理论，而是现实地参与社会实践。这就是意识形态领导权，这是一个实践问题，但其背后的核心内涵却是科学社会主义。就此而言，列宁的意识形态概念及其内涵与功能定位，恰恰使得科学社会主义突破了纯粹的理论描述范畴，从而进入了具体的社会实践。此后的事态发展表明，列宁的意识形态学说是马克思主义的意识形态理论复兴与创新的重要标志。这一方面表明了列宁的意识形态理论与马克思意识形态理论的继承关系，另一方面也意味着其对马克思主义意识形态理论的贡献，更重要的是，理论本身应该根据自身所处时代的实践和理论需要，重新规定和呈现自身的时代内容。

意识形态概念内涵的演变，与经济因素或政治因素密切相关。19 世纪最后十年，资本主义社会发生了巨大变化，主要表现为经济组织类型的变化，出现了垄断的帝国主义。新的时代环境和形势，使得列宁更加关注工人运动和政党建设的内容和策略，这是列宁意识形态理论创新的时代背景。

---

① 《列宁全集》第 5 卷，人民出版社 1959 年版，第 343 页。

2. 意识形态概念的演变

一般认为,特拉西(Destutt de Tracy)于 1796 年在《关于思维能力的备忘录》中最早提出了意识形态概念,意指观念的科学。特拉西强调应该将观念、思想还原于经验感觉,并将其视为这一科学的基础。他还指出,意识形态是关于观念与社会的唯一科学,它可以为政治学、伦理学、教育学等提供内容,并且建构出一整套合理的社会制度,从而引领社会的进步。在特拉西看来,意识形态还是一个中性词,它泛指观念的科学。

马克思、恩格斯的意识形态观念,相较于特拉西发生了明显的变化。在马克思、恩格斯看来,一方面意识形态作为一种虚假意识,没有现实的历史,是一种附属物,它将随着物质生产和交往的变化而变化。因此,对意识形态的批判并不是在其内部进行的,而是将其还原为一种衍生物,从而使其不具有真正的批判意义。另一方面意识形态开始与政治权力和阶级统治发生关系,将意识形态具体化为某一种具体社会类型中具体的阶级统治工具,成为权力运行的重要保障。

由列宁开创的意识形态概念新内涵,即赋予意识形态积极的建构意义,使得整个西方马克思主义的意识形态理论发生了巨大的变化。西方马克思主义学者将意识形态概念重新主题化,并将其视为理解当代资本主义社会的重要钥匙。无论是卢卡奇(Lukács Georg)的阶级意识、葛兰西(Antonio Gramsci)的文化霸权还是阿尔都塞(Louis Althusser)的意识形态国家机器,都使得意识形态内涵得以具体化,成为分析资本主义社会结构和运行机制的重要工具。

而当代的意识形态理论家,主要是在社会学的视域中展开意识形态的论述,其典型代表是曼海姆(Karl Mannheim)及其所秉持的知识社会学的维度,他认为:"'意识形态'概念反映出产生政治冲突中的一个发现,即统治集团可以在思考中变得如此强烈地把利益与环境密切地联系在一起,以至于他们再也看不到那种可能损害到他们的支配感的事实。在'意识形态'一词中暗含着一种洞见,即在一定的情况下,某些群体的集体无意识对自己而言,也对别的群体而言,造成了对真实的社会状况的掩盖,并也因此使这种社会状况更为稳固。"[1]这种概念叙事,使得意识形态成为一种分析社会现象的工具,其直接指向在特定历史和社会环境中确立知识与存在之间的关系。

---

[1] 〔德〕卡尔·曼海姆:《意识形态与乌托邦》,姚仁权译,中国社会科学出版社 2009年版,第 37 页。

意识形态研究不只是关于思想观念的社会学；它要更具体地表明观念如何与现实的物质条件相联系，如何遮盖或掩饰现实物质条件，如何用其他形式移置它们，虚假地解决它们的冲突和矛盾，把它们明显地转变成一种自然的、不变的、普遍的状态。简言之，思想观念被赋予一种积极的政治力量，而不是仅仅理解为对世界的反映。马克思主义传统曾经力图用这些策略当中的一种或所有这些策略来描述意识形态。这一传统的源文本是马克思、恩格斯的《德意志意识形态》，在这部著作里，作者把意识形态看作意识和现实的根本颠倒，这就是他们本人的看法。在马克思这样的唯物主义者看来，意识不可分割地与社会实践联系在一起且从属于实践。对于他们所反对的黑格尔式的哲学家们来说，思想观念既是实践之外的自律的东西，又是社会存在的根本原因。马克思的对手们把首要性赋予观念之后，似乎表明改变人们的精神，就可以改变他们的生活条件。马克思要坚持的是，只有改变产生意识的物质条件，才能改变人的意识。简言之，唯物主义分析与革命政治携手共进。这就抛弃了以真观念向假观念开战的理性主义信条，一并抛弃了与此相关的把意识当作社会现实之源的唯心主义学说。①

在马克思看来，意识形态就其实质而言不但是统治阶级的权力体现，同时也不可避免地成为阶级斗争的武器。

意识形态就是权力的迫切需要所产生或扭曲了的一种思想形式。但是它不仅留下了张力和不一致性的重要踪迹，而且代表着一种遮盖它所由产生的冲突的企图，要么否认它们的存在，要么肯定它们无足轻重或不可避免。意识形态是种种话语策略，对统治权力会感到难堪的现实予以移置、重铸、或欺骗性的解说，为统治权力的自我合法化不遗余力。……"意识形态"有时把激进的或反对的观念包括在内：如果意识形态指统治阶级的思想观念，为什么列宁赞同"社会主义意识形态"的说法？为什么许多人想把女权主义或无政府主义或共和主义说成"意识形态的"？②

---

① 〔英〕特里·伊格尔顿：《历史中的政治、哲学、爱欲》，马海良译，中国社会科学出版社1999年版，第84页。

② 同上书，第86～87页。

这就是为什么人们往往把意识形态看作使统治权力合法化的一套话语策略，并且试图探讨这些策略的构成。

从这些意识形态概念内涵变迁的进程中，我们可以看到意识形态概念正日益走向实践领域，这是意识形态理论日益重要的原因所在。从最原初的观念和知识体系，到今天我们所关注的领导权话题，这使得意识形态的功能和领域都在发生重大转换，并且日益成为社会生活的重要组成部分。当然，在这个进程中，当代还有一种"意识形态终结"的思潮，最著名的代表是丹尼尔·贝尔(Daniel Bell)和弗朗西斯·福山(Francis Fukuyama)，他们鼓吹意识形态的终结，前者认为世界已经发生变化，意识形态的迷雾将被揭开，而社会本身将统一在具体的社会知识中，后者认为在后"冷战"时期，世界将进入资本主义大一统的时代，不再有关于意识形态争斗的历史。从这些论断的基本内容，我们不难发现其中所隐蔽的立场，这种将意识形态终结化的处理方式，其本身就是意识形态的，它将人们的思维观念引入一种新的同一性中。就此而言，意识形态的终结不过是一种转换了的新意识形态话语。

3. 中国马克思主义有关意识形态的论述

中华人民共和国成立以前，在党的文献中，"意识形态"一词很少直接出现，往往以与意识形态概念具有相同内涵的"观念形态"来指代，这一点可以在毛泽东的《新民主主义论》和《在延安文艺座谈会上的讲话》中得到印证。在中华人民共和国成立以后，我们可以看到在《关于正确处理人民内部矛盾的问题》等文献中，开始使用意识形态这一概念。可见，意识形态概念在中国早期马克思主义者文献中的使用存在一个转换的过程，这当然与他们对意识形态概念的认识过程是一致的。

"以马克思列宁主义为指导的社会主义意识形态"

在毛泽东的话语体系中，意识形态概念首先体现为党和社会主义事业建设的指导思想。在《关于正确处理人民内部矛盾的问题》中，毛泽东说，我国的意识形态是以马克思列宁主义为指导的社会主义意识形态。在此，毛泽东首先肯定了作为一种意识形态的马克思列宁主义，将意识形态与马列主义联系在一起，明确了意识形态与社会主义、马列主义的关系。只有确立了指导思想，中国社会主义事业建设才有明确的方向，这对于巩固社会主义革命的胜利和社会主义改造的完成都具有重要的作用，具有固本强基的作用。同时，毛泽东还强调共产主义作为一种思想体系的作用，这仍然具有强烈的意识形态意味。毛泽东指出："共产主义是无产阶级的整个思想体系，同时又是一种新的社会制度。

这种思想体系和社会制度，是区别于任何别的思想体系和任何别的社会制度的，是自有人类历史以来，最完全最进步最革命最合理的。"①毛泽东将共产主义本身内化为一种社会形态的意识形态表达，使其成为一种新的思想观念体系（意识形态）。

此外，毛泽东对意识形态的论述还涉及诸多其他方面，首先表现为历史唯物主义的一般表述。"我们承认总的历史发展中是物质的东西决定精神的东西，是社会的存在决定社会的意识；但是同时又承认而且必须承认精神的东西的反作用，社会意识对于社会存在的反作用，上层建筑对于经济基础的反作用。这不是违反唯物论，正是避免了机械唯物论，坚持了辩证唯物论。"②从社会存在与社会意识的关系来看，毛泽东的这段论述继承了一般的意识形态的被决定性，即意识形态是社会存在的反映，同时又强调意识的能动作用，强调辩证唯物主义。就社会意识对社会存在的反映而言，毛泽东指出，社会意识形态是理论上再造出现实社会。在此，他将社会意识形态表述为社会存在的再造，一种理论上的再造。因此，就功能而言，意识形态具有描述社会现实的作用。就社会意识对社会存在的反作用而言，"一定的文化（当作观念形态的文化）是一定社会的政治和经济的反映，又给予伟大影响和作用于一定社会的政治和经济；而经济是基础，政治则是经济的集中表现。这是我们对于文化和政治、经济的关系及政治和经济的关系的基本观点"③。这里，毛泽东在经济基础与上层建筑的模式中论述了意识形态与经济基础的关系，这是强调了二者关系的辩证唯物主义的表述。

其次，毛泽东还关注意识形态作为阶级属性的观念体系，即意识形态的阶级属性。毛泽东指出，哲学是一定的阶级意识形态的集中表现。这些都是在阶级斗争与意识形态的一般关系中展开论述的。而意识形态领域是无产阶级与资产阶级展开斗争的领域之一，意识形态领域的斗争是阶级斗争的重要内容。在毛泽东看来，意识形态的斗争远未结束，是社会主义建设过程中必须时刻坚持的斗争维度，他说，资产阶级的意识形态的存在，国家机构中某些官僚作风的存在，意味着意识形态的斗争内嵌在日常的生活和工作中。就社会主义意识形态的具体策略而言，毛泽东在《关于正确处理人民内部矛盾的问题》中提出了"六条标准"，即各族人民的团结、社会主义的改造和社会主义建设、人民民主专政、民主集中制、共产党领导、社会主义国际团结，以区别于资产阶级的意

---

① 《毛泽东选集》第 2 卷，人民出版社 1991 年版，第 686 页。
② 《毛泽东选集》第 1 卷，人民出版社 1991 年版，第 326 页。
③ 《毛泽东选集》第 2 卷，人民出版社 1991 年版，第 663～664 页。

识形态。

最后，就毛泽东的意识形态理论而言，还有一个重要的维度就是文化维度。文化作为意识形态的主要内容，在毛泽东思想中起到了巨大的作用。在毛泽东看来，文化工作无论是在革命时期还是在建设时期，都是共产主义建设事业的重要抓手。毛泽东指出，新民主主义文化所倡导的革命主要有两个方面：一是在工人阶级中宣传社会主义和共产主义，并适当地、有步骤地用社会主义教育农民及其他群众。二是批判封建、半封建文化和帝国主义文化，在此，文化的功能体现为宣传教育和破旧立新的功能，是社会革命的主要手段和内容。同时，文化革命又是总革命的一个组成部分。因此，文化革命和政治革命、经济革命是相辅相成的革命形式，是社会整体革命的保障。

虽然毛泽东并没有使用"意识形态"一词来论述意识形态的具体内涵与定义，但他采用了一些高度相关的词语来言说意识形态，比如"文化""观念形态"和"思想体系"等，这些都是毛泽东对意识形态概念的表述。

"坚持四项基本原则"

邓小平对意识形态的论述，更多地与社会主义现代化建设实践紧密相关，主要是澄清了意识形态领域争论的一些问题，为改革开放和现代化建设扫清了诸多障碍。他从最初提出"以阶级斗争为纲"转为"以经济建设为中心"，到提出坚持"四项基本原则"，为新时期的意识形态工作规定了基本方向。

意识形态领域的混乱状态是邓小平必须首先着手解决的根本问题。这个过程从 1978 年上半年关于真理标准问题的大讨论开始，到否定"两个凡是"，从而从根本上澄清了意识形态领域中的混乱状态。1978 年 12 月党的十一届三中全会召开，决定停止使用"以阶级斗争为纲""无产阶级专政下继续革命"等错误口号，重新确认了党的八大关于中国社会主要矛盾的正确论断，从而把党和国家的工作重心转移到经济建设上来。而这一转移不仅是经济领域的重大决策，同时也带来了意识形态领域讨论的重大变化。在党的十一届三中全会之前，党的中心工作基本上围绕着阶级斗争，这使得意识形态领域里的阶级斗争得到强化，导致思想斗争的绝对化和扩大化。党的十一届三中全会以来，特别是改革开放以来，党的工作重心转移到经济建设上来，经济建设成为全国各族人民的最大共识，这就从根本上杜绝了把意识形态斗争扩大化的错误倾向，为社会主义现代化建设提供了重要的指导思想和社会舆论环境。

1979 年 3 月，邓小平在理论务虚会上做了《坚持四项基本原则》的讲话。邓小平指出：

　　我们要在中国实现四个现代化，必须在思想政治上坚持四项基本原则。这是实现四个现代化的根本前提。这四项是：第一，必须坚持社会主义道路；第二，必须坚持无产阶级专政；第三，必须坚持共产党的领导；第四，必须坚持马列主义、毛泽东思想。大家知道，这四项基本原则并不是新的东西，是我们党长期以来所一贯坚持的。①

这四项基本原则的提出，解决了意识形态领域里的一些基本问题，平息了党内的意识形态争论，为意识形态领域的建设奠定了基础，为新时期的社会主义现代化建设和理论建设提供了明确的指导思想。

　　邓小平以"四项基本原则"为准绳，从正面回应了意识形态领域的重大问题，将意识形态领域的建设提高到一个新的层次，使得意识形态领域的建设成为现代化建设的重要辅助力量。邓小平强调开展意识形态工作、建设社会主义精神文明的重要性：

　　　　文艺工作者，要同教育工作者、理论工作者、新闻工作者、政治工作者以及其他有关同志相互合作，在意识形态领域中，同各种妨害四个现代化的思想习惯进行长期的、有效的斗争。要批判剥削阶级思想和小生产守旧狭隘心理的影响，批判无政府主义、极端个人主义，克服官僚主义。要恢复和发扬我们党和人民的革命传统，培养和树立优良的道德风尚，为建设高度发展的社会主义精神文明做出积极的贡献。②

　　因此，意识形态领域的建设，首先在于划清界限，树立正统；其次在于发扬意识形态的教化功能，建设社会主义精神文明，提高国家的整体素质和软实力。为此，党的十二届六中全会通过了《中共中央关于社会主义精神文明建设指导方针的决议》，强调精神文明建设要立足于四项基本原则，根本任务是适应社会主义现代化建设的需要，培养有理想、有道德、有文化、有纪律的社会主义公民，提高整个中华民族的思想道德素质和科学文化素质。

　　邓小平之所以能够在意识形态问题上保持开放，源于他"解放思想"的方法论。"解放思想，就是使思想和实际相符合，使主观与客观相符合，就是实事求是。"③显然，邓小平通过"解放思想"而实现意识形态的统一作用，即抛弃错

---

　　① 《邓小平文选》第 2 卷，人民出版社 1994 年版，第 164～165 页。
　　② 同上书，第 209 页。
　　③ 同上书，第 364 页。

误观念，将思想解放与实事求是联系在一起，鼓励创新和探索实践，为现代化建设中碰到的问题提供新思想、新举措、新方法。

中国马克思主义关注的意识形态讨论，不再仅仅是理论层面的，而是与具体的革命、建设实践相结合的。在这个意义上，意识形态的功能已经从一般的理论话语转向了社会实践。也就是说，意识形态的讨论必须在具体的社会情境中展开，必须在理解社会现实的基础上提出具有建设性的话语体系。

"我们要坚持马克思主义在意识形态领域指导地位的根本制度，坚持为人民服务、为社会主义服务，坚持百花齐放、百家争鸣，坚持创造性转化、创新性发展，以社会主义核心价值观为引领，发展社会主义先进文化，弘扬革命文化，传承中华优秀传统文化，满足人民日益增长的精神文化需求，巩固全党全国各族人民团结奋斗的共同思想基础，不断提升国家文化软实力和中华文化影响力。"①

二、社会思潮与意识形态的关系

社会思潮与意识形态的关系问题是一个复杂的理论问题。社会思潮作为社会意识的一种特殊形式，在一定的条件下能发展成为一种意识形态，或者说在很大程度上都倾向于发展成为一种意识形态，从而占领话语的领导权位置。同时，社会思潮也能够成为意识形态发展的有益补充，意识形态作为社会的主导社会意识，很多时候是宏大层面的一般论述，而社会思潮可以作为意识形态的有效补充而发挥更加微观的作用。因此，不能简单地将社会思潮理解为意识形态的对手，也不能将其理解为意识形态的有益补充。因此，讨论社会思潮与意识形态的关系，我们首先要认清某种社会思潮的基本价值取向，在此基础上指明二者的关系。其次我们要从学理上阐明意识形态对于社会存在与发展的重要意义，并在此基础上指明意识形态对于社会思潮的引领作用。

1. 社会意识、社会思潮与意识形态

马克思、恩格斯说，人除了从事物质生产生活之外，还有意识，"但是这种意识并非一开始就是'纯粹的'意识。'精神'从一开始就很倒霉，受到物质的

---

① 习近平：《高举中国特色社会主义伟大旗帜　为全面建设社会主义现代化国家而团结奋斗——在中国共产党第二十次全国代表大会上的报告》，人民出版社 2022 年版，第 43 页。

'纠缠'，物质在这里表现为振动着的空气层、声音，简言之，即语言"①。在此，我们可以看到，意识一开始就和"语言"纠缠在一起，而语言本身就是一种社会行为。这意味着意识从一开始就是一种社会意识。所以马克思指出，意识一开始就是社会的产物，而且只要人们存在着，它就仍然是社会的产物。这意味着"意识"本身没有自在性、没有独立性，而德国古典哲学甚至是整个西方哲学都认为"意识"本身具有优先性。在这个意义上，马克思、恩格斯基本上实现了一种哲学革命。意识，是人区别于其他存在物的基本特征，因为它是社会性的表现。虽然我们可以将意识分为关于自然界的意识、关于人的意识，但归根结底意识是一种社会产物，只有作为社会的一部分，我们才能有关于自然界的意识。如果我们仅仅是自然界的一部分，那么我们跟动物一样，都不能有关于自然界的意识，正因为我们是社会的一部分，而且首先是社会的一部分，我们才会产生意识。

按照马克思、恩格斯的说法，意识的形成，特别是作为意识一般的精神活动的形成，得益于社会的普遍分工。随着分工的发展，特别是物质劳动与精神劳动这种真正的分工出现以后，"意识才能摆脱世界去构造'纯粹的'理论、神学、哲学、道德等等"②，在此过程中，意识本身成为一种具有普遍性的思想形式，表现为某种意识形态。因此，意识形态只是从事实际物质生产活动的人在观念上的反映，是人们在生产过程中形成的关于世界的观念体系，而且这种观念体系本身随着物质生产的变化而变化。因此，"我们的出发点是从事实际活动的人，而且从他们的现实生活过程中还可以描绘出这一生活过程在意识形态上的反射和反响的发展"③。

在马克思、恩格斯看来，意识一开始就是社会意识，而社会意识通过一般的思想观念的形式化而成为意识形态。正是因为这三者具有这样的关系，马克思、恩格斯在文献中经常用其他的词语来表达"意识形态"的内涵，比如社会意识形式、社会意识，这些概念在内涵上趋同，有时泛指所有的社会意识。

而社会思潮是社会意识的重要组成部分和表现形式，是社会心理形态和思想理论形态的统一体。它具有社会意识的基本特征，以一定的社会存在为基础，并且在一定的程度上反映社会存在。但作为广义社会意识的一种具体和特殊的表现形式，社会思潮本身具有一些特殊的内涵。社会思潮是一种流

---

① 《马克思恩格斯文集》第1卷，人民出版社2009年版，第533页。
② 同上书，第534页。
③ 同上书，第525页。

行性的社会意识现象，具有一定的社会影响力和吸引力，并且不再以一种笼统的方式反映社会存在，而是具有一定的针对性和基本的具体诉求。就此而言，社会思潮就不再仅仅是一种理论形态的社会意识，而是具有一定社会动员能力的思想潮流。相较于社会意识的广义范畴，社会思潮受特定历史时期的思想理论影响，而且与具体的现实政治、经济、文化和社会运动紧密相关。

就此而言，社会思潮本身具有特殊的性质。首先，社会思潮具有实践性，即社会思潮不再是纯粹的理论，而是具有社会整合和引领功能，它能够对社会群体产生实际的影响。其次，社会思潮具有群众性，社会思潮本身虽然是知识领域的创造，但其不再仅仅限于知识领域，而是开始走向社会大众，发挥实际的效用。再次，社会思潮不仅是一种相对静止的理论表达，而且具有动态性，它能够在社会实践中实现自我调整，从而更加贴近社会现实。复次，社会思潮具有传播性，社会思潮的成型，得益于主动的传播，通过传播社会思潮来实现对社会现实的影响。最后，社会思潮具有政治性，任何一种社会思潮都不是纯粹的理论探讨，最终都在寻求影响社会现实，从而能够表达一定的政治诉求。

因此，社会思潮对于社会存在异常重要，这就需要我们有效地对社会思潮进行鉴别。不同的社会思潮能够产生完全不同的社会影响，这是由于社会思潮本身也存在正确与错误之分。正确的、先进的社会思潮能够科学地解释社会现实，并且对社会现实起到积极正面的引导作用，是社会进步的有力助手；而错误、反动的社会思潮不但曲解社会现实，更大的问题在于给社会现实造成一定的错误认识和导向，是社会发展进步的障碍。

社会思潮一方面以一种理论的方式在大众及其心理活动中得到呈现，另一方面又与意识形态发生关系。由于社会思潮具有政治性，强大的、正确的社会思潮在一定的条件下能够转化为意识形态的重要内容，有时甚至可能会成为意识形态本身。马克思说："理论一经掌握群众，也会变成物质力量。"[①]因此，要高度重视社会思潮的分析和辨析，并积极处理社会思潮与意识形态的关系。

2. 意识形态的社会思潮反映

虽然马克思本人没有对一般的社会思潮进行理论表述，但我们可以从马克思对青年黑格尔派、古典自由主义、空想社会主义、无政府主义、民粹主义等社会思潮的评述和批判中，获得马克思对于社会思潮的一些基本判断。

---

① 《马克思恩格斯文集》第 1 卷，人民出版社 2009 年版，第 11 页。

　　马克思、恩格斯在《德意志意识形态》中对青年黑格尔派在学理上进行了批判，主要是针对历史的解释问题即史观问题，即究竟是应该基于思想、观念和精神以及共识和概念体系来解释历史，还是应该立足于现实的个人，即受一定的社会经济、政治、文化和道德影响的人来解释历史。前者是唯心史观，后者是唯物史观，而根本的问题在于什么因素是影响社会历史发展的主导性力量。马克思站在唯物史观的立场上反驳了青年黑格尔派的基本观点，为理解历史及现实社会提供了科学的理论解释。

　　而空想社会主义作为一种社会思潮，在马克思、恩格斯提出科学社会主义理论之前就已经存在。马克思基于对社会历史一般发展的认识，指出了空想社会主义之所以是"空想"的根本原因。在马克思看来，空想社会主义的基本论述并不是建立在对资本主义生产方式的客观认识基础之上，也就是说，空想社会主义之空想，不在于其基本内容的错误，而在于没有实现这些内容的基本条件。按照马克思的理解，社会主义不是空中楼阁，而是必须建立在资本主义及其批判的基础之上。

　　而马克思、恩格斯与巴枯宁争论的焦点就是对待无政府主义的基本态度，马克思对无政府主义的批判，主要聚焦在国家问题、领导者问题和自由问题上，这些话题直接关涉到工人阶级实践的核心内容。马克思之所以要坚定批判巴枯宁及其所代表的思想流派，是因为巴枯宁对无政府主义的论述直接影响到了第一国际对待工人运动的态度。虽然巴枯宁本人自称是工人阶级的代表，但是按照马克思的理解，其理论本身是一种小资产阶级的社会主义思潮。在此，我们能够看到马克思对社会思潮的准确辨析。

　　最具代表性的是马克思、恩格斯对古典自由主义的批判。古典自由主义是19世纪上半叶主要的欧洲社会政治思潮，是西方工业资本主义的主导意识形态，其核心概念就是强调基于私有财产及其法权关系的个人主义，并且主张自由放任主义。马克思、恩格斯的政治经济学批判主要就是针对古典自由主义的批判，主要体现为对资本主义私有制及其生产方式的批判，指出了资本主义生产过程中的秘密即剩余价值问题，在此基础上形成了对古典自由主义国家学说的批判。

　　法国"新马克思主义"学者列斐伏尔（Henri Lefebvre）认为，马克思（和恩格斯）的意识形态观注意到，统治阶级所凭借的思想表象，使得旧的问题、旧的观点、旧的词汇和传统的表达模式成为阻碍社会的新要素以及解决问题的新途径，这是历史过程的一个结果。

在这个过程中，这些表象成为一个事实，倾向于构建一个自足的整体，并声称有此权力。然而，整体包含实践，并且准确说来，正是这个实践被意识形态通过建构一个抽象的、非现实的、虚构的整体理论而扭曲了。任何一种意识形态中的现实和非现实的程度都因历史时代、阶级关系和特定时刻获得的其他条件而不同。意识形态是通过推测它所解释和改变的现实来运作的。它们在体系中达到顶点(理论的、哲学的、政治的、司法的体系)，所有这些体系都以落后于实际历史运动这一事实为特征。同时还必须承认，每一种名副其实的意识形态都以特定的范围和对合理性的现实追求为特征。①

意识形态都要争取获得普遍性，但对这种普遍性的要求却没有得到辩护。因此，意识形态一方面是普遍的、思辨的、抽象的；另一方面又代表了特定的、有限的和特殊的利益，它就不得不创造一个似乎无所不包的视角，同时也强化了其特殊的生活方式、行为模式和"价值观"的意味。"意识形态的表象在群体(人民、国家)和阶级(和阶级的派别)的斗争中始终作为工具起作用。但它们介入这样的斗争采取了如下方式：掩盖相关群体的利益和诉求，将特殊的东西普遍化，误将部分当作整体。"抽象的观念本身没有权力，但当权者(经济的或政治的)可以利用观念的表象来为他们的行动辩护。

在马克思看来，无论是思想还是语言都没有形成一个独立的领域。语言，这个与社会整体保持一致的观念仓库，充满了错误、假象、琐碎的真理和深刻的事实。从表象(观念)世界过渡到现实世界，总存在着问题，而这个问题无非是从语言过渡到生活的问题。因此，这个问题具有多重方面——实际存在的语言、意识形态、实践、阶级状况和实际进行着的斗争。当资产阶级说"人的"权利、"人的"状况等的时候，他实际上说的是资产阶级的权利、资产阶级的状况。他并不区分这二者，因为他的语言恰恰是资产阶级所塑造的。②

马克思试图通过实践，在与意识形态、阶级和社会关系的关联中进行语言(话语)定位，但是"绝不能将这个形式与它的其他方面分开——内容、发展、

---

① 〔法〕列斐伏尔：《马克思的社会学》，谢永康、毛林林译，北京师范大学出版社2018年版，第53页。
② 同上书，第56页。

历史、社会关系和实践"①。

要之，我们从马克思、恩格斯对当时社会政治思潮的理解和批判中可见，首先，社会思潮本身具有科学性之辩，即社会思潮的内容本身并不都是符合社会现实的，这就意味着对社会思潮内容的辨识是至关重要的。其次，社会思潮对现实社会的介入是有客观条件的，任何一种社会思潮要对社会现实发挥影响，都应该以现有的社会条件为基础。最后，社会思潮带有强烈的政治取向，并表现出浓厚的意识形态倾向。任何一种社会思潮，在很大程度上都有介入现实的倾向，试图占据意识形态的位置。因此，研究和分析社会思潮的普遍内容、一般特征、运行机制和目标导向，是进行意识形态和社会思潮辨析的前提工作。

3. 社会思潮的意识形态效应

理解意识形态与社会思潮的关系，重点在于明确意识形态对于社会存在的作用及其社会功能。只有在此基础上，我们才能理解在当今中国为什么要以马克思主义来引领社会思潮。

意识形态的功能，在其概念创始者特拉西看来，同时体现为认知功能和社会功能。就认知功能而言，意识形态的初衷是对观念的形成进行科学的分析。这当然是受自然科学的影响，随着启蒙运动及其理性化过程，自然科学成为知识与真理的代名词。因此，如果要使意识形态本身具有科学的内容，就必须对观念的形成进行科学化的论述，以期摆脱人的主观情感、偏见、风俗传统等的影响。因此，在特拉西的分析中，意识形态作为一种观念科学而得到实证，获得关于观念的知识。这也是特拉西谋求建立科学"意识形态"的认识论目的所在。

而意识形态的社会功能，则在于其能够建立美好的社会。这是与特拉西关于意识形态的认知功能联系在一起的。特拉西认为，从作为一种观念科学的意识形态概念及其认知功能出发，公民能够获得关于美好生活的观念，描绘建构合理社会的美好蓝图。特拉西认为，社会大众能够从意识形态推出社会政治的合理制度、社会改革的行动纲领。因此，特拉西意识形态概念通过对观念的形成进行科学的分析，揭示人的思维属性，揭示人类对未来社会的期待，并以此作为建构理想社会的基础。由此可见，意识形态作为一个术语，在开始使用时

① 〔法〕列斐伏尔：《马克思的社会学》，谢永康、毛林林译，北京师范大学出版社2018年版，第57页。

就同时兼具认识的意义和社会实践的意义。

马克思、恩格斯认为，意识形态同样具有认知功能和社会功能，只是其关于意识形态的内容发生了巨大的变化。与特拉西不同，马克思、恩格斯认为意识形态的认知功能是负面的，即意识形态作为一种虚假的意识，恰恰是人们获得真实知识的障碍。"在思辨终止的地方，在现实生活面前，正是描述人们实践活动和实际发展过程的真正的实证科学开始的地方。关于意识的空话将终止，它们一定会被真正的知识所代替。"①我们可以明确地看到，马克思、恩格斯指出了意识形态的虚假性，并且期待一种摆脱意识形态虚假性的实证科学。科学的最后出现是以现实生活为前提的，并且主要是以一种实证科学的形式来获得知识，而这就是马克思所认为的真正知识。

一般来说，意识形态对于社会存在，通常表现出两种属性，一种是积极的社会功能，表现为对社会的建构与认同，另一种是消极的社会功能，表现为对社会的保守进行辩护与遮蔽。

就意识形态的属性而言，马克思、恩格斯主要将意识形态定位为一种具有消极属性的思想系统，并且认为其体现了资产阶级意识形态的虚假性及对社会现实的掩盖。因此马克思、恩格斯首先揭示了资产阶级意识形态的虚假性并在此基础上发展出一套意识形态评判理论。就意识形态的积极属性而言，列宁在发展马克思主义理论的过程中，创造性地拓展了马克思主义的意识形态理论，不仅赋予了意识形态新的内涵，而且旗帜鲜明地指出了意识形态所具有的积极属性，它表现为党性与阶级性的统一、革命性与科学性的统一、批判性与建设性的统一。而且在具体的社会主义建设过程中，列宁越发重视意识形态的积极属性，尤其是意识形态整合认知、建构认同的作用。列宁强调无产阶级的一个重要任务是剥夺资产阶级在意识形态上的"领导权"，从而获得科学社会主义意识形态的"领导权"。

因此，在新的时代条件下，理解和把握列宁对意识形态的定位，并在马克思主义意识形态理论的基础上，全面深刻领会意识形态所具有的双重维度，对于我国社会主义意识形态建设，具有重要的现实意义和借鉴价值。

意识形态的积极属性，即社会的建构与认同，首先源于人自身的属性。马克思说，人是有意识的存在，人与动物的根本区别在于人具有主观能动性。而意识形态的积极属性就在于通过引导和建构社会价值的方式，影响人们的行为规范与准则，实现对社会存在的建构与个人认同的塑造。

---

① 《马克思恩格斯文集》第1卷，人民出版社2009年版，第526页。

人具有意识，意味着人本身是一种社会的动物，而社会对于人而言，就是人的存在的基本规定性。意识形态的引领和建构作用，能够使个体进入社会现实，获得基本的生存内容。在人的基本生存需求之上，还有更高层面的精神需求、价值认同以及信仰追求，这都需要个体与社会的互动，其中介之一就是意识形态。

社会生活本身是复杂多变的，人的生存的基本需求之一就是对确定性的追求。而意识形态能够为社会大众建构起一个基本稳定的价值体系，从而最大限度地降低单个主体的意志冲突，引导社会个体建立起对社会主流意识的信念，认同并维护现行的社会秩序。意识形态的建构功能在于其自身内在的稳定性。意识形态一旦形成，其内涵和观念就不会轻易改变。因为，意识形态是一个观念系统，它由一些相互勾连的价值观念构成，而且这些价值观念都处在相对稳定和逻辑自洽的内在关系中，其内部结构和关系框架不会轻易发生变化。每一个意识形态系统都存在一个核心和主流的价值观，即使其他观念由于社会和时代原因被遗弃，整个观念体系也能够实现自我修复，具有强大的系统控制能力。只要主流意识形态相对稳定，整个意识形态系统本身的稳定性就能得到保证。这就意味着意识形态所规定的基本内容仍然有效，而社会个体的行为规范和价值信仰由此就能得到保障。

在意识形态稳定性基础之上，意识形态本身还有自我建构能力，这种自我建构能力源自意识形态本身所具有的自我调节功能。意识形态的自我调节功能在保持核心价值观念的基础上，吸收新的时代因素，增强自身的解释力。社会处在不断创新和发展的过程之中，意识形态要确保自身的生命力，必须积极地吸收新的时代因素。这种吸收的过程体现在社会实践中，并且是在相互影响和改造中完成的。新的时代因素与意识形态的互动，是一个社会发展和进步的基本维度，能否积极地吸纳新的时代因素，成为考验意识形态是否具有科学性与合法性的重要维度。

因此，意识形态具有稳定性和自我更新功能，这使得意识形态的建构价值得到了保障。这种建构价值一方面体现为对社会的建构，包括社会制度、社会主流价值等；另一方面体现为对个体的建构，包括社会价值认同、个人行为规范与信仰等。这两个维度的建构，作为一个整体的工程，经常升华为一种象征性的图景。这种象征性的图景有时超越个体的具体属性而具有抽象的特征，如民族文化、民族精神等，而这些象征性图景的建构，对于个体而言，常常会产生更加深刻和稳固的影响。

虽说意识形态具有一定的稳定性，但这种稳定性仍然具有一定的历史有效性，在一定的时期内，意识形态的稳定性具有强大的建构功能。当这种稳定性在历史的发展中被进步的力量所摒弃时，意识形态所具有的消极属性即保守功能就显现出来。

按照马克思、恩格斯的说法，意识形态本身并不具有自主性，其所有的内容都来源于其所依附的经济关系和阶级关系，其核心就是生产方式。生产方式的转变是社会形态转变的基础，也是意识形态发生变化的基础，一定的生产方式在一定的时期具有先进性，但其终究是历史的阶段性产物，我们能从马克思、恩格斯关于社会形态演变的论述中明确地认识到这一点。这意味着具体的生产方式本身是会被历史的发展所扬弃的，新的生产方式将取代旧的生产方式，而在这个过程中，与旧的生产方式相关联的意识形态也会被新的意识形态所取代。在这种被取代的过程中，旧意识形态所具有的消极意义——保守性——就出现了。

这种意识形态的保守性，主要表现在抵制新时代的基本价值要求，维护旧时代的价值体系。正如马克思所说，死的传统折磨着活着的人。旧的意识形态仍然坚持传统的价值取向，并且扼杀或者遮蔽新意识形态所具有的合法性。这种保守性最终表现为一种独断的命令，禁止社会传播新的意识形态，从而强制社会个体信奉旧的意识形态内容。因此，意识形态领导权的争夺就成为斗争的一项主要内容，因为旧的意识形态不会主动退出历史舞台。即使以阶级斗争为纲已经转变为以经济建设为中心，在新社会中，旧的意识形态残余仍将存在，因此，意识形态的斗争是一项长期任务。

在一般的意识形态替换过程之外，还存在一些具有消极属性的极端意识形态。由于特殊的时代背景，这些意识形态可能会成为某些地区、国家、民族、种族的主导意识形态。这些意识形态从一开始就具有反动的性质，它们借助某些种族、宗教因素，以一种极端单一化的方式推行其价值观念。比如法西斯主义、极端恐怖主义，它们作为一种意识形态，有其自身的内容，但这种内容本身已经被历史证明是不可取的，并且具有明显的反动特征。这些意识形态并不具有一般的意识形态所具有的历史合理性，它们一开始就违背了基本的社会发展方向，具有彻底的消极意义。

意识形态本身随着历史的发展而呈现出不同的内容和属性，这些内容在其自身的历史阶段上具有合法性和有效性，在一定的时期内也成为构建社会存在、维护社会秩序、弘扬时代价值的主要力量。这种积极正面的属性，离不开其所依附的社会形态、阶级状态及生产方式所呈现的历史意义，一旦跳出了意识形态所依附主体的历史意义，意识形态就将走向历史的反动，从而呈现出否定的保守。因此，我们对意识形态属性的基本判断，不能从其自身及其发展来看，也不能从其展示的内容来看，而是要回到基本的物质生产关系、历史发展形态来考察。

因此，辨析意识形态的消极属性，并不能仅仅从意识形态自身的内容出发，还要从意识形态的内容与社会存在、社会实践之间的关系出发。我国处于并将长期处于社会主义初级阶段，现代化建设正全面展开，在这样一个历史时期，我们会面临诸多"意识形态"的挑战，面临各种社会思潮的影响。因此，我们要立足于我国的具体实情，立足于社会主义现代化实践，立足于中华民族伟大复兴，谨慎而彻底地抵制错误思潮的影响，将这些消极的"意识形态"拒之门外，一心一意谋发展。

随着意识形态概念的中性化，对意识形态的研究就更加趋向于对其社会功能的研究。作为社会现实的一部分，意识形态以其自身的方式参与到个体、社会与国家的建构与运行中，它表现为个人如何嵌入社会结构，如何开展自身的现实生活。正如马克思所说，人是一切社会关系的总和，人自身的具体内容都是在个体、社会与国家的辩证关系中无休止地建构起来的。

社会治理的一个重要维度就是围绕着上述三者的关系展开的，这也是社会治理技艺的竞技场。

人是一切社会关系的总和。意识形态要发挥作用，归根结底要在人身上下功夫，人是意识形态的直接载体和主要执行者。但是，人一开始是作为一张白纸而存在的，对这张白纸的填充，就是意识形态的主要职能。这里就涉及个体与意识形态的关系问题，涉及个体经由意识形态而转变成主体的过程。

就个人而言，意识形态要发挥作用还必须经由另外一个过程，即个人向主体转换的过程。就此而言，阿尔都塞指出，没有不借助主体并为主体而存在的意识形态。主体是意识形态从一般话语转变为具体实践的转换器，主体的形成需要一整套的价值规范，它是后天赋予个体的，而个体接受什么样的价值规范，他就成为什么样的主体。一般来说，某个主体只对他所依附的意识形态效忠。在此意义上，主体与意识形态是相互依存的。一方面，主体只有在一定的意识形态建构中才能表现为主体，他必须被意识形态建构为具体的政治主体、经济主体、法律主体、道德主体等，从而成为一个在社会中能够进行生产、交往的主体。在一定的意义上说，人的绝大部分社会属性都源于意识形态。另一方面，意识形态只有通过主体才能发挥功能，只有当主体把具体的意识形态内容践行到自己的实践中去时，意识形态的功能才算完成了一个完整的循环。意识形态发挥功能的方式不同，但归根结底需要主体来实现。意识形态作为一套价值观念体系，其自身不会自动发挥作用，必须要有现实的载体，而主体就是其主要载体之一。

就个体而言，参与意识形态就是实现自我，在某种意义上，这也是主体自我实现的过程，不管这种"实现"本身是否真实，但在具体的社会背景中，它必须表现为真实的。就意识形态而言，个体向主体的转变，意味着意识形态本身的再生产，同时也意味着意识形态自身的继续和巩固。

而就其结构而言，主体与意识形态在存在形式上是互构的。这也印证了意识形态是阶级斗争的重要场所，因为只有主体与意识形态实现了相辅相成的效果，才能形成统一的阶级、统一的阶级意识。而通过主体的生成及其物质实践行为，意识形态便被嵌入日常社会实践中。

党的十八届三中全会提出完善和发展中国特色社会主义制度，推进国家治理体系和治理能力的现代化这个全面深化改革的总目标。推进国家治理体系和治理能力现代化，不但必须解决好制度模式选择问题，必须有主张、有定力，还必须解决好价值体系或意识形态问题。习近平指出，培育和弘扬核心价值体系和核心价值观，有效整合社会意识，是社会系统得以正常运转、社会秩序得以有效维护的重要途径，是国家治理体系和治理能力的重要方面。能否构建具有强大感召力的核心价值观，关系社会的和谐稳定，关系国家的长治久安。国家治理的核心原则是如何引导社会进入一种良序与和谐的状态。这就需要对社会存在进行合理的阐释，这种阐释一方面是针对已有的现状，另一方面是指向未来的向度，描绘一个未来愿景。这种阐释与规划，在很大程度上与意识形态相关。因为，意识形态是现代国家架构与治理的重要组成部分，是联系国家、社会与个人的纽带。意识形态能够为国家提供合法性论证，并且具有强大的整合社会、动员群众的功能。在这个意义上，我们可以将意识形态视为一套促进国家建设、社会整合、个体实现等目标的思想与观念体系。

就社会存在的现实图景而言，国家首先是一种对社会存在的分析性图解，它必须能够解释现有的社会存在的各种元素的本质及其相互关系。这意味着国家应该是某种分析的模式，而意识形态的论述将在这个过程中起到重要作用。特别是在面对新事物和新元素时，国家要有合适的理论解释和制度设计来安顿这些新事物和新元素，这有时候要通过改革才能实现，而其前提是要对这些事物和元素有合理的理解。在这个意义上，意识形态对于国家治理本身具有重要的作用。

相较于传统意识形态的对抗思维，对于现代社会特别是现代国家治理来说，意识形态的功能必须发生变革，必须能够发挥出对社会秩序和意义的形成和维护作用。意识形态在现代国家治理过程中的作用将日益显著，现代国家社会整体认知水平高、信息共享的程度高、政治参与的积极性高并尊重多元文化价值，这使得社会治理必须在一种平等对话和共同协商的语境中展开。在这个意义上，意识形态将履行其社会黏合剂的功能，在社会内部寻求最大公约数，使得社会内部能够形成最广泛的共识。

就此而言，意识形态在社会建设中发挥着重要作用，由此更加显示出意识形态对于社会思潮的引领作用。

当前我国社会经济发生了深刻变化，广大人民群众的利益诉求、价值观念和基本诉求都呈现出多样性、多元性、多变性，各种社会思潮层出不穷且内容千差万别，给广大人民群众的思想观念带来了巨大的挑战，深刻地影响了人们的思想、行动，深刻地影响了社会的发展与稳定。社会思潮对国家意识形态的建设会产生一定的影响，这种影响有时以显性方式出现，有时以隐性方式出现，并且具有很强的潜伏性。进步的社会思潮对社会存在产生正面积极的作用，错误的甚至是反动的社会思潮对社会存在产生消极负面的作用。因此，党的十八大报告指出，要牢牢掌握意识形态工作领导权和主导权，坚持正确导向，提高引导能力，壮大主流思想舆论。只有强化了主流意识形态，才能引领社会思潮，从而凝聚更大的社会共识，服务于国家和社会建设。

因此，在社会主义核心价值体系引领社会思潮的过程中，我们要针对社会思潮的不同功能，采取不同的方式，对进步思潮给予鼓励和引导，对错误思潮给予批评和遏制。

发挥主流意识形态对于社会思潮的引领作用，不能靠强制、管制，而必须坚持马克思主义的唯物史观，即意识形态的科学性来自现实生活。

发挥主流意识形态对于社会思潮的引领作用，要遵守唯物史观对意识形态发展规律的论述。意识形态作为一种社会意识，是社会存在的反映，并由一定的社会经济状况决定。要发挥社会主义核心价值体系引领社会思潮的功能，就必须要努力发展社会生产，为引领社会思潮提供坚实的物质基础，"物质生活的生产方式制约着整个社会生活、政治生活和精神生活的过程"①。邓小平认为："按照历史唯物主义的观点来讲，正确的政治领导的成果，归根到底要表现在社会生产力的发展上，人民物质文化生活的改善上。"②只有改善了广大人民群众的物质生活，才能充分体现社会主义制度的优越性和核心价值体系的科

① 《马克思恩格斯文集》第 2 卷，人民出版社 2009 年版，第 591 页。
② 《邓小平文选》第 2 卷，人民出版社 1994 年版，第 128 页。

学性，才能增强社会主义核心价值体系对社会思潮引领的效果，从而遏制错误的思潮对社会发展稳定带来的影响。

发挥主流意识形态对于社会思潮的引领作用，要深化马克思主义理论研究和建设，尤其是马克思主义中国化理论研究和建设，从而巩固以社会主义核心价值体系引领社会思潮的思想基础。要拓展、深化主流意识形态研究的内容，重点聚焦新的理论问题和现实问题，把理论论证和实践应用结合起来，不断增强主流意识形态思想体系的科学性，提高理论的解释力和说服力。加强马克思主义理论研究和建设，进一步发挥社会主义核心价值体系对于社会思潮的引领作用。

发挥主流意识形态对于社会思潮的引领作用，要善于吸收和转化人类文明的一切优秀成果，同时要更加注重对中国优秀传统文化和民族精神的研究和吸收，并且将其转化为意识形态的组成部分，增强意识形态的历史感和文化解释力，增强广大人民群众对主流意识形态的认同感。

发挥主流意识形态对于社会思潮的引领作用，要善于做好理论宣传，要把意识形态的宣传工作融入广大人民群众的生产、生活和学习中去，大力宣传和阐释党的重大理论和方针政策。意识形态宣传工作要与时俱进，要研究现代社会生产、生活和交往的基本特征和重要媒介形式，使得意识形态的引领工作能够适应新时代的要求。

发挥主流意识形态对于社会思潮的引领作用，要主动回应重大社会问题和群体关切，不让错误的社会思潮有机可乘。从现实中可见，很多社会问题和群体矛盾激化对社会发展稳定的影响，很大程度上是信息不对称所导致的。因此，我们要积极主动去研究、预判和回应社会的主要关切和重大问题，以正确的舆论引导社会大众以正确的思想来面对发展过程中出现的问题，从而为有效地解决问题提供保障。

总之，要理解主流意识形态对于社会思潮的引领作用，先要在主流意识形态的一般作用中发现其对于社会发展的积极作用。就当今中国而言，在阐明了主流意识形态引领社会思潮的必要性之后，我们还要在更加一般的意义上深化对马克思主义的理解和认识，这就是要回答马克思主义为什么既是一种科学又是一种意识形态。

三、马克思主义是科学也是意识形态

马克思、恩格斯认为，在思辨终止的地方，在现实生活面前，正是描述人们实践活动和实际发展过程的真正的实证科学开始的地方。真正的科学应该符合两个条件，一是跳出观念的思辨，不再在观念的圆圈中进行概念的自我论证，从而获得自身逻辑的自洽；二是立足于人们的实践活动，真正的实证科学得以可能的前提不是观念思辨，而是"描述人们实践活动和实际发展过程"。这里的人们也不是思辨的人，而是现实生活中的人及其社会实践活动。意识形态具有科学内容，这并不能从自然科学的意义上来理解，而必须从社会现实内容上来理解，从传统意义上的虚假性来理解，从斗争策略上来理解。

1. 马克思主义的科学内涵

历史唯物主义是一门关于历史的科学，因为它描述了人类社会和人本身存在变化的内容。马克思、恩格斯指出："我们仅仅知道一门唯一的科学，即历史科学。历史可以从两方面来考察，可以把它划分为自然史和人类史。但这两方面是不可分割的；只要有人存在，自然史和人类史就彼此相互制约。"[①]在我们的日常话语体系中，科学一般指自然科学，当然这跟学科建制的分化有关系，但是，马克思、恩格斯拒绝承认外在于人的现实生活世界的科学，科学归根结底与人的实践息息相关，它是人自身存在得以确证的方式之一。在马克思、恩格斯看来，自然科学的旨趣将以人自身的内容作为存在的根基和发展目标。从这个意义上说，历史科学就是人的科学。马克思、恩格斯之所谓人的科学，并不是以人的观念为基础的科学，而是有现实的具体内容的科学，它扎根在人的实践中。在资本主义社会中，人的科学表现在以工业和私有财产为中介的实践中。人的实践是历史科学的基础，它不再是观念思辨的产物，不再是历史哲学。马克思、恩格斯关于人的、科学的历史科学，就是要抛弃虚假的历史观念，并在人的实践活动的基础上塑造科学的具体内涵。

历史唯物主义是一门科学，还在于历史唯物主义对于理解社会形态转变的科学意义，它解释了人类社会历史变迁的内在规律，它表现为生产力与生产关系的相互运动。在《〈政治经济学批判〉序言》中，马克思、恩格斯概述了历史唯物主义的基本内容，认为生产力的发展所造成的生产力与生产关系的矛盾是历史发展的根本动力。在马克思、恩格斯看来，人类社会的演进，并不是像黑格尔的绝对精神那样的自我演绎，而是社会本身内部的运动。马克思、恩格斯认为，无论哪一种社会形态，在它所能容纳的全部生产力发挥出来以前，是绝不会灭亡的；而新的更高级的生产关系，在它的物质存在条件在旧社会的胎胞里

成熟以前，是绝不会出现的。任何社会的更替都是生产力与生产关系的矛盾达到不可调和的产物，而且新旧社会的转换，也不是一种彻底的断裂，任何新社会的基础都是在旧社会中孕育出来的。

科学社会主义建立在对空想社会主义的批判和超越基础之上，前者具有现实的社会条件，而后者只是观念想象的产物。科学社会主义的基础不在观念，而在于现实社会，正是资本主义社会的基本矛盾及其不可调和的性质，成为科学社会主义可能的前提条件。要从现实的矛盾出发揭示新世界得以产生的趋势和条件，即在批判旧世界中发现新世界。因此，对科学社会主义的论述，就必须扎根于对资本主义社会的分析，扎根于无产阶级的生存状况。

恩格斯在马克思墓前的讲话中提到，马克思的伟大发现是唯物史观与剩余价值学说理论。后来他在《社会主义从空想到科学的发展》一文中又指出，由于这些发现，社会主义变成了科学。无论是唯物史观还是剩余价值学说理论，都是马克思分析资本主义社会的核心理论，前者从生产力与生产关系的矛盾出发，描述了社会形态的变化，以及资本主义社会的基本矛盾及其演变趋势、最后走向社会主义的历史规律，后者揭示了资本主义社会运行的基本内涵，以及由此而带来的阶级对抗与革命实践，这是社会主义从空想到科学的物质条件。而这也与无产阶级的存在状态息息相关。

按照马克思、恩格斯的理解，无产阶级是由资本主义生产方式造就的，是在资本主义社会内部成长起来的、反对资本主义社会的阶级。因此，无产阶级革命实践的首要前提就是认识自身，认识自身所处的社会环境。马克思早在《哲学的贫困》中就指出，随着历史的演进以及无产阶级斗争的日益明显，他们就不再需要在自己的头脑里找寻科学了；他们只要注意眼前发生的事情，并且把这些事情表达出来就行了。当他们还在探寻科学和只是创立体系的时候，当他们的斗争刚刚开始的时候，他们认为贫困不过是贫困，他们看不出它能够推翻旧社会的革命的破坏的一面。但是一旦看到这一面，这个由历史运动产生并且充分自觉地参与历史运动的科学就不再是空想，而是革命的科学了。因此，无产阶级对革命的认识便不是一种外在的想象，而是内在的现实表现，并且以一种自觉的方式参与到革命实践中，这就是社会主义从空想到科学的阶级基础。

从上述二者可见，社会主义的科学性在于对资本主义社会的内在分析，对无产阶级的存在认识。所以马克思、恩格斯认为，"社会主义现在已经不再被看做某个天才头脑的偶然发现，而被看做两个历史地产生的阶级即无产阶级和资产阶级之间斗争的必然产物。它的任务不再是构想出一个尽可能完善的社会制度，而是研究必然产生这两个阶级及其相互斗争的那种历史的经济的过程；并在由此造成的经济状况中找出解决冲突的手段"①。无论在社会结构、阶级主体还是斗争手段上，我们都能看到资本主义社会的危机及其发展趋势，看到无产阶级革命的现实条件、斗争性质以及最终目的，这些也都构成了社会主义科学性的前提。马克思、恩格斯因而判断，资产阶级的灭亡和无产阶级的胜利是同样不可避免的。并且，也就是在这个基础上，社会主义的科学性还体现在对人的存在的重新占有，即人的自由发展，代替那存在着阶级和阶级对立的资产阶级旧社会的，将是这样一个联合体，在那里，每个人的自由发展是一切人的自由发展的条件。人的自由全面发展和人类解放的崇高价值理念，是社会主义的价值基础，是科学的一个重要衡量尺度。

重要的是，作为科学的意识形态概念，与现实生活发生着切实的联系。马克思、恩格斯以一种历史唯物主义的描述方式，完整地演绎了意识的产生及其本质属性。他们认为，思想、观念、意识的产生最初是直接与人们的物质活动、与人们的物质交往、与现实的语言交织在一起的，随后发展为上层建筑的主要内容。可见，意识形态有着现实的基础，其形式就表现为社会的上层建筑。上层建筑本身承担着社会功能，它为生产关系的再生产发挥着极其重要的作用，并且承担着阶级斗争的重大使命。而在晚期阿尔都塞看来，意识形态不是纯粹的幻觉（荒谬），它是存在制度设施和实践里头的一套说明：它们出现在上层建筑里，而且扎根在阶级斗争中。在这个意义上，作为科学概念的意识形态就与作为哲学概念的意识形态区别开来了。

就意识形态所具有的科学内容而言，法国马克思主义哲学家阿尔都塞的论述值得注意。在《意识形态与意识形态国家机器》中，阿尔都塞从不同层面探讨了意识形态的科学内容。一方面是国家和社会层面。其一，就存在形式而言，意识形态具有物质的存在性。当然这种"物质"并非物理学意义上的物质，而是一种能发挥社会作用、指导社会实践的建制，主要表现为各种意识形态国家机器。这些意识形态国家机器是一种非实在的存在，以其对社会的影响来展示其自身的存在方式。其二，就功能和结构而言，意识形态主要表现在生产关系的再生产上。社会关系的再生产主要是通过意识形态国家机器来实现的，而意识形态国家机器又主要通过意识形态来发挥功能。生产关系的再生产主要通过家庭、法律、学校、政治和文化等诸多方面的意识形态国家机器来实现。这些意识形态国家机器以一种规训的方式来充当整个社会的说教者，以一种潜移默化

① 《马克思恩格斯文集》第 3 卷，人民出版社 2009 年版，第 545 页。

的形式来维护社会秩序，并在此规训过程中获得一种主体的地位，实现生产关系的再生产。这在阿尔都塞看来，尤其在阶级斗争的年代里，这种意识形态所具有的政治和社会功能具有切实内容和现实意义。另一方面是个体层面。这主要表现为个体的本质属性和行为方式。马克思说人是一切社会关系的总和，人的社会关系性是建构人的主要存在方式。而人本身就是依赖这些关系而变成社会存在的。个体通过法律获得个人的权利与承认、通过道德获得个人的尊重，而这些法律、道德的意识形态为其提供基本的社会保障。借此，人在社会诸意识形态的形式中建立起了自身的社会存在。人的社会实践亦是如此。人在社会中存在，其行为方式本身嵌入社会物质形式中，而这些社会物质形式主要是通过各种意识形态的国家机器建立起来的。

也就是在这个意义上，意识形态对于当今社会的分析来说具有重要的地位，它不再是认识论上的虚假内容，而是与整个的社会现实联系在一起，成为建构社会现实的重要维度。

2. 马克思主义与社会主义意识形态

自列宁开始，社会主义就具有了意识形态的正面性质。社会主义的意识形态内容，本质上就是社会主义的基本信念。

社会主义意识形态的一个重要面向是恢复人的主体地位。马克思主义所关注的人，不再是资产阶级法权意义上的抽象主体，而是身处社会关系、生产关系中的具体个人。按照马克思的说法，资本主义社会中的劳动者，基本都处于一种异化的状态，即非人的状态。马克思的全部学说，都在于实现人的解放，即将人从这种非人的状态中解放出来，推翻那些使人成为受侮辱、被奴役、被遗弃和被蔑视的东西的一切关系。而社会主义意识形态的基本要义就应该由此出发，表现为对以人为本的追求。人应该是整个社会生产和社会生活的最终目标，而不是私有制及其资本增殖的工具。我们要摆脱对物的依赖关系，走向全面而自由的发展，其核心内容就是要摆脱资本对整个社会存在的控制，特别是对人的生活世界的影响。

中国共产党历来重视人民的工作，自建党之日起就把为广大人民谋利益作为根本宗旨。毛泽东提出"全心全意为人民服务"，提倡"从群众中来，到群众中去"的群众路线；邓小平提出把人民"拥护不拥护""赞不赞成""答应不答应"作为党的工作的出发点；江泽民提出"党的一切工作必须以最广大人民的根本利益作为最高标准"，胡锦涛提出"立党为公、执政为民"。"全心全意为人民服务是党的根本宗旨，党的一切奋斗和工作都是为了造福人民。要始终把实现好、维护好、发展好最广大人民的根本利益作为党和国家一切工作的出发点和落脚点，尊重人民主体地位，发挥人民首创精神，保障人民各项权益，走共同富裕道路，促进人的全面发展，做到发展为了人民、发展依靠人民、发展成果由人民共享。"①这充分展示了以人为本的理念，并成为衡量社会主义现代化建设成就的标志。

以习近平同志为核心的党中央更是把人民的期许作为工作的首要目标。习近平在人民大会堂同采访党的十八大的中外记者见面时提出，人民对美好生活的向往，就是我们的奋斗目标。人世间的一切幸福都需要靠辛勤的劳动来创造。我们的责任，就是要团结带领全党全国各族人民，继续解放思想，坚持改革开放，不断解放和发展社会生产力，努力解决群众的生产生活困难，坚定不移走共同富裕的道路。

党的十八大以来，党中央在全党范围内开展了群众路线教育实践活动，在党的群众路线教育实践活动工作会议上的讲话中，习近平反复强调，要改进工作作风、密切联系群众，得民心者得天下，失民心者失天下，人民拥护和支持是党执政的最牢固根基。这些都体现了以人为本的执政理念。习近平指出，要始终把人民放在心中最高的位置，牢记责任重于泰山，时刻把人民群众的安危冷暖放在心上，兢兢业业，夙夜在公，始终与人民心心相印、同甘共苦、团结奋斗。随着我国迈入中等收入国家行列，人民群众对美好生活的愿景不断提升。人们期待各项改革全面推进，期盼经济更有活力，政府更加高效，文化更加繁荣，生活更有保障，社会更加和谐，生态更加优良，权益得到更好维护。如何把人民的期待变成我们的行动，把人民的希望变成生活的现实，让改革发展成果更多惠及全体人民，这需要我们党进一步强化宗旨意识，进一步深化战略考量，进一步转变发展理念。

社会主义意识形态的另一个重要面向是体现社会公平正义。虽然马克思本人没有专门讨论过公平正义问题，但是马克思批判资本主义，所追求的就是社会公平正义。社会公平正义不仅仅是一个伦理问题，更关系到资本主义的生产方式。马克思着眼于批判私有制而不是抽象地讨论公平正义问题。他认为，只有对劳动与资本(私有财产)的对立进行思考，才能引导出对于"社会不公平"这一"真问题"的解决方式。马克思主义用经济基础来解释上层建筑，用生产劳动来解释生产关系，用生产关系来解释分配关系，而不是用公平、正义这些政

---

① 胡锦涛：《高举中国特色社会主义伟大旗帜　为夺取全面建设小康社会新胜利而奋斗——在中国共产党第十七次全国代表大会上的报告》，人民出版社 2007 年版，第 15 页。

治、法律概念来解释分配关系，"在这里平等的权利按照原则仍然是资产阶级权利"①。马克思通过否定私有制和私有财产，颠覆了私有财产是私有者"应得"的正义，从根本上否定了这种关系的正义性。因为私有财产的正义性本身就是一个问题，而不能简单地讨论以私有制为基础的分配公平问题。"旧唯物主义的立脚点是'市民'社会；新唯物主义的立脚点则是人类社会或社会化的人类。"②这个"人类社会"是一种超越"市民社会"的理想社会，是一种消除了各种异化的社会，其中人们的生产劳动不仅仅是生存的手段，更是人的能力的释放。人们不再将他人视为满足自己需要的手段和工具，也不再将自然当作获利的资源。或者说，只有消灭了"异化劳动"，才能从根本上消灭私有财产以及资本与劳动的对立，才能实现真正的社会公平。到了那时，个人才融入了"社会化的人类"，融入了社会整体。人与自然、人与社会才最终实现了统一，人也才获得了真正的自由，进而实现了符合人性的真正的公平正义。从这个意义上说，马克思的正义观是批判的、"另类"的，"但是，一旦我们从一种更为宽广的角度——把正义运用于社会的基本结构及作为背景正义的制度——来思考政治正义概念，那么马克思可能会持有(至少潜在地持有)某种广义的政治正义概念"③。当然，马克思并没有沉浸在这种超越性理想中，他仍然肯定了工人阶级为自己争取平等权利的必要性、重要性，认为这是通往共产主义道路上的历史性环节，但同时强调不要因为关注眼前目标而忘记了伟大的理想。

中国共产党领导中国人民进行伟大的社会主义实践，始终将社会公平正义作为中国特色社会主义建设及其意识形态建构的重要内容。"实现社会公平正义是中国共产党人的一贯主张，是发展中国特色社会主义的重大任务。"④"公平正义是中国特色社会主义的内在要求……使发展成果更多更公平惠及全体人民"⑤，"加紧建设对保障社会公平正义具有重大作用的制度，逐步建立以权利公平、机会公平、规则公平为主要内容的社会保障体系，努力营造公平的社会环境，保证人民平等参与、平等发展权利"⑥。党的十八届三中全会强调

① 《马克思恩格斯文集》第3卷，人民出版社2009年版，第434页。
② 《马克思恩格斯文集》第1卷，人民出版社2009年版，第506页。
③ 〔美〕约翰·罗尔斯：《政治哲学史讲义》，杨通进等译，中国社会科学出版社2011年版，第349～350页。
④ 胡锦涛：《高举中国特色社会主义伟大旗帜　为夺取全面建设小康社会新胜利而奋斗——在中国共产党第十七次全国代表大会上的报告》，人民出版社2007年版，第17页。
⑤ 胡锦涛：《坚定不移沿着中国特色社会主义道路前进　为全面建成小康社会而奋斗——在中国共产党第十八次全国代表大会上的报告》，人民出版社2012年版，第14～15页。
⑥ 同上书，第14～15页。

必须以促进社会公平正义、增进人民福祉为全面深化改革的出发点和落脚点。所有这些都反映了中国特色社会主义建设对社会公平正义的关注。"全面深化改革必须着眼创造更加公平正义的社会环境，不断克服各种有违公平正义的现象，使改革发展成果更多更公平惠及全体人民。如果不能给老百姓带来实实在在的利益，如果不能创造更加公平的社会环境，甚至导致更多不公平，改革就失去意义，也不可能持续。"①可见，社会公平正义问题是当前社会主义现代化建设和全面深化改革的重要内容，是解决中国社会问题、建构和谐社会的重要举措。

中国特色社会主义进入新时代，更要在不断促进社会公平正义上做文章。"我们坚持把实现人民对美好生活的向往作为现代化建设的出发点和落脚点，着力维护和促进社会公平正义，着力促进全体人民共同富裕，坚决防止两极分化。"②这就是说，既要把公平正义作为促进社会主义和谐、健康和稳定发展的价值坐标，又要利用公平正义的社会不断增进人民的福祉，要在不断发展的基础上促进社会公平正义。我们既要大力推动经济持续健康发展，进一步把"蛋糕"做大，为促进社会公平正义奠定更加坚实的物质基础；又要加快制度、体制和机制创新，切切实实把"蛋糕"分好，改革那些不符合公平正义要求的体制性因素，抓紧解决那些有违公平正义的突出问题。"对由于制度安排不健全造成的有违公平正义的问题要抓紧解决，使我们的制度安排更好体现社会主义公平正义原则，更加有利于实现好、维护好、发展好最广大人民根本利益。"③社会主义追求公平正义的理想目标，而不仅仅是制度形态。"既要做大蛋糕，又要分好蛋糕"本来就是社会主义的通俗表述，国家富强、民族复兴、人民幸福，是国家意识形态与社会意识的最大"交集"，发展成果由人民共享反映了社会主义的共同理想。社会主义的意识形态建设并不是传统意义上的意识形态操控，并不表现为阶级之间的意识形态斗争及其策略选择，而是以人及其诉求为依据。社会主义建设的重要内容就是实现人的全面发展。

---

① 习近平：《切实把思想统一到党的十八届三中全会精神上来》，载《求是》，2014(1)。

② 习近平：《高举中国特色社会主义伟大旗帜　为全面建设社会主义现代化国家而团结奋斗——在中国共产党第二十次全国代表大会上的报告(2022年10月16日)》，人民出版社2022年版，第22页。

③ 习近平：《切实把思想统一到党的十八届三中全会精神上来》，载《求是》，2014(1)。

3. 当前意识形态工作新要求

牢牢掌握意识形态的领导权

在中国特色社会主义伟大旗帜指引下，我们党领导中国人民不断探索中国特色社会主义道路，形成了中国特色社会主义理论体系，不断完善中国特色社会主义制度。我们的意识形态和思想认识也不断从那些不合时宜的观念、做法和体制中解放出来，从对马克思主义的错误的和教条式的理解中解放出来，从主观主义和形而上学的桎梏中解放出来，既坚持了优良传统，又谱写了新的建设篇章。但我们也应该承认，未来意识形态领域不可能风平浪静，也不可能没有颠簸，仍然会遭遇来自"左"和右两方面的风险。

马克思说过，"理论在一个国家实现的程度，总是取决于理论满足这个国家的需要的程度"。但是理论不会直接成为实践需要，"光是思想力求成为现实是不够的"[①]。我们在强调主流意识形态引领作用的同时，不能满足于它居高临下的地位，满足于强势宣传上的轰轰烈烈；意识形态工作要深入人心，要有世界眼光，融入中国文化，内化为中国人民的精神状态和时代追求，仅仅靠灌输和政治运动是不够的。我们还应重视马克思主义的"研究方法"与"叙述方法"，既要有理论勇气，反对教条主义、生搬硬套，提升根据中国实际发展马克思主义的研究能力；也要有政治敏锐性，警惕方向迷失而走上老路邪路，努力探索使主流意识形态为大众所认同、所信服的叙述本领。20 世纪末，社会主义运动在世界范围内遭受了巨大挫折，关于社会形态和社会制度的讨论再度泛起，意识形态领域的斗争日益尖锐。面对复杂的国内外形势，在庆祝中国共产党成立七十周年的讲话中，江泽民阐述了中国共产党对于国内外形势的判断，澄清了中国特色社会主义现代化建设的基本内容。以经济建设为中心，是社会主义现代化建设的重要物质保障，是社会进步的基础，意识形态工作也要大力宣扬以经济建设为中心，凝聚共识，抓住社会发展的主轴。"意识形态领域是和平演变与反和平演变斗争的重要领域。资产阶级自由化同四项基本原则的对立和斗争，实质是要不要坚持共产党领导、坚持社会主义道路的政治斗争，但这种政治斗争大量地经常地表现为意识形态领域的思想理论斗争。"[②]

意识形态领域的工作极端重要，关乎国家的基本政体。因此，加强对意识

① 《马克思恩格斯文集》第 1 卷，人民出版社 2009 年版，第 12、13 页。

② 江泽民：《在庆祝中国共产党成立七十周年大会上的讲话》，人民出版社 1991 年版，第 23～24 页。

形态的领导工作迫在眉睫，具体的措施是，第一，要从思想上认识意识形态工作的重要性，意识形态工作关系到社会主义事业的成败。第二，要牢牢掌握意识形态工作的领导权，要充分认识到四项基本原则的意义，掌握思想理论和话语领导权。第三，意识形态的斗争要避免扩大化，要全面认识意识形态斗争的性质，大部分矛盾属于人民内部的思想认识问题，必须严格区分和正确处理两类不同性质的矛盾。作为国家建设的基本理念和指导思想，国家意识形态是确定国家一系列大政方针的精神前提，它对国家的基本制度、政府职能和治理方式进行辩护，确立国家和社会的发展目标和实现途径，并培育全体国民的国家认同，因此具有无可替代的社会引导、社会整合和社会动员的作用。无论从历史还是现实看，强大的国家意识形态力量都是凝聚全社会的重要思想保证。与时俱进的国家意识形态，对于现代化国家建设来说至关重要。

透视意识形态功能的演变，从辩护到控制，再到引领，可以了解意识形态之于现代国家的影响轨迹；大量事实表明，国家意识形态建设的水平在很大程度上反映了国家现代化建设的精神质量。意识形态既是国家建设之魂，也是国家软实力之基，决定了我们事业的精神状态和凝聚力，这对于我们这样一个有着悠久历史文化的发展中大国尤其如此。当今世界，各种思想交流交融交锋已成常态，如何有效整合社会意识形态，保证国家意识形态的权威性和主导性，是意识形态研究领域的重大课题。

新时代赋予的新使命

坚持和发展中国特色社会主义是全国各族人民的共同事业，共同事业要有共同的思想基础。改革开放以来特别是近些年，伴随着经济基础体制环境发生的重大变化，人们思想活动的独立性、选择性、多变性、差异性明显增强，生活方式与价值取向也日益多元化，传统的意识形态说教越来越难以奏效。为了应对来自各方面的挑战，国家意识形态必须信守为了人民的根本宗旨，最大限度地整合社会意识形态，以核心价值体系建设为支点实现综合创新，构筑理论高地，掌握意识形态主导权。

意识形态工作是党的一项极端重要的工作。"能否做好意识形态工作，事关党的前途命运，事关国家长治久安，事关民族凝聚力和向心力。"[1]我们在集中精力进行经济建设的同时，一刻也不能放松和削弱意识形态工作。要把意识形态工作领导权和话语权牢牢掌握在手中，不断巩固马克思主义在意识形态领

---

[1] 《习近平：胸怀大局把握大势着眼大事　努力把宣传思想工作做得更好》，载《人民日报》，2013-08-21。

域的指导地位，巩固全党全国人民团结奋斗的共同思想基础。"建设具有强大凝聚力和引领力的社会主义意识形态。意识形态工作是为国家立心、为民族立魂的工作。牢牢掌握党对意识形态工作领导权，全面落实意识形态工作责任制，巩固壮大奋进新时代的主流思想舆论。健全用党的创新理论武装全党、教育人民、指导实践工作体系。"①

坚持和发展中国特色社会主义，我们首先要正确认识、处理党性和人民性的关系。从本质上说，坚持党性就是坚持人民性，坚持人民性也就是坚持党性，没有脱离人民性的党性，也没有脱离党性的人民性。必须把党的主张和人民的心声统一起来。坚持党性，核心就是坚持正确政治方向，站稳政治立场，深入宣传党的理论和路线方针政策，深入宣传中央重大工作部署，深入宣传中央关于形势的重大分析判断，坚决同党中央保持一致，坚决维护中央权威。这是大原则，绝不能动摇。坚持人民性，就是要把实现好、维护好、发展好最广大人民根本利益作为出发点和落脚点，坚持以人民为中心的工作导向，解决好"为了谁、依靠谁、我是谁"这个根本问题，把党的理论和路线方针政策变成人民群众的自觉行动，及时把人民群众创造的经验和面临的实际情况反映出来，丰富人民精神世界，增强人民精神力量。

党的新闻舆论工作处在意识形态斗争最前沿，是党的一项重要工作，是治国理政、定国安邦的大事。在新的时代条件下，党的新闻舆论工作的职责和使命是：高举旗帜、引领导向，围绕中心、服务大局，团结人民、鼓舞士气，成风化人、凝心聚力，澄清谬误、明辨是非，联结中外、沟通世界。要承担起这个职责和使命，就必须把正确政治方向摆在第一位。党的新闻舆论工作坚持党性原则，最根本的是坚持党的领导。党和政府主办的媒体是党和政府的宣传阵地，必须姓党，必须抓在党的手里，必须成为党和人民的喉舌。党的新闻舆论媒体的所有工作，都要体现党的意志、反映党的主张，维护党中央权威、维护党的团结，做到爱党、护党、为党。

各级党委要加强对意识形态领域重大问题的分析研判，加强对重大战略性任务的统筹指导，推动重大部署、重要任务的落实。在大是大非问题、政治原则问题上没有"开明绅士"，一定要有鲜明的态度、坚定的立场，敢于站在风口浪尖上进行斗争。党委主要负责同志要带头抓意识形态工作，带头阅览本地区本部门主要媒体的内容，带头把住本地区本部门媒体的导向，带头批评错误观

———————————

① 习近平：《高举中国特色社会主义伟大旗帜　为全面建设社会主义现代化国家而团结奋斗——在中国共产党第二十次全国代表大会上的报告(2022 年 10 月 16 日)》，人民出版社 2022 年版，第 43 页。

点和错误倾向。要树立大宣传的工作理念，动员各条战线各个部门一起来做，把宣传思想工作同各个领域的行政管理、行业管理、社会管理更加紧密地结合起来，形成强大合力。

当前，思想舆论领域大致有红色、黑色、灰色"三个地带"。红色地带是我们的主阵地，一定要守住；黑色地带主要是负面的东西，要敢抓敢管、敢于亮剑，大大压缩其地盘；灰色地带要大张旗鼓争取，使其转化为红色地带。要增强阵地意识，加强阵地管理，选好配强宣传思想部门领导班子，确保宣传思想工作领导权牢牢掌握在忠于党和人民的人手里。各级宣传思想部门领导干部要加强学习、加强实践，真正成为在理论、笔头、口才或其他专长上有"几把刷子"，让人信服的行家里手。要高度重视知识分子工作，加强团结和引导，加强政治引领和政治吸纳，最大限度把他们凝聚在党的周围。

随着国内外形势的深刻变化和现代信息技术的迅猛发展，有些做法过去有效，现在未必有效；有些过去不合时宜，现在却势在必行；有些过去不可逾越，现在则需要突破。重点要抓好理念创新、手段创新、基层工作创新。要保持思想的敏锐性和开放度，努力以思想认识新飞跃打开工作新局面。积极探索有利于破解工作难题的新举措、新办法，充分运用新技术、新应用改进媒体传播方式，占领信息传播制高点。把创新的重心放在基层一线，充实队伍力量，改善工作条件，扎实做好抓基层、打基础的工作。①

重要论述 1

由此可见，事情是这样的：以一定的方式进行生产活动的一定的个人，发生一定的社会关系和政治关系。经验的观察在任何情况下都应当根据经验来揭示社会结构和政治结构同生产的联系，而不应当带有任何神秘和思辨的色彩。社会结构和国家总是从一定的个人的生活过程中产生的。但是，这里所说的个人不是他们自己或别人想象中的那种个人，而是现实中的个人，也就是说，这些个人是从事活动的，进行物质生产的，因而是在一定的物质的、不受他们任意支配的界限、前提和条件下活动着的。

思想、观念、意识的生产最初是直接与人们的物质活动，与人们的物质交

---

① 参见《习近平总书记系列重要讲话读本》，学习出版社、人民出版社 2016 年版，第 192～197 页。

往，与现实生活的语言交织在一起的。人们的想象、思维、精神交往在这里还是人们物质行动的直接产物。表现在某一民族的政治、法律、道德、宗教、形而上学等的语言中的精神生产也是这样。人们是自己的观念、思想等等的生产者，但这里所说的人们是现实的、从事活动的人们，他们受自己的生产力和与之相适应的交往的一定发展——直到交往的最遥远的形态——所制约。意识在任何时候都只能是被意识到了的存在，而人们的存在就是他们的现实生活过程。如果在全部意识形态中，人们和他们的关系就像在照相机中一样是倒立成像的，那么这种现象也是从人们生活的历史过程中产生的，正如物体在视网膜上的倒影是直接从人们生活的生理过程中产生的一样。

德国哲学从天国降到人间；和它完全相反，这里我们是从人间升到天国。这就是说，我们不是从人们所说的、所设想的、所想象的东西出发，也不是从口头说的、思考出来的、设想出来的、想象出来的人出发，去理解有血有肉的人。我们的出发点是从事实际活动的人，而且从他们的现实生活过程中还可以描绘出这一生活过程在意识形态上的反射和反响的发展。甚至人们头脑中的模糊幻象也是他们的可以通过经验来确认的、与物质前提相联系的物质生活过程的必然升华物。因此，道德、宗教、形而上学和其他意识形态，以及与它们相适应的意识形式便不再保留独立性的外观了。它们没有历史，没有发展，而发展着自己的物质生产和物质交往的人们，在改变自己的这个现实的同时也改变着自己的思维和思维的产物。不是意识决定生活，而是生活决定意识。前一种考察方法从意识出发，把意识看做是有生命的个人。后一种符合现实生活的考察方法则从现实的、有生命的个人本身出发，把意识仅仅看做是他们的意识。

这种考察方法不是没有前提的。它从现实的前提出发，它一刻也不离开这种前提。它的前提是人，但不是处在某种虚幻的离群索居和固定不变状态中的人，而是处在现实的、可以通过经验观察到的、在一定条件下进行的发展过程中的人。只要描绘出这个能动的生活过程，历史就不再像那些本身还是抽象的经验论者所认为的那样，是一些僵死的事实的汇集，也不再像唯心主义者所认为的那样，是想象的主体的想象活动。

在思辨终止的地方，在现实生活面前，正是描述人们实践活动和实际发展过程的真正的实证科学开始的地方。关于意识的空话将终止，它们一定会被真正的知识所代替。对现实的描述会使独立的哲学失去生存环境，能够取而代之的充其量不过是从对人类历史发展的考察中抽象出来的最一般的结果的概括。这些抽象本身离开了现实的历史就没有任何价值。它们只能对整理历史资料提供某些方便，指出历史资料的各个层次的顺序。但是这些抽象与哲学不同，它们绝不提供可以适用于各个历史时代的药方或公式。相反，只是在人们着手考察和整理资料——不管是有关过去时代的还是有关当代的资料——的时候，在实际阐述资料的时候，困难才开始出现。这些困难的排除受到种种前提的制约，这些前提在这里是根本不可能提供出来的，而只能从对每个时代的个人的现实生活过程和活动的研究中产生。这里我们只举出几个我们用来与意识形态相对照的抽象，并用历史的实例来加以说明。

——马克思、恩格斯：《德意志意识形态》，见《马克思恩格斯文集》第 1 卷，人民出版社 2009 年版，第 523～526 页。

　　我所得到的、并且一经得到就用于指导我的研究工作的总的结果，可以简要地表述如下：人们在自己生活的社会生产中发生一定的、必然的、不以他们的意志为转移的关系，即同他们的物质生产力的一定发展阶段相适合的生产关系。这些生产关系的总和构成社会的经济结构，即有法律的和政治的上层建筑竖立其上并有一定的社会意识形式与之相适应的现实基础。物质生活的生产方式制约着整个社会生活、政治生活和精神生活的过程。不是人们的意识决定人们的存在，相反，是人们的社会存在决定人们的意识。社会的物质生产力发展到一定阶段，便同它们一直在其中运动的现存生产关系或财产关系（这只是生产关系的法律用语）发生矛盾。于是这些关系便由生产力的发展形式变成生产力的桎梏。那时社会革命的时代就到来了。随着经济基础的变更，全部庞大的上层建筑也或慢或快地发生变革。在考察这些变革时，必须时刻把下面两者区别开来：一种是生产的经济条件方面所发生的物质的、可以用自然科学的精确性指明的变革，一种是人们借以意识到这个冲突并力求把它克服的那些法律的、政治的、宗教的、艺术的或哲学的，简言之，意识形态的形式。我们判断一个人不能以他对自己的看法为根据，同样，我们判断这样一个变革时代也不能以它的意识为根据；相反，这个意识必须从物质生活的矛盾中，从社会生产力和生产关系之间的现存冲突中去解释。无论哪一个社会形态，在它所能容纳的全部生产力发挥出来以前，是决不会灭亡的；而新的更高的生产关系，在它的物质存在条件在旧社会的胎胞里成熟以前，是决不会出现的。所以人类始终只提出自己能够解决的任务，因为只要仔细考察就可以发现，任务本身，只有在解决它的物质条件已经存在或者至少在生成过程中的时候，才会产生。大体说来，亚细亚的、古希腊罗马的、封建的和现代资产阶级的生产方式可以看做是经济的社会形态演进的几个时代。资产阶级的生产关系是社会生产过程的最后一个对抗形式，这里所说的对抗，不是指个人的对抗，而是指从个人的社会生活条件中生长出来的对抗；但是，在资产阶级社会的胎胞里发展的生产力，同时又创造着解决这种对抗的物质条件。因此，人类社会的史前时期就以这种社会形态而告终。

——马克思：《〈政治经济学批判〉序言》，见《马克思恩格斯文集》第2卷，人民出版社2009年版，第591~592页。

意识形态是由所谓的思想家通过意识、但是通过虚假的意识完成的过程。推动他的真正动力始终是他所不知道的，否则这就不是意识形态的过程了。因此，他想象出虚假的或表面的动力。因为这是思维过程，所以它的内容和形式都是他从纯粹的思维中——或者从他自己的思维中，或者从他的先辈的思维中引出的。他只和思想材料打交道，他毫不迟疑地认为这种材料是由思维产生的，而不去进一步研究这些材料的较远的、不从属于思维的根源。而且他认为这是不言而喻的，因为在他看来，一切行动既然都以思维为中介，最终似乎都以思维为基础。

历史方面的意识形态家(历史在这里应当是政治、法律、哲学、神学，总之，一切属于社会而不是单纯属于自然界的领域的简单概括)在每一科学领域中都有一定的材料，这些材料是从以前的各代人的思维中独立形成的，并且在这些世代相继的人们的头脑中经过了自己的独立的发展道路。当然，属于本领域或其他领域的外部事实对这种发展可能共同起决定性的作用，但是这种事实本身又被默认为只是思维过程的果实，于是我们便始终停留在纯粹思维的范围之中，而这种思维仿佛顺利地消化了甚至最顽强的事实。

正是国家制度、法的体系、各个不同领域的意识形态观念的独立历史这种外观，首先迷惑了大多数人。如果说，路德和加尔文"克服了"官方的天主教，黑格尔"克服了"费希特和康德，卢梭以其共和主义的《社会契约论》间接地"克服了"立宪主义者孟德斯鸠，那么，这仍然是神学、哲学、政治学内部的一个过程，它表现为这些思维领域历史中的一个阶段，完全不越出思维领域。而自从出现了关于资本主义生产永恒不变和绝对完善的资产阶级幻想以后，甚至重农主义者和亚当·斯密克服重商主义者，也被看做纯粹的思想胜利；不是被看做改变了的经济事实在思想上的反映，而是被看做对始终普遍存在的实际条件最终达到的真正理解。如果狮心理查和菲力浦-奥古斯特实行了自由贸易，而不是卷入了十字军征讨，那我们就可以避免500年的贫穷和愚昧。

对问题的这一方面(我在这里只能稍微谈谈)，我觉得我们大家都有不应有的疏忽。这是一个老问题：起初总是为了内容而忽略形式。如上所说，我也这样做过，而且我总是在事后才发现错误。因此，我不仅根本不想为此对您提出任何责备——我在您之前就在这方面有过错，我甚至没有权利这样做——，相反，我只是想让您今后注意这一点。

与此有关的还有意识形态家们的一个愚蠢观念。这就是：因为我们否认在历史中起作用的各种意识形态领域有独立的历史发展，所以我们也否认它们对历史有任何影响。这是由于通常把原因和结果非辩证地看做僵硬对立的两极，完全忘记了相互作用。这些先生常常几乎是故意地忘记，一种历史因素一旦被其他的、归根到底是经济的原因造成了，它也就起作用，就能够对它的环境，甚至对产生它的原因发生反作用。

——恩格斯：《恩格斯致弗兰茨·梅林(1893 年 7 月 14 日)》，见《马克思恩格斯文集》第 10 卷，人民出版社 2009 年版，第 657～659 页。

90 年代中期俄国有教养的青年醉心于马克思主义理论是很**普遍的**。大约同一时期，在有名的 1896 年彼得堡工业战争之后，工人罢工也带有同样的普遍性。工人罢工遍及全俄，清楚地证明了重新高涨起来的人民运动的深度；假使要说"自发因素"，那么首先当然应当承认，正是这种罢工运动是自发的。但自发性和自发性也有不同。在 70 年代和 60 年代(甚至在 19 世纪上半叶)，俄国都发生过罢工，当时还有"自发地"毁坏机器等等的现象。同这些"骚乱"比较起来，90 年代的罢工甚至可以称为"自觉的"罢工了，可见工人运动在这个时期的进步是多么巨大。这就向我们表明："自发因素"实质上无非是自觉性的**萌芽状态**。甚至原始的骚乱本身就已表现了自觉性在某种程度上的觉醒，因为工人已经不像历来那样相信压迫他们的那些制度是不可动摇的，而开始……感觉到(我不说是理解到)必须进行集体的反抗，坚决抛弃了奴隶般的顺从长官的态度。但这种行为多半是绝望和报复的表现，还不能说是**斗争**。90 年代的罢工所表现出来的自觉色彩就多得多了，这时已经提出明确的要求，事先考虑什么样的时机较为有利，并且讨论别处发生的一些事件和实例，等等。如果说骚乱不过是被压迫人们的一种反抗，那么有计划的罢工本身就已表现出阶级斗争的萌芽，但也只能说是一种萌芽。这些罢工本身是工联主义的斗争，还不是社会民主主义的斗争；这些罢工标志着工人已经感觉到他们同厂主的对抗，但是工人还没有意识到而且也不可能意识到他们的利益同整个现代的政治制度和社会制度的不可调和的对立，也就是说，他们还没有而且也不可能有社会民主主义的意识。从这个意义上讲，尽管 90 年代的罢工比起"骚乱"来有了很大的进步，但仍然是纯粹自发的运动。

我们说，工人本来**也不可能有**社会民主主义的意识。这种意识只能从外面灌输进去，各国的历史都证明：工人阶级单靠自己本身的力量，只能形成工联主义的意识，即确信必须结成工会，必须同厂主斗争，必须向政府争取颁布对工人是必要的某些法律，如此等等。而社会主义学说则是从有产阶级的有教养的人即知识分子创造的哲学理论、历史理论和经济理论中发展起来的。现代科学社会主义的创始人马克思、恩格斯本人，按他们的社会地位来说，也是资产阶级知识分子。俄国的情况也是一样，社会民主党的理论学说也是完全不依赖于工人运动的自发增长而产生的，它的产生是革命的社会主义知识分子的思想发展的自然和必然的结果。到我们现在所讲的这个时期，即到90年代中期，这个学说不仅已经成了"劳动解放社"十分确定的纲领，而且已经把俄国大多数革命青年争取到自己方面来了。

——列宁：《怎么办？》，见《列宁专题文集·论无产阶级政党》，人民出版社2009年版，第75～77页。

我们所处的历史时期是我们同比我们强大许多倍的世界资产阶级进行斗争的时期。我们应当在这个时期内坚持革命建设，用军事的方法，尤其是用思想的方法、教育的方法同资产阶级进行斗争，以便把工人阶级几十年来在争取政治自由的斗争中形成的习惯、风气和信念，用作教育全体劳动者的手段，至于究竟应如何教育的问题，这就要由无产阶级来解决了。必须使人们懂得，现在无产阶级的斗争已经愈来愈广泛地扩大到世界上所有的资本主义国家，因此不可能也不容许置身于这个斗争之外，置身于国际政治之外。目前国际政治的真正基础，就是全世界强大的资本主义国家联合起来反对苏维埃俄国。必须认识到，这关系到资本主义国家亿万劳动者的命运。要知道，目前世界上没有一个角落不是处在一小撮资本主义国家的控制之下。因此形势是这样摆着的：或者是置身于目前的斗争之外，或者是投身于维护无产阶级专政的斗争。置身于目前的斗争之外，就证明自己一点没有觉悟，象某些置身于革命和战争之外的愚人一样，看不见资产阶级对群众的全部欺骗，看不见资产阶级如何故意使群众愚昧无知。

....

我们的任务是要战胜资本家的一切反抗，不仅是军事上和政治上的反抗，而且是最深刻、最强烈的思想上的反抗。我们教育工作者的任务就是要完成这一改造群众的工作。我们所看到的群众对共产主义教育和共产主义知识的兴趣和向往，是我们在这方面取得胜利的保证，胜利也许不会象前线上那么快，也许要碰到很大的困难，有时还会遭到挫折，但是最后我们总是会胜利的。

　　——列宁：《在全俄省、县国民教育局政治教育委员会工作会议上的讲话》，见《列宁全集》第 39 卷，人民出版社 1986 年版，第 401～406 页。

　　马克思主义是一种科学真理，它是不怕批评的。如果马克思主义害怕批评，如果可以批评倒，那末马克思主义就没有用了。事实上，唯心主义者不是每天都在用各种形式批评马克思主义吗？抱着资产阶级思想、小资产阶级思想而不愿意改变的人们，不是也在用各种形式批评马克思主义吗？马克思主义者不应该害怕任何人批评。相反，马克思主义者就是要在人们的批评中间，就是要在斗争的风雨中间，锻炼自己，发展自己，扩大自己的阵地。同错误思想作斗争，好比种牛痘，经过了牛痘疫苗的作用，人身上就增强免疫力。在温室里培养出来的东西，不会有强大的生命力。实行百花齐放、百家争鸣的方针，并不会削弱马克思主义在思想界的领导地位，相反地正是会加强它的这种地位。

　　对于非马克思主义的思想，应该采取什么方针呢？对于明显的反革命分子，破坏社会主义事业的分子，事情好办，剥夺他们的言论自由就行了。对于人民内部的错误思想，情形就不相同。禁止这些思想，不允许这些思想有任何发表的机会，行不行呢？当然不行。对待人民内部的思想问题，对待精神世界的问题，用简单的方法去处理，不但不会收效，而且非常有害。不让发表错误意见，结果错误意见还是存在着。而正确的意见如果是在温室里培养出来的，如果没有见过风雨，没有取得免疫力，遇到错误意见就不能打胜仗。因此，只有采取讨论的方法，批评的方法，说理的方法，才能真正发展正确的意见，克服错误的意见，才能真正解决问题。

　　资产阶级、小资产阶级，他们的思想意识是一定要反映出来的。一定要在政治问题和思想问题上，用各种办法顽强地表现他们自己。要他们不反映不表现，是不可能的。我们不应当用压制的办法不让他们表现，而应当让他们表现，同时在他们表现的时候，和他们辩论，进行适当的批评。毫无疑问，我们应当批评各种各样的错误思想。不加批评，看着错误思想到处泛滥，任凭它们去占领市场，当然不行。有错误就得批判，有毒草就得进行斗争。但是这种批评不应当是教条主义的，不应当用形而上学方法，应当力求用辩证方法。要有科学的分析，要有充分的说服力。教条主义的批评不能解决问题。我们是反对一切毒草的，但是我们必须谨慎地辨别什么是真的毒草，什么是真的香花。我们要同群众一起来学会谨慎地辨别香花和毒草，并且一起来用正确的方法同毒草作斗争。

我们在批判教条主义的时候，必须同时注意对修正主义的批判。修正主义，或者右倾机会主义，是一种资产阶级思潮，它比教条主义有更大的危险性。修正主义者，右倾机会主义者，口头上也挂着马克思主义，他们也在那里攻击"教条主义"。但是他们所攻击的正是马克思主义的最根本的东西。他们反对或者歪曲唯物论和辩证法，反对或者企图削弱人民民主专政和共产党的领导，反对或者企图削弱社会主义改造和社会主义建设。在我国社会主义革命取得基本胜利以后，社会上还有一部分人梦想恢复资本主义制度，他们要从各个方面向工人阶级进行斗争，包括思想方面的斗争。而在这个斗争中，修正主义者就是他们最好的助手。

——毛泽东：《关于正确处理人民内部矛盾的问题》，见《毛泽东文集》第 7卷，人民出版社 1999 年版，第 231～233 页。

第二章　当代社会思潮及其谱系

一般认为，社会思潮是具有某种趋向性的思想潮流，既包括科学、进步、积极的社会思潮，也包括错误、落后、消极的社会思潮。社会思潮作为社会意识的范畴，反映了特定社会历史条件下人们的某种利益诉求，并反过来对社会生活有着广泛的影响。社会思潮又具有"潮水"般的流动性和涨落性，表现为某种思想潮流的高潮或低谷形态。社会思潮是社会意识发展的某个环节，可以通过社会心理反映出来，也可以形成某种思想理论。在社会变革比较剧烈的时代，利益关系的分化会使不同利益群体对社会变革有不同的看法，产生不同的思想倾向和价值诉求，进而表现为不同的社会思潮乃至思想体系。从这个意义上说，各种社会思潮之间的交流、交融和交锋是社会变革时期的重要思想体现。事实上，中国特色社会主义道路、理论体系、制度和文化正是在同各种错误思潮斗争的过程中不断发展和完善的。当代社会思潮就是当今世界矛盾和发展的思想表现。当今世界最突出的趋势是经济全球化和政治民主化，两者共同构成了"人类命运共同体和利益共同体"不可或缺的时代条件。当代社会思潮的基本谱系，大致表现为普遍流行的社会思潮、有理论体系的社会思潮和有明显政治倾向的社会思潮三大类型。社会思潮是某种社会心理症候的反映，存在着一定程度的自发性、盲目性和片面性，因此我们需要加强社会主义意识形态建设，加强对当代社会思潮的引导。

一、当代社会思潮的产生及根源

经济全球化和政治民主化是人类进入 21 世纪之后出现的主要特征，但同时世界又很不太平，人类面临诸多难题和挑战。世界经济的不确定因素增多，全球发展不平衡加剧，地缘政治因素更加突出，局部动荡可谓此起彼伏，非传统安全和全球性挑战事件时有所闻，给 21 世纪的人类发展投下了阴影。"物质生活的生产方式制约着整个社会生活、政治生活和精神生活的过程。不是人们的意识决定人们的存在，相反，是人们的社会存在决定人们的意识。"[1]当代社

---

[1] 《马克思恩格斯文集》第 2 卷，人民出版社 2009 年版，第 591 页。

会思潮，无论是国内的还是国外的，是谈论经济社会的还是批评政治文化的，是专家学者论证的还是大众拥护的，都反映了当今世界人类物质和精神的生产方式，是整个社会生活、政治生活和精神生活的思想写照。

1. 经济全球化、政治民主化

早在19世纪中叶，马克思就以惊人的洞察力注意到"历史向世界历史的转变"，而正是资产阶级"首次开创了世界历史"。当时欧洲工业革命的成效已经相当明显，火车、轮船等交通运输工具加上"不断扩大产品销路的需要"这样一种资本冲动，"驱使资产阶级奔走于全球各地。它必须到处落户，到处开发，到处建立联系"；用尽一切手段开拓世界市场，从而"使一切国家的生产和消费都成为世界性的了"。"过去那种地方的和民族的自给自足和闭关自守状态，被各民族的各方面的互相往来和各方面的互相依赖所代替了"；"它迫使一切民族——如果它们不想灭亡的话——采用资产阶级的生产方式"；"正像它使农村从属于城市一样，它使未开化和半开化的国家从属于文明的国家，使农民的民族从属于资产阶级的民族，使东方从属于西方"。① 马克思主义创始人的这些论述被公认为是关于经济全球化的最早表述。

资本主义一出世就把世界当成了舞台，并逐步形成了以资本积累为特征的世界经济体系。欧洲资本主义的殖民扩张，把那些资源丰富、占据特殊地理位置的国家(地区)纳入其势力范围，世界被划分为宗主国("世界城市")和殖民地("世界农村")，这就是"南北问题"的起源。"各国人民日益被卷入世界市场网，从而资本主义制度日益具有国际的性质。"②尽管马克思并没有使用"经济全球化"这样的字眼，但他已明确指出资本主义扩张在本质上是超越任何民族、地域和制度限制的。

20世纪的两次世界大战之后，民族解放运动摧毁了罪恶的殖民体系，一大批民族国家纷纷宣告独立，但新的殖民主义又出现了，其使用各种手段，影响、剥削和控制不发达或发展中的国家，极大地制约了这些国家的发展进程。一些人士提出了"中心—外围"的世界体系理论：中心的工业国建立了为其利益服务的世界经济体系，而提供原料市场的国家则形成了一个广大的、参差不齐的边缘(外围)。资本通过对外围国家资源的掠夺性开发和不平等交易获得了丰厚的利润，中心和外围之间资本流动和国际贸易的严重不均衡，是中心国家之

---

① 《马克思恩格斯文集》第2卷，人民出版社2009年版，第35～36页。
② 马克思：《资本论》第1卷，人民出版社2004年版，第874页。

发达与外围国家之不发达的根源，也就是说，造成部分国家不发达状态的与造成另一部分资本主义国家发达状态的是同一个历史进程、同一个体系。中心（发达国家）和外围（发展中国家）的关系是世界体系的基本矛盾。不平等的经济关系既是发展中国家落后的根本原因，也是当代资本主义进行资本积累的重要手段，这种带有马克思主义色彩的发达与不发达结构性问题研究，已经引起了人们的重视。

"冷战"结束，新技术革命风起云涌，而一些原来实行计划经济体制的国家纷纷转向市场模式，全球性的生产、贸易和投资，以及世界各国的经济交往空前增加。经济全球化已成为一个谁也无法抗拒的趋势，这个趋势实际上是资本主义生产力发展的内在要求和必然结果，资本主义在这个进程中不仅将其生产方式扩展到全球范围，而且也到处扩散其政治体制和文化观念。资本大规模跨国流动已经形成国际循环，无论是以美国为首的西方国家直接干预其他国家，或者策动在一些冲突地区维持和平，还是利用人权、贸易等武器对其他国家横加干涉，都是为了防止这种国际循环的断裂，保持它们的优势地位。

历史上，从农业社会向工业社会、从传统社会向现代社会、从封闭型社会向开放型社会转变过程中，社会结构、社会机制、利益观念等社会要素往往会处于急剧变动之中，产生大量的不确定性，从而形成社会风险。经济全球化也加大了社会风险蔓延和产生新的风险的可能。在经济全球化过程中，人流、物流、资本流、信息流日益活跃，人们相互联系和依赖进一步加深，全球"风险社会"的形成，就是"冷战"终结、经济全球化、互联网创新的副产品，这个副产品甚至使每个人都能感受到其影响或冲击，并对国际社会乃至人类生存和发展构成明里暗里的威胁。

经济全球化在给各国带来发展机遇的同时，也加剧了当代社会问题的严重性、复杂性和解决问题的难度。经济全球化推动了世界范围物质财富、精神财富的快速流动和重新分配，导致国与国之间、国家内部不同阶层及不同群体之间财富分配的不均衡，扩大了贫富差距，这其实也正是资本逻辑的现实展示。马克思指出："资本主义生产一方面神奇地发展了社会的生产力，但是另一方面，也表现出它同自己所产生的社会生产力本身是不相容的。它的历史今后只是对抗、危机、冲突和灾难的历史。"[1]在经济全球化过程中，资本主义进一步消灭了各民族闭关自守的状态，世界经济总量增长迅速，全球财富积累相当惊人，但同时也在制造范围更大、程度更深的不平等，穷国和富国之间、穷人和

---

① 《马克思恩格斯全集》第 25 卷，人民出版社 2001 年版，第 471 页。

富人之间的鸿沟还在继续扩大。至今仍有近十亿人生活在贫困线以下，处境非常艰难。贫富差距不但反映在经济指标上，还反映在人类发展指数，以及分享信息和掌握话语权的能力上，世界的分裂进一步加剧。

经济全球化一方面加快了世界各国、各民族的相互交流和相互融合，另一方面也加剧了社会群体之间的相互排斥现象。相当部分群体非但没有在经济全球化中受益，反而利益不断受损，乃至被边缘化。除了经济收入差距拉大外，弱势群体在生存条件、教育机会、医疗卫生等方面受到排斥的现象尤为明显。旧的社会排斥还没有消除，新的社会排斥又产生了。任何社会，受到排斥的群体都会积累起对社会的愤懑情绪，甚至因为绝望铤而走险，这些都对社会稳定构成了严重威胁。

经济全球化既为物资、人员、资金的快速流动提供了便利，也为跨国犯罪活动提供了条件。非法移民也成为一些国家棘手的社会问题。各种杀伤性武器的扩散为有组织犯罪和恐怖活动打开了方便之门，增强了某些社会问题的暴力倾向和处置难度。

一些国家选择的发展模式脱离本国国情，一味追求经济增长，忽视发展的质量，导致了经济增长与社会发展的不协调、不均衡，带来大量社会问题。这种状况致使原有的贫困、失业等问题还没有得到解决，新的问题就又接踵而至。各种社会问题往往纠缠在一起，很容易转化成公共事件。特别是有些社会问题，一旦与民族宗教问题联系起来，就变得非常复杂而敏感；如果再有外部势力的渗透和干涉，就很可能导致社会不稳定，甚至酿成大规模的社会动荡。

各国发展经验表明，随着国民收入从中等水平向较高水平迈进，如果不能转变以往的发展模式，很容易造成经济的停滞和徘徊，发展不协调不均衡所聚积的矛盾会集中爆发，而一旦原有的社会机制无法应对由此产生的系统性风险，社会经济就将出现大幅度波动乃至陷入困境，这也就是所谓"中等收入陷阱"。但是把困扰世界的这些问题简单归咎于经济全球化，既不符合事实，也无助于解决问题。

> 历史地看，经济全球化是社会生产力发展的客观要求和科技进步的必然结果，不是哪些人、哪些国家人为造出来的。经济全球化为世界经济增长提供了强劲动力，促进了商品和资本流动、科技和文明进步、各国人民交往。
>
> 当然，我们也要承认，经济全球化是一把"双刃剑"。当世界经济处于

下行期的时候，全球经济"蛋糕"不容易做大，甚至变小了，增长和分配、资本和劳动、效率和公平的矛盾就会更加突出，发达国家和发展中国家都会感受到压力和冲击。反全球化的呼声，反映了经济全球化进程的不足，值得我们重视和深思。①

马克思在《〈政治经济学批判〉序言》中指出："随着经济基础的变更，全部庞大的上层建筑也或慢或快地发生变革。"②如果抛开经济全球化谈论政治民主化，或者脱离政治民主化只注重经济全球化，这样的单一思维模式或线性发展理念，违背了人类社会发展的客观规律。没有经济全球化就不会有世界性的政治民主化浪潮；反之，没有政治民主化，经济全球化就无法实现可持续发展。经济全球化的发展必然伴随着国际和国内两个层面的政治民主化。

20世纪90年代，有人考察了人类历史发展中的三波民主化浪潮：第一波，19世纪初到1920年的民主化长波，使得民主在约30个国家取得了胜利，但是，在20世纪20年代至30年代，由于法西斯主义和权威主义的兴起，民主国家的数量降到了约10个；第二波，第二次世界大战后的民主化短波再次使世界民主国家的数量增加到30个以上；第三波，20世纪70年代始于葡萄牙的民主化浪潮速度更快，在规模上远远超过了前两波，全世界60%以上的国家成了民主国家。民主制度在如此短的时间内急速成长，毫无疑问，是人类历史上最壮观、最重要的政治变迁。资本主义建立起了一套相对成型的民主制度，似乎只有依葫芦画瓢才是政治民主化。

资本主义政治民主在人类政治发展中具有历史进步性，但也因为其资本主义性质，不可避免地存在许多缺陷和不足。自2008年全球金融危机以来，西方民主总体上呈现出一种衰退萎靡之态。西式民主逐渐变成少数人的民主表演和金钱控制的民主游戏，新的利益集团和新民粹主义运动绑架了民主政治，出现了美国党派之间的口舌之争、议会和政府之间的矛盾激化，甚至还会导致抽风式的政治瘫痪或"关门大吉"。

马克思主义认为，资产阶级民主虽然从社会出发，但国家还是"资本借以压迫劳动的全国政权"；只有无产阶级的新型民主才是人民"获得社会解放的政治形式"，也就是说国家权力回归社会、回归人民才是社会主义民主的真谛：

---

① 《习近平主席在世界经济论坛2017年年会开幕式上的主旨演讲》，载《人民日报》，2017-01-18。

② 《马克思恩格斯文集》第2卷，人民出版社2009年版，第592页。

人民通过各种途径和方式参与管理国家，国家(政府)是全社会普遍利益的代表，保障人民当家作主的权利。重要的是，今天社会主义国家和发展中国家的政治民主化，不能迷信西方所宣扬的资本主义民主道路，也不能按照所谓"华盛顿共识"的要求来改造本国的政治体制，而是要把马克思主义民主理论与自身发展实际结合起来，创造出一种超越资本主义的、真正由人民享有的民主制度，实现真正的政治民主化。

俄国十月革命后，列宁一方面在国内推进直接民主制，另一方面扩展世界革命事业，尽管这些做法遇到了很大挫折，但他仍然认为，"胜利了的社会主义如果不实行充分的民主，就不能保持它所取得的胜利，并且引导人类走向国家的消亡"①。1945年，毛泽东在回答如何跳出"其兴也浡焉，其亡也忽焉"的历史兴亡周期率时表示："我们已经找到新路，我们能跳出这周期率。这条新路，就是民主。只有让人民来监督政府，政府才不敢松懈。只有人人起来负责，才不会人亡政息。"②鉴于"文化大革命"的深刻教训，邓小平明确提出，"没有民主就没有社会主义，就没有社会主义的现代化。当然，民主化和现代化一样，也要一步一步地前进"③。他在许多场合多次强调社会主义必须使民主制度化、法律化，"从制度上保证党和国家政治生活的民主化，经济管理的民主化、整个社会生活的民主化，促进现代化建设事业的顺利发展"④。

"人民对美好生活的向往，就是我们的奋斗目标。""中国梦归根到底是人民的梦"，"把人民放在心中最高位置"，"坚持以人民为中心的发展"，贯穿了新时代中国共产党治国理政的理论和实践。"我们国家的名称，我们各级国家机关的名称，都冠以'人民'的称号，这是我们对中国社会主义政权的基本定位。"

评价一个国家政治制度是不是民主的、有效的，主要看国家领导层能否依法有序更替，全体人民能否依法管理国家事务和社会事务、管理经济和文化事业，人民群众能否畅通表达利益要求，社会各方面能否有效参与国家政治生活，国家决策能否实现科学化、民主化，各方面人才能否通过公平竞争进入国家领导和管理体系，执政党能否依照宪法法律规定实现对

---

① 《列宁全集》第28卷，人民出版社1990年版，第168页。

② 《毛泽东年谱(1893—1949)》中卷，中央文献出版社2013年版，第611页。

③ 《邓小平文选》第2卷，人民出版社1994年版，第168页。

④ 同上书，第336页。

国家事务的领导，权力运用能否得到有效制约和监督。①

共产党执政就是要保证和支持人民当家作主，而不是代替人民作主。"保证和支持人民当家作主不是一句口号、不是一句空话，必须落实到国家政治生活和社会生活之中。"②中国共产党治国理政的水平，在很大程度上就表现为中国特色社会主义制度是否成熟定型，是否稳定和可信赖，表现为制度优势能够进一步保证和支持全体人民当家作主。

2. 当今世界社会问题纷至沓来

21世纪以来，经济全球化的负面效应及其所引发的各种问题层出不穷："9·11"恐怖袭击后此起彼伏的恐怖主义活动，日本福岛核泄漏事故和伊朗核问题、朝鲜核问题所导致的大面积的核恐慌，斯诺登事件所暴露的信息化时代互联网治理危机，西亚、北非不少国家发生"颜色革命"引起更大范围的政局动荡，"占领华尔街"运动表现出西方民主制度的困境，《查理周刊》血案背后的文明和宗教冲突，埃博拉病毒和中东呼吸综合征（MERS）等传染性疾病肆虐，全球厄尔尼诺现象频发让世人不得不承认气候变暖的事实，至今余波未退的全球金融危机和欧洲债务危机拖累世界经济持续低迷，等等。这些社会问题涵盖了经济、政治、生态、文化、信息、思想等多个领域，不仅表现出跨区域、综合性和复杂性的共同特征，而且超越了传统意义上的社会制度和意识形态之争，成为名副其实的全球性问题。

经济全球化进程以及科技革命所取得的成就创造了美国的辉煌，有人甚至惊呼历史已经被终结，世界正在"美国化"。然而21世纪之初的"9·11"事件让人们从这个"美梦"中猝然惊醒，2008年的全球金融危机则更加凸显了美国等西方国家拼命鼓吹的新自由主义的严重漏洞，暴露了西方经济社会和政治制度的巨大缺陷……从2011年"占领华尔街"抗议活动到2013年美国政府关门危机，从美国次贷危机到欧洲债务危机，所有这些事件都清晰地表明，以美国为代表的资本主义制度和意识形态正面临前所未有的新挑战。当今世界各种社会问题被推上了历史变革的十字路口。

---

① 习近平：《在庆祝全国人民代表大会成立60周年大会上的讲话》，载《人民日报》，2014-09-06。
② 习近平：《在庆祝中国人民政治协商会议成立65周年大会上的讲话》，载《人民日报》，2014-09-22。

当今世界各种社会问题,尽管产生的具体原因千差万别,但根源无不在于资本主义经济社会和政治体制陷入了危机。更深层次的原因,就是经济全球化时代按资本主义生产方式进行发展的一种消极反应,是资本主义制度及其资本逻辑自我否定的必然结果。

就全球生态危机而言,生态社会主义、生态中心论、绿色运动等社会思潮,就是人们借助马克思主义理论对当今全球生态危机的严重性和紧迫性做出的思考。生态社会主义思潮的核心观点是,当今资本主义与社会主义的矛盾和斗争焦点已经不是经济危机而是生态危机,资本主义制度所固有的矛盾就是危机的根源。在资本主义的资本逻辑驱动下,环境恶化、资源枯竭、人口压力、增长放缓、政治动荡日益逼近,战争、种族灭绝、瘟疫肆虐,社会崩溃再次上演,人类社会正在不可持续的道路上行进着。

> 严酷的现实迫使人们思考:究竟是什么原因使人类越来越陷入生态危机而不能自拔?实际上,在马克思的著作中,我们或可找到正确答案。马克思要我们与资本主义展开斗争,那仅仅是因为在他看来这是一个促使一些人残酷地剥削另一些人,造成人与人之间不平等的制度吗?并不全然如此。在马克思看来,反对资本主义还有一个重大理由,这就是他认为这也是一个促使一些人无止境地盘剥自然,造成人与自然之间对抗的制度。①

全球性金融危机的爆发和蔓延,同样佐证了资本主义生产方式的内在矛盾和资本主义政治制度的时代危机。全球性的金融危机,本质上是西方发达国家长期推行新自由主义政策的结果。"华盛顿共识"一度被当作新兴经济体和转型国家解决发展问题的"药方",结果这一"药方"不但导致了苏联、东欧国家在转型过程中的"大阵痛"和"大休克",又使许多发展中国家陷入社会经济动荡和不平等加剧的困境,更是金融危机在那些地方迟迟难以缓解的根本原因。

形形色色的社会思潮,无论其政治倾向如何,在不同程度上都是对当今存在的全球问题和危机的反思。人们注意到了产生全球性问题的部分原因,提出了相应的对策和解决方案。但是,他们并没有跳出资本主义的认知框架和思维逻辑,因而看不清这些问题的本质和深层原因。其实,问题就在于人类长期以来征服和掠夺自然,长期以来形成的发展至上的理念,甚至人和自然、人和人之间长期处于矛盾和对抗的状态。在资本统治的力量推动下,人们在充满物欲的异

---

① 陈学明:《资本逻辑与生态危机》,载《中国社会科学》,2012(11)。

化世界中盲目前行。当前生活中的发展理念、消费主义和工具理性就是人类生活世界的真实反映。

经济全球化强劲释放出世界市场的力量，同时也导致了世界范围的金融危机、大量工作机会流失，以及愈演愈烈的不平等。其政治方面的后果，就是国内问题国际化。发达国家不得不进一步开放边境，不断增强物资和人员的流动。但移民问题又引发了这些国家公众的惊慌和恐惧，使经济全球化发生了"逆转"，欧洲各国纷纷打出了保护主义的旗号，当地民粹主义往往在其中扮演了相当活跃的角色。

全球问题正威胁着人类自身的生息繁衍和人类文明的发展传承，这些全球问题跨越了国土的疆域，跨越了社会制度和意识形态的樊篱，将人类社会带入了一个充满危机感的时代。日益走近世界舞台中央的中国，已经引起了西方舆论的高度重视与关切。中国的崛起正在有力改变世界格局与力量对比，中国在增强硬实力的同时，也越来越注重发展自己的软实力。一些西方分析家发现，硬实力和软实力都无法确切地描述中国在某些方面的影响力，他们进而提出了一个新的概念："锐实力"（sharp power）。他们指出，"冷战"以后，西方观察家从软实力的视角来理解中国和俄罗斯的影响，"虽然不是那种公然强制意义上的硬实力，但也不是真正的软实力"，它们主要不是用吸引和说服来"赢得人心"，而是"通过信息来影响目标受众"。这种影响努力"穿透了目标国家的政治与信息环境"，使这些国家得以切入社会的组织结构，挑动和扩大现有的分裂，在此意义上它是"锐利的"。在两种政体目前正在展开的新竞争中，锐实力开始成为这些国家的刀锋。有的西方媒体认为现在已不能简单地用建造壁垒的隔离方式来回应中国的新影响，因为中国已经成为世界经济的一部分，因此提倡透明性就成为一个关键问题。

"软实力"概念的提出者约瑟夫·奈（Joseph Nye）曾发表文章《中国的软实力与锐实力》，认为如果说"锐实力"这一术语是"信息战"的简称，那么它与软实力就有明显的区别，操纵信息是使用硬实力，软实力的一个重要特征是"自愿性"（voluntarism），而硬实力依靠的是威胁和利诱。"在公共外交中，真相与开放性在软实力和锐实力之间划出了分界线。"当一个国家的官方新闻机构在其他国家公开传播时，这是在行使软实力的技术，但如果通过秘密支持其他国家的媒体来传达自己的声音，那就违背了自愿性，而跨入了锐实力的边界。"在信息时代，最稀缺的资源是关注度与公信力（credibility）。"如果某种公共外交手法被普遍视为政治宣传，它就失去了公信力，也就难以增进软实力。在奈看来，中国经济的成就生成了硬实力，也因为提供了有力的叙事而形成了软实力。但硬实力的不当使用会削弱中国叙事的软实力。"中国的软实力有时可能演变为锐实力,但仅仅因此就阻止中国的软实力努力将会是一个错误,而同样重要的是仔细监测软硬实力之间的分界线。"事实上,"在西方思想界,曾有人惊呼'中国将统治世界',也曾有人预言'中国崩溃即将到来'。对中国的赞赏与质疑一直并行相随,而告诫'中国威胁'的声音也层出不穷。关于中国锐实力的警觉,很像是一种'防止和平演变'的论调。因此,这不只是'中国威胁论'的又一种翻版,还标志着西方意识形态从向外扩张转向对外防御,这可能是当前西方思想最发人深省的变化之一"①。

面对当今世界各种社会问题,从文明发展形态看,我们要加快推动工业文明向新型文明的转型;从社会制度演进看,我们要更加致力于促进人类合作共赢的制度创新和全球治理体系的构建。正如恩格斯当年所指出的:"为人类同自然的和解以及人类本身的和解开辟道路。"②一方面,这就是人与自然之间的和谐相处,人类需要改变自己的思维方式、发展理念和消费模式,克服人类发展至上观念、科技万能论、消费主义等不可持续的认识和理念;另一方面,人与人、民族与民族、国与国、文明与文明之间要坚持和而不同,破除个体主义、种族主义、国家主义、西方文明中心论等思想,破解文明冲突论,加强各种文化与文明的交流交融借鉴。中国作为一个负责任的发展中大国,在参与全球治理的过程中,正在努力推动各种文化交流,增进各国人民的了解,积极倡导人类命运共同体意识,共同推进人类文明进步的共识,推动人类社会的和平与发展。

3. 当代中国各种思潮的经济社会根源

改革开放以来,中国大地掀起了思想解放浪潮,推动中国融入世界范围的经济全球化和科技革命当中,同时,中国也不可避免地存在各种由全球性问题引发的社会风险。人们正遭受着精神和肉体分裂的困扰,自然界和人类社会也存在日益严重的隔阂。在生活世界,每个人的物质享受和精神追求越来越互不相干。面对时代变革及诸多社会问题,各种社会思潮相继涌现,彼此之间展开了激烈的交流、交融、交锋。当代中国各种社会思潮是时代变革和社会转型的思想产物,反映了经济全球化过程中中国人的思想状态。

---

① 刘擎:《2017 西方思想年度述评(上篇·政治与思想)》,http://www.aisixiang.com/data/108160.html,2019-11-02。引用时有修改。

② 《马克思恩格斯文集》第 1 卷,人民出版社 2009 年版,第 63 页。

唯物史观认为，社会存在决定社会意识。一个社会有什么样的经济环境，就会生成什么样的社会思潮。没有对社会经济根源的全面分析，就不可能理解社会思潮产生的原因，也不可能认识社会思潮的本质，更不可能认清社会思潮内在的价值诉求。任何一种社会思潮都有其深刻的经济社会根源，最为主要的根源则是国内外社会发展变革及其引起的各种社会经济问题。因而，无论何种社会思潮，它的产生和发展都是社会矛盾和社会问题的体现，也是不同阶层和不同群体的利益分化及其心理症候在思想认知层面的反映。

当代中国各种社会思潮的产生和发展有其复杂的国内政治经济原因，也受到国际上各种政治力量和不同思想的影响。中国通过改革开放，主动参与到经济全球化的历史进程当中，开启了社会主义现代化建设的新阶段。在这个历史背景和时代大潮中，借着改革开放的思想解放之风，以自由主义为代表的西方思潮也进入了中国社会。20 世纪 70 年代末 80 年代初，长年压抑下的中国要打破思想禁锢，冲破思想禁区。自由主义倡导的自由、民主、平等等理念恰似一阵春雨洒向干涸的大地。自由主义对坚持阶级斗争和计划经济的思想进行了尖锐批判。自由主义思潮在某种程度上顺应了中国改革开放的需要，有助于人们解放思想，顺应变革。然而，自由主义思潮的负面效应，比如市场混乱、竞争失序、贪污腐败等问题也随着改革开放的深入而逐渐暴露出来。

20 世纪 90 年代初，西方世界认为自由民主已经取得前所未有的胜利，人类历史的意识形态之争至此终结。当时中国面对严峻的国内外形势，改革开放要不要继续坚持下去、如何打破西方国家的制裁等问题很迫切地摆在我们面前，各种社会思潮再次浮出水面，并展开了激烈争论。其中发展市场经济是姓"资"还是姓"社"的争论最为引人注目。"左"派思想将中国社会的各种问题归结到自由主义名下，对自由主义进行了激烈的批判。在当时的政治气氛中，"左"派思想似乎占据了上风。直到 1992 年，邓小平在南方谈话中对这些思想进行了批评，"把改革开放说成是引进和发展资本主义，认为和平演变的主要危险来自经济领域，这些就是'左'"①。在邓小平南方谈话和党的十四大提出建立社会主义市场经济体制之后，新自由主义思潮又抬起头来。新自由主义思潮打着推进市场化的旗号，为经济全球化及其副产品辩护，而新左派思潮则针锋相对地提出质疑，否定市场经济并反对经济全球化。

世纪之交，围绕着如何深化经济和政治体制改革、如何认识经济全球化、

---

① 《邓小平文选》第 3 卷，人民出版社 1993 年版，第 375 页。

如何处理同西方国家的关系等重大问题，各种社会思潮纷纷抛头露面，表现活跃。与此同时，由于中美关系一度恶化、日本政府一系列倒行逆施等原因，民族主义思潮迅速兴起。正当的民族主义有利于增强国家凝聚力和爱国主义情感，但走偏的民族主义也会蜕变为某种极端思潮并与民粹主义同流合污，干扰甚至破坏国家的对外开放大局和现代化事业。这些问题无疑是当代中国各种思潮产生和发展的经济社会根源。每一种社会思潮都对社会问题有所思考，并提出自己的解决方案，各种思潮彼此之间既有重叠和交叉，又有辩论和交锋。近年来，借助新媒体，当代社会思潮更是进入了特别活跃的阶段。

新自由主义思潮认为，要解决中国的经济社会问题，就必须建立市场经济和实行民主法治。新自由主义针对经济全球化、市场经济、国有企业改革、公有制地位、贪污腐败等问题同新左派展开了激烈辩论。中国的新自由主义最大弊病是脱离了中国的具体国情，将一切成就和问题都归结于模糊而笼统、抽象的市场经济和民主政治。我国社会主义经济社会建设，需要警惕新自由主义思潮产生的危害。当然，我们也不会拒绝新自由主义所提出的一些见解，对新自由主义思潮应该坚持一分为二的辩证法，在批判中有所借鉴，有所吸收。

普世价值作为一种社会思潮，主要是当前中国对于经济全球化时代价值取向的一种回应，应该如何理解自由、民主、法治等西方的主流思想，尤其是应该以什么样的理念推进政治体制改革和社会发展转型。这一思潮整体上同新自由主义思潮具有内在的一致性。它的兴起同经济全球化加快和世界各国日趋一体化密切相关，也同随着我国的市场经济发展，人们产生的思想混乱、道德危机、精神迷惘等社会问题密切相关。普世价值强调民主、自由、博爱、人权、公平、正义等思想理念超越了民族国家，也超越了各国的意识形态，属于全人类的共同情感和普遍价值。应该追问的是，这些思想究竟是人类的共有价值，还是资产阶级的价值观念。如果普世价值不过是试图利用西方思想来否定马克思主义的指导，我们就必须对其进行批判并警惕其险恶用心。

与宣扬普世价值一唱一和的历史虚无主义思潮也登场了。历史虚无主义思潮主张全盘西化，告别革命，它以否定中国近现代革命历史、中国共产党的历史贡献为主要任务，打着学术研究的幌子，把否定历史包装成反思历史，造成了严重的思想混乱，产生了非常恶劣的现实影响。历史虚无主义的本质在于其抽掉了中国社会主义历史和中国共产党历史的精髓，正所谓"灭人之国，必先去其史"。针对历史虚无主义的恶劣影响，习近平强调："我们不是历史虚无主义者，也不是文化虚无主义者，不能数典忘祖、妄自菲薄。"①

随着中国的崛起和民族的强盛，人们却突然发现全社会产生了某种程度的道德滑坡、精神迷惘、思想混乱和信仰缺失，并开始反思如何在经济全球化时代保持中华文化的自身秉性和特质。长期受到压制的文化保守主义思潮乘势而起，出现了全国范围内的诵经读经活动，各地掀起了国学热、儒学热。文化保守主义探讨中国当前的思想道德危机，思考人类文明和中华文明的转型发展，为中华民族寻求文化层面的安身立命之所和灵魂栖息之地。文化保守主义思潮在弘扬中华民族优秀文化和重建民族道德文化中发挥了某些积极作用。但是，我们也要认真对待有些组织和个人借机宣扬文化复古主义。"我们要对传统文化进行科学分析，对有益的东西、好的东西予以继承和发扬，对负面的、不好的东西加以抵御和克服，取其精华、去其糟粕，而不能采取全盘接受或者全盘抛弃的绝对主义态度。"②

2010 年，中国经济总量超过日本位居世界第二，中国和日、美之间的结构性矛盾日益凸显，围绕南海问题和钓鱼岛的斗争再次激发了中国的新一轮民族主义思潮；随着信息时代新媒体传播技术的革新，针对中国社会的腐败蔓延、两极分化加剧等问题，网络社会的民族主义思潮出现暴戾之气和极端之举，演变成网络民粹主义思潮；中国经济的崛起付出了巨大的环境代价，中西部的沙尘暴与中东部的雾霾、水污染、土壤退化等，促使中国生态中心主义思潮成长壮大；民主社会主义针对中国的政治体制改革等问题，主张建立以民主为核心的制度，强调通过社会福利来缓和社会矛盾，保障社会公平；围绕依法治国的主题，宪政主义思潮也随之兴起，主张中国社会改革要以法治为原则，坚持依宪执政和依宪治国；针对中国社会的民粹主义、极端主义、网络暴力等现象，一批学者呼吁培育公民精神、建立公民社会，形成了所谓公民社会思潮。……不难发现，这些社会思潮的产生都有一个共同的经济社会根源，就是中国经济体制改革的成功，以及随之而产生的政治、文化和社会体制改革应该如何破局的问题。

总而言之，改革开放后中国社会经济基础的变化，导致了人们的物质利益关系发生根本变化。我们必须深入这些利益的变革中探寻各种社会思潮形成和发展的根本动因。正如马克思、恩格斯所言："'思想'一旦离开'利益'，就一定会使自己出丑。"③当代中国各种社会思潮产生及变迁的根本原因就在于中国

---

① 《习近平在中共中央政治局第十八次集体学习时的讲话》，载《人民日报》，2014-10-14。
② 《习近平在中共中央政治局第十八次集体学习时的讲话》，载《人民日报》，2014-10-14。
③ 《马克思恩格斯文集》第 1 卷，人民出版社 2009 年版，第 286 页。

的经济基础与上层建筑之间、生产力与生产关系之间的矛盾和变动，这直接表现为中国市场经济改革中出现的利益分化所引起的思想多元，反映了经济全球化时代中国发展转型导致的矛盾和问题，体现了不同阶层或群体的心理症候和价值诉求。

二、当代社会思潮的基本谱系

当代社会思潮流派众多，而且往往"你中有我，我中有你"，互相影响。随着国际化程度的加深和生活水平的提高，普通民众的不少感性意识和情感体验也被概括为某种"思潮"。我们尝试将当代社会思潮分为普遍流行的社会思潮、有理论体系的社会思潮和有明显政治倾向的社会思潮，并依次介绍每一分类中部分有代表性的思潮。需要说明的是，虽然各种思潮有不同的侧重，但这种划分并不严谨，并不代表这几类思潮之间存在明确的界限。

1. 普遍流行的社会思潮

普遍流行的社会思潮，是指作为社会思潮，它们已经成为被大众普遍接受的生活态度和价值观念。对这些思潮的赞许或者批判，也多是一种情感或者价值选择，似乎并没有什么理论或学术上的依据。

消费主义

消费是一种刺激经济的手段，但消费主义指的是盲目崇拜、过度追求物质占有和消费的思想观念，以及在这种观念指导下的行为实践。

消费主义随着改革开放后人民物质生活水平的提升、与外界交流的增多而兴起，在新富裕群体和城市年轻人中有较大影响，表现为炫耀性消费、无节制消费和违法性消费。炫耀性消费指超出个人实际需要，为了满足自己虚荣心而进行的消费。无节制消费指严重超出个人实际收入水平和经济能力的超前消费。违法性消费指不符合当前我国法律规定的各种消费，如赌博、吸毒、公款吃喝等。

消费主义以自我为中心，纯粹追求个人需要的实现和满足，主张物质至上、娱乐至上、享乐至上，扭曲商品的实际效能，把商品符号化、象征化，以占有物质财富的多少来区分等级并以此作为炫耀。可见，消费主义的消费目的并不是满足实际的需求，而是不断追求和满足被制造出来、被刺激起来的欲望。人们实际消费的并不是商品和服务的使用价值，而是它们的符号象征意义。

消费主义在个人层面，会严重扭曲人们的财富观，导致片面追求享乐、追求物质享受的倾向，引发人们的盲目攀比，使"全面发展的人"变为物化的人。在社会层面，消费主义会造成社会资源的浪费，加剧社会不公，进而造成社会动荡，同时消费主义还可能引发严峻的生态问题。在国家层面，消费主义会对社会主义物质文明建设造成冲击，消费主义代表的扭曲价值观也严重背离了社会主义核心价值。

科学主义

科学主义不同于科学知识、科学精神，是一种对科学不予辨别、不加批判的推崇，是一种凡事唯"科学"是从的态度以及在这种观念指导下的行为实践。

科学主义概念是"舶来品"，有理工科背景的专家学者以及青年人对其通常比较熟悉。19 世纪中叶以来，中国的近代化历程实际上也是自然科学在我国落地生根的过程。中华人民共和国成立后为了实现国家富强，国家大力发展科学技术，鼓励科技发明，科学的进步也为国家建设做出了巨大贡献，因此对科学技术的尊重本无可厚非，但一部分国人看到科学的巨大作用后堕入"唯'科学'论"的陷阱，遇事不加分析，只以是否符合自己认定的"科学"作为唯一判断标准，成为科学主义者。

科学主义有两个表现：一是不加怀疑地接受所谓的"科学知识"，二是不加条件地赞成科学技术的应用。在现实生活中，科学主义往往直接导致乐观的技术论，如对其不加限制，会对人类的生活产生恶性后果。20 世纪以来，核危机、全球环境恶化、各种疾病肆虐，都是遵循着"先破坏，后保护""先制造，后销毁""先污染，后治理"的技术应对措施，导致坏的技术措施带来的问题尚未根除，新的技术措施出现以后又带来了新的问题。人类的自然生存环境日益恶化，迫使人类重新认识科学主义到底给人类带来了什么样的影响。

实际上，科学知识本身具有不确定性。科学知识的对错只有相对性没有绝对性。即便目前看来是对的，也只能说"到目前为止还没有被推翻"而已。科学技术的应用更有两面性，用在对的地方会造福人类，用在错的地方可能就会使人类付出惨重代价。更为重要的是，科学技术的应用不仅仅是科学问题，更是价值判断和生活方式选择的问题。我们只有通过技术理性和文化理性的沟通和协商，兼顾对民主程序和社会风险的控制，才能达到对于科学应用的社会信任。

民粹主义

民粹主义是一种相当危险的社会思潮。民粹主义概念进入中国时间不长，但民粹主义的行动在我国却早已出现。有人认为当代中国的民粹主义具有草根性、非理性和抗争性，主要包括六项内容：一是极端平民主义，反对精英主义，以穷人的是非为是非；二是反对间接民主，要求普通民众直接参与政治决策过程；三是"均贫富"，要求结果均等；四是道德至上，而且认为道德只存在于底层大众之中；五是崇拜那些从底层崛起的卡里斯马式领袖；六是没有耐心渐进改良，热衷于暴力行动和推倒重来。而仇官、仇富，又是这种民粹主义的具体表现。

民粹主义虽被认为是群众动员的，是反精英的，但其实践可能正好相反：一是人民之虚与民粹之实。各种民粹主义都体现为"人民崇拜"，但只是利用大众的力量增强自己的实力或实现自己的目标而与人民大众的长远利益相背离。二是反精英主义之虚与精英主义之实。民粹主义的突出表现是反对精英主义。领袖权威、领袖作用和领袖崇拜恰恰是民粹主义不可或缺的重要部分，甚至是其至关重要的因素。三是直接民主之虚与反体制化之实。民粹主义者认为代议制的政治体制是由少数既得利益者把持的，他们反对现有体制，追求简单化政治、大众主权与二分法，但最后自身也会落入体制化与制度化的困境。

今天的民粹主义不仅没有偃旗息鼓，而且借助互联网愈演愈烈。网络民粹主义话题性强、传播迅速、影响面广、煽动性大，例如，层出不穷的"人肉搜索""舆论审判"事件都是网络民粹主义的表现。民粹主义往往以普遍和隐蔽的强制力量操纵着社会舆论等社会力量，从而掀起一波又一波的社会思潮。此外，民粹主义的超政治体制性、超意识形态性，决定了民粹主义往往与其他社会思潮相结合，在政治实践中互相裹挟和利用，造成恶劣后果。

民族主义

这里的"民族主义"，指狭隘的、基于血缘关系的、排他性的情感，以及由这种情感支配的行动。民族主义当今在社会各个阶层都有不少追随者、拥护者。

民族主义是外来词汇。到了19世纪下半叶，当西方列强以血与火涤荡了华夏中心论的古老梦想之后，中国人才被迫以国家观念取代了天下观念。由于国力衰弱，彼时民族主义在中国更多是一种反抗的民族主义，是对抗列强欺凌、"维护中华民族"的民族主义。中华人民共和国成立尤其是改革开放后，中国的民族主义开始重新抬头。以1996年《中国可以说不》的出版和风行一时为标志，当代民族主义转而成为一种咄咄逼人对外示强的民族主义。

虽然民族主义是一个现代概念，但其同时又是人类古老而情绪化的意识形态。历史上曾经按照不同标准划分各种各样的群体，而把"我们"与"他们"区分开来的一个标准就是"民族"，其中就含有"唯我独尊"的意思。古希腊人认为非希腊人是野蛮人，中国传统"天下"观的核心就是华夏中心论，其他都是边缘。民族主义在当代中国有三个表现：一是反西方、反经济全球化，二是好战，三是文化民族主义。反西方是指将西方国家与霸权画等号，认为西方国家都实行霸权主义，用敌我思维看中西关系；反经济全球化认为经济全球化是西方国家的阴谋，是发达国家使用"软实力"侵蚀、控制发展中国家的阴谋；好战是指其认为随着国力的强盛，打仗是重新树立中国国际威望的重要甚至唯一手段；文化民族主义则是民族主义在文化领域的体现，即宣称"中华文化优越论"。

民族主义既可以成为建设的力量，也可以成为解构的力量。如果引领得当，温和的民族主义有助于凝聚民族向心力，有助于国家稳定和建设。而一旦处置失当，民族主义极易与民粹主义结合，在国内造成社会动荡，扰乱国内局势，在国际损害国家形象，不利于中国的对外开放和交往。改革和发展仍然是我国现阶段的重要任务，即便"两个一百年"奋斗目标完成了，我们也仍然需要和谐的国内外环境和开放的国际交流，因此，对于民族主义，我们绝不能鼓励甚至纵容。费孝通先生所说的"各美其美，美人之美，美美与共，天下大同"，不仅是我们对待不同文化的正确态度，也应该是我们对待其他民族的应有态度。

2. 有理论体系的社会思潮

有理论体系的社会思潮，通常基于某一种学术流派，或者在发展过程中逐步形成了自己的理论体系。这一类社会思潮问题意识浓厚，理论色彩鲜明，也有自己的政治观点。但通常而言，政治倾向并不明显或者表现并不激烈。

民主社会主义

民主社会主义，是采取宪政民主而非暴力的方式实现社会主义的主张。民主社会主义在我国的主要支持者和研究者是部分知识分子和一些老干部。

民主社会主义兴起于第二国际，自认为渊源于马克思晚年思想的转变，即工人阶级夺取政权也可以不通过暴力革命而是通过议会道路来实现。此后民主社会主义政党在部分欧洲国家成功实现执政并持续影响国家政策。20 世纪 90 年代，社会学家吉登斯、英国首相布莱尔先后在理论和实践上推行兼采自由主义和民主社会主义之长的"第三条道路"，在国际社会产生广泛影响。受限于政治局势和学术条件，民主社会主义在我国的声音一直比较微弱，只是随着对"文化大革命"的反思和改革开放以后西方译著的引入而有所加强。近年来，有关民主社会主义的讨论热潮也不时涌动。

民主社会主义思潮有四点核心诉求：一是政治上实行宪政民主，二是经济上实行混合私有制，三是思想上主张多元化，四是要求建立福利国家。民主社会主义诉诸非暴力手段，即通过议会道路掌握政权，在宪政民主的基础上开展社会主义建设。在经济上，民主社会主义不要求公有经济占据支配地位，而是鼓吹私营经济和私有财产至上的观点。同时，民主社会主义承认马克思主义是其思想来源之一，其指导思想还有其他不同来源，甚至包括自由主义。福利国家是民主社会主义最能迷惑人的主张。民主社会主义要求通过福利体系建设对国民财富进行二次分配，实现社会平等，使公民"从摇篮到墓地"都能享受优渥的社会保障。

我们必须看到，民主社会主义主张议会道路即多党制的道路。但中国共产党长期执政是当代中国历史和人民的选择，多党制的道路和多元主义的思想主张既不符合中国实际，也会带来社会混乱。福利国家的主张在一定层面上确实有助于社会平等，但没有公有制经济的哺育，福利国家就会难以为继。诸如瑞典、丹麦等福利国家也已经出现了经济停滞、财政困难的情况。我们必须坚定不移地反对民主社会主义道路，坚持中国共产党的领导，坚持中国特色社会主义，只有这样才能早日实现国家富强、民族复兴、人民幸福的中国梦。

新权威主义

新权威主义主张尊重现存秩序的历史连续性，用铁腕推进渐进市场经济改革，最终实现市场经济现代化与民主政治软着陆。由于新权威主义主张在现存政治秩序基础上进行渐进试错和变革，因此得到了一些学者的赞同。

新权威主义作为对激进自由主义的一种反思，出现于20世纪80年代中后期。新权威主义者认为，没有一个后发展民族能够不经过经济发展而一步到位，成功地推行多元民主政治。后发展国家只有通过开明家长式的威权政治与国家引导的经济发展，才能有效地发展市场经济。只有市场经济才能引发社会的利益多元化与中等收入阶层的极大增长。只有利益主体的多元化、中等收入阶层的成熟，与阶层多元化相对应的妥协、宽容、尊重契约性法治的政治文化的发展，才是民主政治的基础。

新权威主义有三个特征：威权政治或开明专制、市场经济改革、现代化与民主化的导向。开明专制是前提和保证，市场经济是手段，现代化与民主化是最终目的。新权威主义要用开明威权政治这只"看得见的手"，来创造民主政治这只"看不见的手"。随着党的十八届三中全会提出"改革60条"，中国的新权威主义在新时代又有了新发展。中国早期的新权威主义，是用政府这只看得见的手，去启动市场经济改革。而新时代的新权威主义，是用政府这只手去完善市场经济改革，使市场经济起到决定性作用。有人甚至认为，中国已经走上了新权威主义道路。"在当今中国，挑战新权威主义的左的与右的、激进与保守的各种政治势力，已经不足以根本上撼动与影响这一历史性选择。更具体地说，中国的新权威主义模式已经趋向于稳定与成熟，中国还将在这条路径上持续发展相当一个时期。随着社会、经济、文化、法治等诸多方面条件的成熟，中国才有可能向更高程度的民主政治参与的下一阶段过渡。"

在当下，一方面新权威主义者自认为党的政策路线正在贯彻新权威主义的主张，另一方面社会转型或改革进程中产生的诸多问题也被视为新权威主义带来的问题。面对不同思想流派的碰撞、指责，新权威主义难以提出能够解决问题的洞见。此外，新左派思潮近年来势头猛烈，取代了新权威主义，与自由主义论战得难解难分，也使新权威主义缺少了针锋相对的目标。新权威主义如果要重振自身影响，必须加强问题意识，化"虚"的愿景为"实"的方法，面向改革过程中出现的新问题，面向改革的未来，提出具体、实际的主张和措施，从而实现理论自身的变革与提升。

新儒家

这里的新儒家是指大陆新儒家。大陆新儒家主张复兴儒教，按照儒教伦理重建中国政治秩序，近年在重视优秀传统文化的势头下比较活跃，在知识界和普通民众中产生了不小的影响。

新儒家思潮是文化保守主义在政治领域的延伸。文化保守主义在大陆的复兴自20世纪80年代开始，在90年代中期趋于活跃，是经济高速发展后对回归人文、找回"自我"的呼唤。比起文化保守主义，新儒家思潮最大的特点在于它的政治性，它从文化领域向外延伸，认为儒学是"齐家治国平天下"的王道之学。中国应当从传统儒家经典中吸取政治智慧，向传统的儒家王朝借鉴政治体制，以儒治国。如果说文化保守主义追求"文化认同、身心安顿"，那新儒家还要追求"政治重建"。新儒家如何实现"政治重建"这一目标呢？不同的学者有不同方案。蒋庆是"政治儒学"这一概念的提出者。他认为儒教复兴分为上行路线和下行路线，上行路线是进入政治权力中心，下行路线是在民间建立儒教社团法人。蒋庆想象中的"儒教宪政"分为三部分：作为国体形式的虚君共和制、作为议会形式的议会三院制与作为监督形式的太学监国制。张祥龙虽认同蒋庆的政治儒学和复兴儒教的想法，但主张通过设立若干文化特区的"中行路线"来复兴儒教。康晓光则认为应当由"儒士共同体"来实行"仁政"。为实现这一目标，应当对中国进行"儒化"。而近年来风头强劲的另一位新儒家秋风，则执着于从传统"儒家"政治体制中寻找自由和宪政的踪迹，以期建立"儒家宪政"。

　　新儒家思潮在当代中国的出现有其必然性，面对发展过程中出现的问题，有人希望照搬西方制度来解决，有人希望通过复兴传统文化来解决。但新儒家似乎忽视了今日中国大不同于古代中国，生产力水平已经有了翻天覆地的变化，社会文化土壤也极不一样。法治超越"人治"，民主超越"民本"，平等超越"纲常"，已经成为当代中国人的普遍共识。儒家文化当然还能为处于变革中的国人提供慰藉，但以儒治国就难免会成为不切实际的幻想。

3. 有明显政治倾向的社会思潮

　　提及社会思潮，人们往往会自觉或不自觉地联想到具有政治意味的"左""右"倾向，但事实上，左、右进入现代政治文化和意识形态领域至今已有二三百年的时间，而带引号的"左"的概念出现也有近百年时间。中世纪欧洲基于基督教文化背景，左往往有负面、贬义的语义倾向，右则往往有正面、褒义的语义倾向。随着政教关系的发展和资产阶级革命的发生，这种状况逐步改变，左被注入越来越多中性、正面乃至进步的色彩。在世界社会主义运动中和社会主义国家里，左则从中性完全演变为革命、进步，是褒义的；右则变为落后、保守，是贬义的；带引号的"左"则是国际工人运动、社会主义运动、共产主义运动内部使用的概念，意味着不是真左，而是假左。左、右、"左"这几个概念的演变过程表明，对"左"、对右都要做具体分析，必须在特定的语境中理解、把握它们的内涵，否则就会造成话语体系的混乱与困扰，在党内反倾向斗争中进退失据、迷失方向。值得注意的是，在毛泽东、邓小平公开发表的著作中，有约占总数 1/4 的文章直接提到"左"和右，并对左、右、"左"的内涵、表现、认识根源以及应该对"左"和右采取什么态度等，有着非常明确的论述，为我们党反倾向思想斗争提供了重要理论指导。

　　在社会思潮中，特别应该提出来的是对那些与当前社会实践和人们的社会生活有直接的或密切的联系的思潮，不管这些思潮是推进当前社会实践和社会发展的进步思潮，还是阻碍当前社会实践和社会发展的落后的、腐朽的思潮，其实都是具有突出的政治意义和意识形态性的思潮，因此，所谓对社会思潮的特别关注，其实就是对政治思潮和具有强烈意识形态性的思潮的特别关注。①

——————————

　　①　梁树发：《思潮研究三题》，载《中国社会科学报》，2016-01-22。引用时有改动。

有明显政治倾向的社会思潮，虽然也有比较成熟的理论支撑，但其政治色彩浓厚、倾向明显，其理论支撑也明显是为政治立场服务的。

自由主义

自由主义思潮以西方自由主义为理论基础，以实现个人的独立和自由为最高原则，力求在中国实行英美式的资本主义经济制度和政治制度。

自由主义思潮和资本主义制度密不可分，是资本主义和资产阶级的"卫道士"和"清道夫"。西方自由主义思想本身就是伴随资本主义制度的建立而产生的。虽然几经起落，但中国的自由主义思潮也基本上是作为中国特色社会主义的对立面而存在和发展的。

自由主义思潮有古典自由主义与新自由主义、自由左翼与自由右翼等不同流派。我们还可以从经济和政治两方面对自由主义的普遍主张出发对其进行概括。经济方面，自由主义主张"三化"：自由化、私有化和市场化。政治方面，自由主义有"三否"：否定社会主义、否定公有制、否定国家干预。不难看出，自由主义的经济、政治主张是互为照应的，否定社会主义、否定公有制就是要推行自由化、私有化。自由主义主张的自由和民主是"消极自由"和"间接民主"。消极自由是不被干涉的自由，是私人领域不被侵犯的个人权利；间接民主通常表现为代议制民主，自由主义认为直接民主具有不可操作性，同时有可能导致民粹的暴政，间接民主实际上就是精英式的民主。

我们需要看到，不顾实际环境和历史条件的自由主义，长期来看只会导致经济的停滞、社会的混乱和贫富差距的极端化。2008年全球金融危机的爆发就是对自由主义经济政策不加限制的结果，阿根廷等国近年来面临的发展困境也是发展中国家不加区分全盘接受自由主义价值观所导致的直接后果。同时，中国特色社会主义是一个实践中不断发展的理论体系，我们既要对自由主义的意识形态特点进行坚决抵制，也应该吸收自由主义的合理营养，如对市场的重视，不断完善中国特色社会主义制度。

历史虚无主义

简言之，历史虚无主义就是一种对中国近代史尤其是"五四"以来的中国历史采取否定态度的思潮。

历史虚无主义在确立自己的主张之前，先要否定先前的历史。晚清著名思想家龚自珍认为："灭人之国，必先去其史；隳人之枋，败人之纲纪，必先去其史；绝人之材，湮塞人之教，必先去其史；夷人之祖宗，必先去其史。"历史虚无主义思潮从历史领域入手，企图否定过去的历史，进而否定现实存在的合法性。在中国，历史虚无主义一贯地以否定中国近代史为其历史前提，进而否定中国共产党领导的新民主主义革命和社会主义建设，反对中国建立社会主义的历史必然性，反对马克思主义在中国的指导思想地位，其本质是妄图通过理论上的历史分析，在思想层面否定唯物史观关于历史规律性的认识，否定中国必然走上社会主义道路的观点。因此揭示历史虚无主义思潮的本质、特征和危害，有助于我们观察和研究社会主义，并与各种敌对势力做长期复杂的政治斗争。

历史虚无主义具有比较强的隐蔽性，往往以学术讨论的形式出现和传播。历史虚无主义主要表现为"三个否定"：一是否定五四运动，认为五四运动是对传统文化的割裂，认为五四运动拉开了中国暴力革命的序幕。二是否定革命，否定中国共产党领导中国人民取得抗日战争和解放战争胜利，以及建立社会主义新中国的历史必然性。三是用"后30年"否定"前30年"。历史虚无主义认为中华人民共和国成立后"前30年"的社会主义实践是失败的，"后30年"的改革开放之所以取得成功，是因为彻底放弃了"前30年"的路线和政策。

历史虚无主义名曰"虚无"，其实带有极强的意识形态性，历史虚无主义的最终目的是否定中国共产党的领导。否定五四运动是为了否定五四一代青年人对民主和科学的追求、对马克思主义的选择。否定革命是为了动摇中国共产党的执政合法性，否认接受党的领导是中国人民在民族存亡之际自己做出的历史选择。用"后30年"否定"前30年"则是为了消解马克思主义作为党的指导理论的科学性，进而瓦解党的思想根基，在社会上制造思想混乱。

从整体看，历史虚无主义妄图通过否定中华五千年历史优秀文化，否定近代以来的中国历史传统；通过否定反帝反封建的革命运动，否定共产党执政的历史合法性；通过否定新中国成立以来取得的伟大成就，否定中国共产党执政的现实合法性、理论和实践的合法性。由于研究意图的扭曲和研究方法的错误，历史虚无主义也就不可能得出正确的结论。不遵循学术规范，肆意歪曲历史事实，否认历史发展的客观规律，以戏说恶搞的方式解构历史，鼓吹反马克思主义的立场、观点，成为历史虚无主义思潮的典型特征。因此，无论从研究的方法、原则来看，还是从研究的初衷、结论来看，历史虚无主义都是与历史科学根本对立的，是彻头彻尾的伪科学。①

---

① 王广：《历史虚无主义是政治思潮》，载《中国社会科学报》，2015-10-26。引用时有改动。

历史虚无主义思潮并非孤立存在，而是往往与自由主义思潮联系在一起。历史虚无主义解构当下社会，自由主义建构未来社会。对于历史虚无主义的这种解构性，我们一定要认清其真面目，在学理和政治上牢牢坚持历史唯物主义立场，对其进行坚决批判。

极左派思潮

左派内部流派众多，但极左派在当今中国特指将毛泽东晚年思想教条化，并将其继续在社会主义实践中推行的思潮，也有人将极左派称为"老左派"。极左派思潮是随着"文化大革命"结束，在中国前途何去何从的争论中形成的。有人将极左派的特征概括为：实物主义的经典力学哲学观、只要人间天堂的伦理道德观、寄希望于国企和计划经济以实现公平平等的经济社会观、结果正义的法学观、"硬件"至上的发展观、一元绝对的是非观、民粹主义的政治观。

极左派思潮理论体系的核心内容有三条：一是以阶级斗争为纲，极左派认为阶级矛盾仍然是中国社会的主要矛盾，阶级斗争仍是当前中国社会的中心任务；二是主张单一公有制，极左派反对混合所有制，反对私营经济，认为社会主义就是要消灭一切私有制，实行单一公有制；三是要求实行计划经济，极左派认为市场经济就是资本主义，只有计划经济才能建设社会主义。极左派还认为，当前中国出现的问题都是改革开放引发的，只要回到改革开放前的政策，以阶级斗争为纲，实行计划经济和单一公有制，就可以解决这些问题。

极左派自视为毛泽东思想的正统，将毛泽东思想教条化、极端化，罔顾历史唯物主义"生产力决定生产关系"的基本观点，不愿正视中华人民共和国成立后国家建设遭遇挫折的实际情况，无视我国还处于社会主义初级阶段的基本国情，这注定了极左派的理想只能是遥远的乌托邦，在现实社会中应者寥寥。但极左派对社会弊端持高度敏感的态度，这是值得我们肯定和正视的。

新左派思潮

新左派思潮是以"文化大革命"理论或西方左翼社会主义思想理论为基础，以平等与公平为核心价值，把中国走向市场经济转型过程中的社会分层化、社会失范与社会问题，理解为资本主义社会矛盾的体现，并以平等主义作为解决中国问题的基本选择的社会思潮。

新左派思潮的"新"是对应极左派思潮而言的，自20世纪90年代以来，新左派声势日渐壮大。相较老左派，新左派不再热衷于继承斯大林主义和苏联遗产，而是较多引用当代西方新左派的理论，探讨社会公正和参与政治、民主和人权。

如果说自由主义是站在资本主义的立场上反对中国特色社会主义，那么新左派则自诩是站在"真正的'社会主义'"的立场上来臧否当下中国，我们可以注意到，新左派并没有形成独立的理论体系，往往是在和自由主义的论战中阐明自己的观点。两者的区别主要体现在追求什么样的民主、自由，对当前中国社会性质的分析，以及对待经济全球化的态度上。新左派和自由主义都追求自由，但自由主义追求的自由是个人权利不被侵犯的"消极自由"，新左派主张的是参与公共领域的"积极自由"；新左派和自由主义都主张民主，但自由主义主张的是代议制的间接民主，新左派主张的是全民参与的直接民主。自由主义认为当下中国的社会不公是政治体制改革滞后于经济发展造成的，只有深化政治体制改革、进一步限制政府权力才能解决，而新左派认为是一味地市场化造成了这种社会不公，要解决这个问题必须从资本主义道路回归平等主义的社会主义。自由主义认为全球化是经济、政治的一体化，认为中国应该进一步加快全球化的步伐，而新左派认为现在的全球化是西方价值、制度的全球化，盲目追随全球化将会导致中国国家自主性的消失，最终沦为西方国家的附庸。

新左派希望中国能够超越西方资本主义，走出一条制度创新之路。进入 21 世纪，中国在保持社会基本稳定的同时迎来经济腾飞和国力的大幅提升时，新左派看到了中国特色社会主义道路的成功，因此近年来，新左派从左翼的激进主义转向了保守的国家主义。

三、当代社会思潮的意识形态性

通过对当代社会思潮基本谱系的了解，我们可以发现社会思潮既包括社会心理层面的社会意识，又包括成为系统化理论的社会意识形态。社会心理往往直接表现为日常生活中的情感、风俗、习惯、成见等心理倾向和信念，是一种低水平、低层次、不系统、不定型、处于自发状态的社会意识。而社会意识形态(或意识形态)正好与社会心理的表现形式相反，是高水平、高层次、系统化、具有确定规范的、自觉的社会意识。社会思潮是社会心理症候的反映，是社会意识领域的"晴雨表"和"风向仪"。我们认识当今社会形形色色的社会思潮，就是要抓住它们社会意识倾向性的本质，充分发挥社会主义意识形态对社会思潮的引领作用，防止用一种错误的社会思潮掩盖另一种错误的倾向，防止从一个思想极端走向另一个思想极端。

1. 作为社会意识的社会思潮

马克思和恩格斯运用唯物史观正确地揭示了社会存在与社会意识的辩证关系，既承认社会存在对社会意识的决定作用，也肯定社会意识具有相对独立性，突出表现为社会意识对社会存在具有能动的反作用，创立了科学的社会意识理论。社会思潮从属于社会意识，但又是一种极其复杂的社会意识。它同时具有社会心理要素和理论形态要素，是二者的有机统一。

继马克思、恩格斯之后，普列汉诺夫对社会意识理论做出了重大贡献。1895 年他在《论一元论历史观之发展》中将社会意识区分为"社会心理"和"思想体系"两种基本形式。普列汉诺夫说："社会心理学异常重要。甚至在法律和政治制度的历史中都必须估计到它，而在文学、艺术、哲学等学科的历史中，如果没有它，就一步也动不得。"[1]他认为，"一切思想体系都有一个共同的根源，即某一时代的心理"[2]，还指出，"对于社会心理若没有精细的研究与了解，思想体系的历史的唯物主义解释根本就不可能"。[3]

清末学者梁启超对"社会思潮"亦有专门论述：

> 今之恒言，曰"时代思潮"。此其语最妙于形容。凡文化发展之国，其国民于一时期中，因环境之变迁，与夫心理之感召，不期而思想之进路，同趋于一方向，于是相与呼应汹涌，如潮然。……凡"思"非皆能成"潮"，能成"潮"者，则其"思"必有相当之价值，而又适合于其时代之要求者也。凡"时代"非皆有"思潮"；有思潮之时代，必文化昂进之时代也。……凡时代思潮，无不由"继续的群众运动而成"。……吾知时代思潮之为物，当运动热度最高时，可以举全社会各部分之人人，悉参加于此运动。[4]

可见，社会思潮是在一定的时代背景下孕育和发展起来的，具备三个基本要素：一是社会思潮具有广泛的社会心理基础；二是社会思潮具有一定的理论

---

① 《普列汉诺夫哲学著作选集》第 2 卷，生活·读书·新知三联书店 1961 年版，第 273 页。

② 《普列汉诺夫哲学著作选集》第 3 卷，生活·读书·新知三联书店 1961 年版，第 196 页。

③ 《普列汉诺夫哲学著作选集》第 2 卷，生活·读书·新知三联书店 1961 年版，第 272 页。

④ 梁启超：《清代学术概论》，东方出版社 1996 年版，第 1～2、60 页。

形态；三是社会思潮作为一种群众性的运动，同时也包含思想运动要素。社会思潮的这三个构成要素相互联系、彼此制约。思想体系要素是社会思潮的核心，社会心理要素是社会思潮得以形成的重要心理基础，思想运动因素是社会思潮外在的表现形式，三者构成一个统一的有机整体。所以社会思潮是指在一定时期内，反映某一阶级(或阶层)的利益和要求、得到广泛传播并对社会生活产生某种影响的思想潮流。它从一定层面反映社会生活的变化，对社会发展和人们的精神信念产生不同程度甚至不同性质的影响。从性质上讲，既有顺应历史发展的正确思潮，也有与历史发展相悖的错误思潮。

社会思潮与意识形态同属于社会意识现象，二者既相互区别，又相互联系。

构成要素不同

社会思潮是社会心理、思想体系和思想运动三者的统一体，而意识形态只是一种比较系统的理论体系，并不包括社会心理因素和思想运动因素。就文艺复兴运动时期的人文主义思潮来说，其兴起和广泛传播建立在推翻封建专制统治、赞扬资本主义生产方式的基础之上。当时蔓延着一股反对封建贵族及其政权，颂扬资本主义的自由商品经济的社会心理，这种社会心理也推动资产阶级思想家从理论上论证了人的平等和自由。培根的《新工具论》、霍布斯的《利维坦》、笛卡尔的《哲学原理》、莱布尼茨的《单子论》、洛克的《政府论》、贝克莱的《人类知识原理》、休谟的《人性论》等都是试图破解有关人的奥秘的人文主义学说，旨在把人从虚幻天国的奴役下解放出来，崇尚真实、自然的人道主义。资产阶级将这些社会心理、思想体系和思想运动进行提升，通过资本主义政权的认可和宣传，将之理论化、系统化，成为资本主义的社会意识形态。美国 1776 年的《独立宣言》、法国 1789 年的《人权和公民权宣言》等都是资本主义社会意识形态的典型表达。可见，社会意识形态是社会思潮的"内核"，而社会思潮却是社会意识形态的"外壳"。

发展方式不同

社会思潮基本上是沿着阶梯方式进行的，而意识形态总是通过统治力量向社会传播和扩散，以不断扩大自己的影响范围。就资产阶级上升时期所主张的科学主义思潮来说，其广泛传播和迅速为时代所认可，正是建立在人文主义思潮兴盛这一历史背景之中。由人文主义思潮向科学主义思潮的发展，正好体现了资本主义社会思潮沿着阶梯方式进行的趋势。在西方，16、17 世纪出现了许多科学巨匠，大家耳熟能详的哥白尼、开普勒、伽利略和牛顿都位列其中。他们通过探究自然界的奥秘，把客观的规律和法则深深地植入了人类的心灵之中。而社会意识形态则是通过统治阶级的宣传和主张来占领人们思想的。当时的科学主义思潮就是在资产阶级宣扬的资本主义精神和人文主义思潮中，为资产阶级政权的建立和不断发展服务的。航海家哥伦布在西班牙政府的支持下发现新大陆，进而推动资本主义在全球的扩张，就体现了这样的发展过程。

社会影响不同

意识形态属于社会的观念上层建筑，是占统治地位的经济基础和政治上层建筑在观念上的反映。社会和国家的活动与秩序是以主流意识形态为支撑的。社会主义核心价值观就是党在主导社会思潮中坚持的当代中国主流意识形态的重要内容。这是因为社会主义核心价值观是"以人为本"的价值观，体现了社会主义社会的人民主体性。人民是社会主义国家的主人，当然在观念上就拥有当家作主的意识。社会主义核心价值观反映了"以人为本"的价值取向，从而在观念上层建筑确立了"人民当家作主"的历史地位。而各种社会思潮则为意识形态发展提供思想材料，同时也反映了意识形态的丰富性、复杂性和斗争性，并使主流意识形态得到补充和完善。

关于社会思潮所体现出的意识形态属性，法国马克思主义学者阿尔都塞认为：

> 如果 ISAs（意识形态国家机器）通过意识形态起重大而又突出的"作用"，那么将它们的多样性统一起来的正是在主导意识形态（这是"统治阶级的"意识形态）之下的这种作用，只要它们通过其起作用的意识形态，尽管存在多样性与各种矛盾，实际上永远是统一的。考虑到"统治阶级"原则上掌握国家权力（公开地或者更常常地依靠阶级或阶级构成部分之间的联合），并因此控制（强制性的）国家机器，我们便能够接受这个事实：这同一个统治阶级活跃于意识形态国家机器，只要它最终是在意识形态国家机器中（严格地说是在其矛盾中）实现的主导意识形态。当然，（强制性的）国家机器通过法律和政令治理，与在意识形态国家机器通过主导意识形态的中介"治理"是完全不一样的。①

基于社会主义意识形态，我们应坚持"百花齐放、百家争鸣"的方针，以"和而不同""求同存异"的态度对待各种社会思潮。凡是维护和促进社会生产力

---

① 〔法〕路易·阿尔都塞：《意识形态与意识形态国家机器》，见〔斯洛文尼亚〕斯拉沃热·齐泽克等：《图绘意识形态》，方杰译，南京大学出版社 2002 年版，第 148 页。

发展的社会思潮就是进步的社会思潮，需要我们用包容的精神对待；而破坏或阻碍社会生产力发展的社会思潮就是落后的社会思潮，则需要我们加以引导使之向正确的方向发展。这就是运用马克思主义辩证法对各种社会思潮进行分析和鉴别，吸收积极的、有价值的思想因素，从而不断推动社会主流意识形态的完善和发展。社会主流意识形态作为社会存在的自觉的理论化的观念形式，是经过长时期的反映过程而形成的，是改变现实社会的精神支撑和观念动力。现实生活中的政治法律思想、道德、宗教、艺术、哲学和科学等都是为不断完善社会主流意识形态服务的。

同时，我们更要坚决抵制、消除社会思潮中的不利因素与消极影响，切实维护国家文化安全。社会思潮中既有先进和落后的表现形式，又有正确和错误的发展趋势。我们要善于判断哪些社会思潮与社会主流意识形态相一致，而哪些社会思潮是不利于维护国家文化安全的。判断和纠正的标准，一是要考虑到社会思潮主体的情感需要，否则就会不合情理；二是要考虑到社会思潮主体的物质生活需要，否则就会不合常理。我们一定要坚决抵制社会思潮中的不利因素，但需要坚持适用原则，不能用一种错误的社会思潮掩盖另一种错误的社会思潮。社会思潮中往往蕴含着现实社会的经济和政治矛盾，只有不断展开调查，发现问题所在，致力于解决这些问题，才能切实维护国家意识形态安全。可以说，社会思潮是社会意识气候的"晴雨表"和"风向仪"，而国家意识形态和文化安全方面的工作就是社会意识气候的"调节器"。

2. 社会思潮反映了社会心理的症候

从形成机理上讲，社会思潮以特定社会历史条件下的群体社会心理为基础，是社会心理症候的反映，是各种社会心理要素共同起作用的结果。所谓社会心理，是一定时期社会大众所持有的某种共同思想意识和心理状态，是人们在社会生活中所形成的态度、意见、情绪、观点的总和，主要包括社会潜意识、社会人格、社会心态、社会从众等各个方面。其中，社会潜意识是对于缺乏公开表达条件的各种社会心理因素的概括和反映；社会人格是社会某一群体的成员所共有的人格结构，是该群体绝大多数人的性格结构的基本核心；社会心态是指特定的时间内能够影响社会群体的认知、情感并能表征社会群体真实心境状态、思想倾向等各种宏观心理现象的总和，是社会情绪的重要表征；社会从众是指由于他人思想或行为的影响而做出的自我思想或行为的改变，包括顺从、接纳、遵从、模仿等多种形式。

社会思潮的产生和发展依赖于社会心理机制的激活。所谓社会心理机制，是指在引起某种社会心理的多种因素的共同作用下所形成的、受一定规律支配的、具有内在联系和互动关系的社会心理体系。它与社会舆论的形成、社会大众共同的价值趋向和心理期望等一系列社会现实问题紧密关联。而社会心理机制的激活又是社会潜意识、社会人格、社会心态和社会从众等心理要素共同起作用的结果。

人们注意到，20世纪以来，有强烈政治意味的社会思潮大体可以划分为自由、保守、激进三大派别，但这种划分法似乎并不能简单运用于现实社会中民众的意识形态。美国思想家丹尼尔·贝尔曾提出所谓"意识形态终结论"，他认为，在西方，大家已经达成了这样的共识，即普遍地"接受福利国家、权力分散、混合经济和多元政治概念。在此意义上，意识形态的论争时代业已结束"。根据这个判断，可以将"终结"理解为并不是不存在意识形态的争论，而是大家都有一个共同认可的核心，即首先接受中间状态，然后偏左或偏右，或者说激进的思想被抛弃了，自由或保守的思想得以保留。这个判断主要针对现实生活，尽管仍然有激进派，但欧美各主流政党却不再纠缠于"主义"的争论，他们的纲领越来越趋同，不同的往往只是对于某些议题的观点。虽然进入21世纪，随着移民问题凸显，一些极右政党趁势兴起，但其影响力仍有待观察。由于选民的意识形态状况，激进政党在"第二次世界大战"以后从未赢得政权。至于民众究竟持有什么样的意识形态，却存在很大争议。（1）作为社会心理的一部分，社会潜意识决定了社会思潮的基本特征。社会思潮的社会性和群体性由社会潜意识决定，社会思潮的非主流性也由社会潜意识决定，社会思潮的时代性和民族性也由社会潜意识决定。社会潜意识通常以倾向较为一致的议论、评价等形式表现出来。一般而言，社会潜意识处于社会思潮的感性阶段，它所揭示的社会群体心理潜意识与社会现象之间的价值关系往往是浅层次的。在社会潜意识中，社会谣言最能典型地反映出社会潜意识对社会思潮的深刻影响。（2）社会人格与心态规定了社会思潮的呈现形态。社会思潮呈现出多种样态，从社会心理机制发生作用的角度来看，是社会人格与社会心态共同作用的结果。社会人格使得人们在交往和互动的过程中呈现出群体极化的特点，社会心态则直接表征了群体成员的社会情绪，反映了一定社会群体的心理状况和总体思想倾向。（3）社会从众心理影响了社会思潮的传播广度。任何一种社会思潮的产生和发展都离不开广泛的群众基础。社会思潮的传播，在很大程度上受到社会从众心理的深刻影响。一种思想需要经过社会大众的接受、认同和传播才能最终成为社会思潮。社会思潮通过自身所反映的思想观念和代表的利益诉求，吸引了大量社会民众的接受和传播，从而不断扩大自身的社会影响力。

值得一提的是，社会从众心理往往与社会思潮引起的群体心理共鸣联系在一起。这种共鸣首先是由人们的利益以及对利益的追求而产生的内心意愿引起的。人们以自身利益为标准对某种社会现象或某类社会事件有着一致的想法，就会引发不同个体、不同群体之间的共鸣。有时候，这种共鸣会很强烈，以至于颠覆了人们以前的观念。其次是社会思潮往往伴有较强的社会从众心理。这种社会从众心理表达了人们心中不敢表达的普遍看法，因为其与人们的内心想法一致，从而引起了普遍的心理共鸣。由此可知，社会心理既是社会思潮产生和发展的前提，同时也是社会思潮的必备因素。倘若缺乏一定的社会心理基础，人们就不可能产生具有同一性的情感机制，社会思潮也就丧失了发生与发展的社会群体基础。正如梁启超所指出的："无论何种政治何种思想，皆建立在当时此地之社会心理的基础之上，而所谓大人物之言动，必与此社会心理发生因果关系者，始能成为史迹。"[①]正是因为有一定的社会心理作为基础，社会思潮才得以汇聚成流，从而产生广泛的社会影响。

3. 意识形态与社会思潮的"张力"

改革开放以来，中国的前途命运与人类文明、时代潮流和世界大趋势越来越密切地联系起来，这也促使我们抓紧协调推进"四个全面"战略布局，为实现"两个一百年"奋斗目标、实现中华民族伟大复兴的中国梦而努力奋斗。我们的意识形态和思想认识也不断从那些不合时宜的观念、做法和体制中解放出来，从对马克思主义的错误和教条式的理解中解放出来，从主观主义和形而上学的桎梏中解放出来。尤其是伴随着改革开放不断深化、经济体制深刻变革、社会结构深刻变动、利益格局深刻调整，思想观念也在发生深刻变化，意识形态建设必须满足国家的需要。作为经济社会基础多样化的反映，在主流意识形态之外，各种社会思潮相当活跃，这正是当代中国意识形态"分化"的写照，也对我国意识形态建设构成了一定的挑战。

资本主导的现代生产生活方式带来的挑战

现代化生产越来越倚重于资本的运作，使资本成为这个世界上最强势的"物化"力量。尽管人们时常重温马克思主义有关论述，但对资本逻辑的施展及其已经或可能出现的弊端往往缺乏足够的警惕。所谓"价值中立""工具理性"和效用(功利)主义往往使人们忽略了对为什么要这样做的价值追问，很容易使大

---

① 梁启超：《中国历史研究法》，人民出版社2008年版，第104页。

众相信科学技术的进步能够解决发展中的所有问题。而且，物质日益丰富和技术更新换代、生活标准的提升、消费观念的刷新，极大地改变了人们的生活方式和消费习惯。与此同时，通过各种手段刺激起来的消费欲望也在吞噬着劳动的快乐，淹没了人的精神向往和审美情趣。越是发达的地方，这种价值迷失的现象似乎也越严重。"（资本）赢家通吃""科学主义""消费主义"等隐蔽的思想观念不知不觉地影响着人们的思想和行为。

来自经济全球化"语境"下外来思想的挑战

苏联解体、东欧剧变以来，人们对苏联模式及其解体原因的思考一直没有停止。对于苏联解体原因大相径庭的解释，客观上表达了世界社会主义运动理论与实践的严重困惑。而对所谓"民主社会主义"的存在条件和已经出现的各种问题，及其是否适合包括中国在内的许多国家的现实国情等却被故意忽略了。在经济全球化过程中，新自由主义思想及其所推行的政策主张获得了相当大市场，并通过各种渠道产生了广泛影响，在我们的认知判断和价值取向上也留下了某种印记。凭借先进技术和话语权的优势，西方价值观念在世界各地广泛传播，地方性的民族认同和文化认同遭遇前所未有的危机，这也意外地成为某些极端势力的温床。21世纪初发生的"9·11"事件并没有使人们认清国际恐怖主义深层次的思想根源和精神力量，相反，民族主义、激进主义仍在发酵，不时以"反经济全球化""反西方""反精英"的形式表现出来。

本土各种非主流思潮带来的挑战

尽管主流意识形态不断强化宣传和引导力度，但国内各种非主流思潮不但没有偃旗息鼓，反而屡屡呛声。譬如，文化保守主义希望回归某种传统，刻意强调传统思想中某些与现代化精神格格不入的东西，并把它们当作抑制现代病、克服人心不古的"良药"；还有历史虚无主义，依托各种假设和隐晦的论证，明里暗里否定历史进程的必然性，否定中国现代化的艰难探索和中国革命的伟大意义，否定中国共产党的执政正当性，却无从提供更为合理的历史和现实解释。特别是在利益分化导致部分人群物质和精神失落的情况下，否定改革开放的社会思潮也悄然出现了，而且还有蔓延之势，并被包装以冠冕堂皇的名目；民粹主义鼓动平民化的狂欢和情绪化的宣泄，它们的旗号及激进主张往往也具有一定的煽动性和蛊惑性。

数字技术和网络传播方式带来的挑战

数字技术迅猛发展，代际周期越来越短促。网络已经成为大众尤其青年最重要的信息来源和交往途径。这种传播方式所具有的即时性、海量性、互动性、隐蔽性等特点，大大开阔了人们的视野，丰富了人们的精神生活，激活了人们的参与热情，也使有关公共话题的思维表达方式发生了很大变化。与此同时，网络传播的内容和形式也产生了许多新问题，特别是信息安全及管理有效性问题。信息选择的多样性和价值取向的多元化，在相当程度上冲击了主流意识形态的导向和控制力，弱化了大众尤其是青年对主流意识形态的认同；数字技术与网络传播的扁平化、虚拟化、娱乐化还不断"挤压"比较严肃的问题讨论，有意无意地"解构"社会主义核心价值观的话语体系。而且，网络强大的渗透功能，为各种势力的意识形态传播提供了技术条件，而我们对这些渗透的甄别和防御能力还相当有限，网络化条件下的意识形态建设难度不容低估。

我们要掌握主动权，增强主流意识形态的解释力、影响力、凝聚力，不能靠围追堵截、疲于应付，更不能罔顾现实、自说自话。确立当代中国马克思主义的主导地位和精神引领，并不排斥与各种社会思潮进行更广泛的交流、更积极的交融和更令人信服的交锋，这样才能使大众真诚服膺社会主义共同理想，为中国特色社会主义聚集起最大限度的共识，凝练经济全球化时代敢为天下先的民族创新精神，把社会主义核心价值观化为大众生活的道德实践，在公民教育中体现国家发展的意识形态诉求。

社会主义意识形态重在建设，作为社会主义意识形态的本质体现，"社会主义核心价值"的提出，意味着我们现在已经开始用更有亲和力、更具有包容性也更容易被接受的"观念＋体系"（ideology）来表达主流意识形态的内涵，以促进"统一指导思想、共同理想信念、强大精神力量、基本道德规范"的形成。但我们的意识形态建设依然有改进的空间，主要表现在主流话语与现实生活仍然有疏离感，说教色彩太浓，宣传教育仍然存在形式老套、内容僵化等问题，缺乏感召力、说服力。

在经济全球化背景下，我国政府不断深化改革、扩大开放，经济市场化、政治民主化、文化多样化和社会多元化的趋势亦愈发明显。个人主义、享乐主义、拜金主义、物质主义、消费主义等仍将继续活跃于社会生活的各个领域，不同程度地削弱国家意识形态的权威性；国内社会阶层的分化和利益格局的调整也将使社会意识形态呈现出更为复杂的态势，各种思想观念社会思潮对于国家发展的理解歧见在所难免，争论也无法回避，进而对国家意识形态的"引领"效果提出严峻考验；作为坚持以马克思主义为指导思想的社会主义大国，中国的崛起势必激发西方和周边某些势力遏制中国的合流企图，其中就包括意识形态领域的寻衅滋事，这种针对中国的意识形态压力绝不会轻易改变。我们必须看到，意识形态领域的斗争依然十分复杂，我们对这种斗争要保持高度警惕，丝毫不能松懈。

近年来，我们持久地批判了抹黑和歪曲、丑化党的历史、新中国的历史、中国革命史和诋毁、抹黑伟大领袖毛主席的历史虚无主义的错误思潮和言行，使得历史虚无主义思潮如过街老鼠、人人喊打，实际上打碎了几十年来西方敌对势力操纵资产阶级自由化势力、借助历史虚无主义思潮来颠覆新中国政权和破坏人民团结的阴谋。同时，我们还深入持续地批判了所谓"普世价值"的思潮，指出了它企图动摇党执政党思想理论基础的本质；我们持续批判了西方宪政民主思潮，指出了它企图否定党的领导、否定中国特色社会主义政治制度的本质；我们持续批判了所谓"公民社会"的思潮，揭露了它企图瓦解党执政的社会基础的本质；我们持续批判了新自由主义思潮，揭露了它企图改变我国基本经济制度的本质；我们持续批判了西方新闻观，指出了挑战我国党管媒体原则和新闻出版管理制度的本质；我们持续批判了质疑改革开放、质疑中国特色社会主义的社会主义性质的各种思潮，排除了这些错误思潮的干扰。批判错误思潮的斗争就是维护党的意识形态主导权和话语权的斗争，这是开展伟大斗争的一个重要组成部分。①

我们不仅要与各种错误思潮开展坚决斗争，更要建设好社会主义意识形态，建设好体现社会主义意识形态本质的社会主义核心价值体系。

面对来自各方面的挑战，我们必须沉着应对，不断吸收人类文明最新成果，不断开辟马克思主义中国化新境界。

坚持和发展马克思主义，必须同中国具体实际相结合。我们坚持以马克思主义为指导，是要运用其科学的世界观和方法论解决中国的问题，而不是要背诵和重复其具体结论和词句，更不能把马克思主义当成一成不变的教条。我们必须坚持解放思想、实事求是、与时俱进、求真务实，一切从实际出发，着眼解决新时代改革开放和社会主义现代化建设的实际问题，不断回答中国之问、世界之问、人民之问、时代之问，作出符合中国实际和时代要求的正确回答，得出符合客观规律的科学认识，形成与时俱进的理论成果，更好指导中国实践。

---

① 《坚持社会主义核心价值体系，建设社会主义文化强国——访清华大学马克思主义学院刘书林教授》，载《马克思主义研究》，2018(1)。

坚持和发展马克思主义，必须同中华优秀传统文化相结合。只有植根本国、本民族历史文化沃土，马克思主义真理之树才能根深叶茂。中华优秀传统文化源远流长、博大精深，是中华文明的智慧结晶，其中蕴含的天下为公、民为邦本、为政以德、革故鼎新、任人唯贤、天人合一、自强不息、厚德载物、讲信修睦、亲仁善邻等，是中国人民在长期生产生活中积累的宇宙观、天下观、社会观、道德观的重要体现，同科学社会主义价值观主张具有高度契合性。我们必须坚定历史自信、文化自信，坚持古为今用、推陈出新，把马克思主义思想精髓同中华优秀传统文化精华贯通起来、同人民群众日用而不觉的共同价值观念融通起来，不断赋予科学理论鲜明的中国特色，不断夯实马克思主义中国化时代化的历史基础和群众基础，让马克思主义在中国牢牢扎根。①

改革开放特别是21世纪以来，人们思想活动的独立性、选择性、多变性、差异性明显增强，生活方式与价值取向也日益多元化，传统的说教方式越来越难以奏效……国家意识形态如何实现思想领域的"最大公约数"，为全面深化改革开放和现代化国家发展凝聚起贯穿历史、现实与未来的精神动力，是我们必须认真对待的问题。意识形态建设要认真吸取、借鉴有关经验教训，促进意识形态建设的综合创新，特别是要处理好意识形态建设中"常"与"变"的关系，包括稳定性与开放性、坚定性与灵活性、统一性与多样性、先进性与广泛性的关系等，努力形成内容更加充实、表达更具活力、效果更为显著的意识形态体系，使之成为引导全国各族人民不断前进的坚强思想保证、强大精神力量、丰润道德滋养。

从总体上讲，我国意识形态工作形势与经济社会发展形势是一致的。我们现在的意识形态工作正处于黄金发展期，主要表现在：我们的理论创新硕果累累；我们的理论武装工作效果卓著；我们的宣传思想工作方式不断改进；我们的文化体制改革也初见成效。但同时也要看到，我们的意识形态工作仍处于矛盾凸显期，还面临很多新问题、新挑战：在是否坚持马克思主义的问题上，明里暗里的思想较量一直没有停止过；理论宣传和实际效果之间有比较严重的脱节；在深化改革的方向和途径上存在着激烈的交锋；思想政治教育在大众，特别是青年人群中吸引力不强；体制外民众的思想活动和思想工作存在空白点；

---

① 习近平：《高举中国特色社会主义伟大旗帜　为全面建设社会主义现代化国家而团结奋斗——在中国共产党第二十次全国代表大会上的报告(2022 年 10 月 16 日)》，人民出版社 2022 年版，第 17～18 页。

宣传思想工作的方式方法还比较陈旧；等等。另外，民族宗教领域的意识形态斗争、国际交往领域的意识形态斗争也出现了新的情况。一些西方大国把中国作为意识形态斗争的主要敌人，它们依托其经济和技术力量不断强化文化软实力，对我国进行思想文化渗透，还打着"学术研究的科学性""新闻报道的客观性""文艺作品的娱乐性"等幌子来推销和兜售其意识形态。

习近平总书记指出，意识形态工作一定要把围绕中心工作、服务大局作为基本职责，胸怀大局、把握大势、着眼大事，找准工作切入点和着力点，做到因势而谋，应势而动，顺势而为。要做到"因势而谋"，就要深入研究把握社会思潮的规律和特点，找准意识形态工作的切入点和着力点；要做到"应势而动"，就要积极探索应对社会思潮的新举措、新办法，不断增强意识形态建设主动性；要做到"顺势而为"，就要以尊重差异，包容多样的态度引领社会思潮，做好意识形态引导和管理工作。

第一，深入研究多样化社会思潮发展之"势"。在"因势而谋"上下功夫，这是意识形态工作的切入点和着力点。随着科技的进步和社会的发展，互联网对现代人生活方式、思维方式、行为方式的影响在不断加大。互联网不仅成为舆论的"主阵地"，而且是意识形态工作面临的"最大变量"。当前，社会思潮倾向于利用互联网来传播。虚拟、开放的网络传播方式在客观上为社会思潮的传播提供了"温床"，使之朝着"网络化"的方向发展，但同时也增大了意识形态工作的难度。对此，习近平总书记指出，互联网的快速发展正在深刻改变着社会结构、社会关系，网络化生存、网络化生活成为常态，一些网民跨越地域随时随地联系互动、讨论问题、频频发出各种声音，影响公共事务，造成公共事件，进一步增加了社会治理和意识形态工作的难度。依托网络传播的社会思潮给意识形态工作带来不少的挑战，主要表现在以下几个方面：一是某些社会思潮利用网络的互动性特点随意发表不当言论，增加了意识形态工作的管控难度；二是某些社会思潮利用网络的开放性特点蓄意传播西方资本主义价值观念，增加了意识形态工作的防范难度；三是某些社会思潮利用网络的匿名性特点恶意放大社会问题，增加了意识形态工作的引导难度。这就需要我们更加积极主动地研究社会思潮的传播特点，有针对性地做好网络意识形态工作。

第二，积极探索应对社会思潮的新举措、新思路。习近平总书记指出，做好宣传思想工作，比以往任何时候都更需要创新。意识形态工作的创新重在理念创新、手段创新和基层工作创新。要"保持思想的敏锐性和开放度"，思想的敏锐性首先来自政治上的敏锐性，立场要稳，政治立场要坚定，这是保持思想敏锐性的前提和基础。其次还需要一种透过现象看本质的内在功力，要运用马克思主义的立场、观点和方法来分析纷繁复杂的社会历史现象，抓住事物发展的本质和特点。而所谓"保持思想的开放度"，就是要"打破思维定式"，尤其要打破居高临下的"定式"。我们说，开展思想政治工作的最好方式是"心与心的交流"，只有达到入心入脑的效果才能使人心悦诚服，接受我们所传递的信息，才能最终解决思想上的"扣子"。

第三，以尊重差异包容多样的态度引领社会思潮。我们要善于利用社会思潮自身的特点，因势利导，使之能够在"巩固马克思主义在意识形态领域的指导地位，巩固全党全国人民团结奋斗的共同思想基础"中发挥积极作用。马克思主义与"尊重差异，包容多样"的文化态度并不矛盾。恩格斯在1889年给特里尔的信中明确指出："难道我们要求别人给自己以言论自由，仅仅是为了在我们自己队伍中又消灭言论自由吗？"[1]毛泽东也曾说："我认为这种自由谈论，不应当去禁止。这是对学术思想的不同意见，什么人都可以谈论，无所谓损害威信。"[2]习近平也提出："对群众正常、合理、善意的批评和监督，不论多么尖锐，我们都欢迎，都不要不高兴，都不要压制，不仅要欢迎，而且要认真听取、切实加以改正。同时，要讲清楚一个道理，对待问题必须持正确态度，不能遇到一些问题就全盘否定自己的道路、理论、制度，就全盘否定自己的历史和奋斗。"[3]

第四，处理好"正面宣传"和"舆论斗争"的关系。习近平总书记指出，坚持团结稳定鼓劲、正面宣传为主，是宣传思想工作必须遵循的重要方针。他同时指出，在事关大是大非和政治原则的问题上，我们必须增强主动性、掌握主动权、打好主动仗，帮助干部群众划清是非界限、澄清模糊认识。为此，我们必须正确认识意识形态工作中建设性和批判性的关系，把正面宣传和舆论斗争统一起来。正面宣传和舆论斗争的关系是做好意识形态工作必须正确处理的一个重要关系。其中，"正面宣传"体现了意识形态的建设性，而"舆论斗争"则体现了意识形态的批判性，它们是意识形态工作中相互统一、不可分割的两个方面。社会主义意识形态是能够反映社会主义的经济和政治并为其服务的思想文化，维护社会主义的基本经济制度、根本政治制度和国家政权，是由其本质决定的基本功能。维护社会主义意识形态与批判资本主义、封建主义，在建设社会主义的过程中实现了统一。

---

① 《马克思恩格斯文集》第10卷，人民出版社2009年版，第580页。
② 《毛泽东文集》第7卷，人民出版社1999年版，第9页。
③ 《习近平新闻思想讲义（2018年版）》，人民出版社、学习出版社2018年版，第89页。

第五，处理好"一"和"多"的关系。我们既要坚定马克思主义的一元指导地位，同时也要全面贯彻"二为"方向和"双百"方针。在国家意识形态层面，我们必须旗帜鲜明地坚持马克思主义的"一元指导"。马克思主义的一元指导地位不可动摇，任何时候都不能搞指导思想的多元化。我们在坚持"百花齐放、百家争鸣"方针的同时，更要坚持"以人民为中心"的立场，坚持为人民服务、为社会主义服务的方向。多元化思想文化观念在实现自身发展的同时，更重要的是要"为人民提供更好更多的精神食粮"，要在推动社会主义文化大发展大繁荣的过程中发挥积极的作用。在个人精神生活层面，我们应该包容多样化的精神追求。人既追求自由的发展，同时也追求全面的发展，而"自由而全面的发展"必定是多样化的内涵式发展。这应该成为我们处理"一元"与"多元"关系的基本态度。

重要论述 2

资产阶级，由于开拓了世界市场，使一切国家的生产和消费都成为世界性的了。使反动派大为惋惜的是，资产阶级挖掉了工业脚下的民族基础。古老的民族工业被消灭了，并且每天都还在被消灭。它们被新的工业排挤掉了，新的工业的建立已经成为一切文明民族的生命攸关的问题；这些工业所加工的，已经不是本地的原料，而是来自极其遥远的地区的原料；它们的产品不仅供本国消费，而且同时供世界各地消费。旧的、靠本国产品来满足的需要，被新的、要靠极其遥远的国家和地带的产品来满足的需要所代替了。过去那种地方的和民族的自给自足和闭关自守状态，被各民族的各方面的互相往来和各方面的互相依赖所代替了。物质的生产是如此，精神的生产也是如此。各民族的精神产品成了公共的财产。民族的片面性和局限性日益成为不可能，于是由许多种民族的和地方的文学形成了一种世界的文学。

资产阶级，由于一切生产工具的迅速改进，由于交通的极其便利，把一切民族甚至最野蛮的民族都卷到文明中来了。它的商品的低廉价格，是它用来摧毁一切万里长城、征服野蛮人最顽强的仇外心理的重炮。它迫使一切民族——如果它们不想灭亡的话——采用资产阶级的生产方式；它迫使它们在自己那里推行所谓的文明，即变成资产者。一句话，它按照自己的面貌为自己创造出一个世界。

资产阶级使农村屈服于城市的统治。它创立了巨大的城市，使城市人口比农村人口大大增加起来，因而使很大一部分居民脱离了农村生活的愚昧状态。正像它使农村从属于城市一样，它使未开化和半开化的国家从属于文明的国家，使农民的民族从属于资产阶级的民族，使东方从属于西方。

——马克思、恩格斯：《共产党宣言》，见《马克思恩格斯文集》第2卷，人民出版社2009年版，第35~36页。

要研究精神生产和物质生产之间的联系，首先必须把这种物质生产本身不是当作一般范畴来考察，而是从**一定的历史的**形式来考察。例如，与资本主义生产方式相适应的精神生产，就和与中世纪生产方式相适应的精神生产不同。如果物质生产本身不从它的**特殊的历史的**形式来看，那就不可能理解与它相适应的精神生产的特征以及这两种生产的相互作用。这样也就不能超出庸俗的见解。这都是因为"文明"的空话引起的。

其次，从物质生产的一定形式产生：第一，一定的社会结构；第二，人对自然的一定关系。人们的国家制度和人们的观念由这两者决定，因而，人们的精神生产的方式也由这两者决定。

最后，施托尔希所理解的精神生产，还包括专门执行社会职能的统治阶级的各种职业活动。这些阶层的存在以及他们的职能，只有根据他们生产关系的一定的历史结构才能够理解。

因为施托尔希不是**历史地**考察物质生产本身，他把物质生产当作一般的物质财富的生产来考察，而不是当作这种生产的一定的、历史地发展的和特殊的形式来考察，所以他就抽去了自己立足的基础，而只有在这种基础上，才能够既理解统治阶级的意识形态组成部分，也理解这种一定社会形态的自由的精神生产。他没有能够超出泛泛的毫无内容的空谈。而且，这种关系本身也完全不像他原先设想的那样简单。例如，资本主义生产就同某些精神生产部门如艺术和诗歌相敌对。

——马克思：《剩余价值理论》，见《马克思恩格斯全集》第33卷，人民出版社2004年版，第346页。

前一个时期使那些几辈子、几世纪以来一直不关心政治问题、不过问政治问题的居民阶层受到了极其剧烈的震动，这就自然而然地、不可避免地要产生"重新估计一切价值"，重新研究各种基本问题，重新注意理论，注意基本常识和初步知识的趋向。千百万人骤然从长梦中觉醒过来，一下子碰到许多极其重要的问题，他们不能在这个高度长久地坚持下去，他们不能不停顿一下，不能不回头去研究基本问题，不能不做一番新的准备工作，这有助于"消化"那些极其深刻的教训，使无比广大的群众能够更坚决、更自觉、更自信、更坚定地再向前进。

历史发展的辩证法就是这样：前一时期的迫切任务是在国内生活的各方面实现直接改革，后一时期的迫切任务是总结经验，使更广大的阶层掌握这种经验，使这种经验深入到所谓底层，深入到各阶级的落后群众中去。

正因为马克思主义不是死的教条，不是什么一成不变的学说，而是活的行动指南，所以它就不能不反映社会生活条件的异常剧烈的变化。这种变化的反映就是深刻的瓦解、混乱、各种各样的动摇，总而言之，就是马克思主义运动的极端严重的**内部**危机。坚决地反对这种瓦解，为捍卫马克思主义**基础**而进行坚决顽强的斗争，又成为当前的迫切任务了。在规定自己的任务时不能离开马克思主义的那些阶级的最广大阶层，在前一时期极片面地、极反常地领会了马克思主义，死记硬背了某些"口号"和某些策略问题的答案，而并**不理解**这些答案中的马克思主义的准则。在社会生活各方面"重新估计一切价值"，结果就引起了对马克思主义的最抽象和最一般的哲学基本原理的"修正"。

——列宁：《论马克思主义历史发展中的几个特点》，见《列宁专题文集·论马克思主义》，人民出版社 2009 年版，第 160～161 页。

百花齐放、百家争鸣这两个口号，就字面看，是没有阶级性的，无产阶级可以利用它们，资产阶级也可以利用它们，其他的人们也可以利用它们。所谓香花和毒草，各个阶级、阶层和社会集团也有各自的看法。那末，从广大人民群众的观点看来，究竟什么是我们今天辨别香花和毒草的标准呢？在我国人民的政治生活中，应当怎样来判断我们的言论和行动的是非呢？我们以为，根据我国的宪法的原则，根据我国最大多数人民的意志和我国各党派历次宣布的共同的政治主张，这种标准可以大致规定如下：（一）有利于团结全国各族人民，而不是分裂人民；（二）有利于社会主义改造和社会主义建设，而不是不利于社会主义改造和社会主义建设；（三）有利于巩固人民民主专政，而不是破坏或者削弱这个专政；（四）有利于巩固民主集中制，而不是破坏或者削弱这个制度；（五）有利于巩固共产党的领导，而不是摆脱或者削弱这种领导；（六）有利于社会主义的国际团结和全世界爱好和平人民的国际团结，而不是有损于这些团结。这六条标准中，最重要的是社会主义道路和党的领导两条。提出这些标准，是为了帮助人民发展对于各种问题的自由讨论，而不是为了妨碍这种讨论。不赞成这些标准的人们仍然可以提出自己的意见来辩论。但是大多数人有了明确的标准, 就可以使批评和自我批评沿着正确的轨道前进, 就可以用这些标准去鉴别人们的言论行动是否正确, 究竟是香花还是毒草。这是一些政治标准。为了鉴别科学论点的正确或者错误, 艺术作品的艺术水准如何, 当然还需要一些各自的标准。但是这六条政治标准对于任何科学艺术的活动也都是适用的。在我国这样的社会主义国家里, 难道有什么有益的科学艺术活动会违反这几条政治标准的吗?

——毛泽东:《关于正确处理人民内部矛盾的问题》, 见《毛泽东文集》第 7 卷, 人民出版社 1999 年版, 第 233～234 页。

对于现代西方资产阶级文化, 我们究竟应当采取什么态度呢? 经济上实行对外开放的方针, 是正确的, 要长期坚持。对外文化交流也要长期发展。经济方面我们采取两手政策, 既要开放, 又不能盲目地无计划无选择地引进, 更不能不对资本主义的腐蚀性影响进行坚决的抵制和斗争。为什么在文化范围的交流, 反倒可以让资本主义文化中对我们有害的东西畅行无阻呢? 我们要向资本主义发达国家学习先进的科学、技术、经营管理方法以及其他一切对我们有益的知识和文化, 闭关自守、故步自封是愚蠢的。但是, 属于文化领域的东西, 一定要用马克思主义对它们的思想内容和表现方法进行分析、鉴别和批判。西方如今仍然有不少正直进步的学者、作家、艺术家在进行各种严肃的有价值的著作和创作, 他们的作品我们当然要着重介绍。但是, 现在有些同志对于西方各种哲学的、经济学的、社会政治的和文学艺术的思潮, 不分析、不鉴别、不批判, 而是一窝蜂地盲目推崇。对于西方学术文化的介绍如此混乱, 以至连一些在西方国家也认为低级庸俗或有害的书籍、电影、音乐、舞蹈以及录像、录音, 这几年也输入不少。这种用西方资产阶级没落文化来腐蚀青年的状况, 再也不能容忍了。

……目前社会上的种种消极现象、歪风邪气、犯罪行为, 以及一些人反社会主义的敌对活动, 它们的产生有多方面的原因, 当然不能都归咎于思想战线的混乱。但是, 确实不能低估思想战线混乱造成的影响。不是都拥护实践是检验真理的唯一标准吗? 一些同志应当看看他们的错误言论、有害作品、低级表演在人民、在青年中间产生了什么影响、什么后果嘛。一些正直的、友好的外国人士为此而替我们担心。当然也有人叫好。在大陆有人叫好, 在台湾、香港和某些外国也有人叫好。奉劝这些同志在有人叫好的时候想一想: 究竟是什么人站在什么立场上叫好, 为了什么目的叫好, 也用实践检验一下嘛。不要以为有一点精神污染不算什么, 值不得大惊小怪。有的现象可能短期内看不出多大坏处。但是如果我们不及时注意和采取坚定的措施加以制止，而任其自由泛滥，就会影响更多的人走上邪路，后果就可能非常严重。从长远来看，这个问题关系到我们的事业将由什么样的一代人来接班，关系到党和国家的命运和前途。

——邓小平：《党在组织战线和思想战线上的迫切任务》，见《邓小平文选》第 3 卷，人民出版社 1993 年版，第 43～45 页。

第三个问题，关于如何认识我国社会主义改革实践过程对人们思想的影响。党的十一届三中全会以来，我们实行改革开放，发展社会主义市场经济，推进两个根本性转变，进一步解放和发展我国社会主义社会的生产力，这场深刻的社会变革，必然会引起人们精神世界的深刻变化。

这一点，我们党在改革开放初期就估计到了。改革开放和现代化建设，带来了经济的快速发展和社会的巨大进步，增强了人们的竞争意识、效率意识、民主法制意识、开拓创新精神，为我们做好思想政治工作创造了更好的物质条件和精神条件。同时，由于社会经济成分、组织形式、就业方式、利益关系和分配方式日益多样化，人们思想活动的独立性、选择性、多变性、差异性明显增加；市场经济活动存在的弱点及其带来的消极影响，反映到人们的思想意识和人与人关系上来，容易诱发自由主义、分散主义和拜金主义、享乐主义、利己主义；人民内部矛盾的内容和表现形式也出现了许多新的情况。我们实行对外开放，有利于人们开阔眼界、增加见识、活跃思想，但国外资产阶级腐朽思想文化也会乘机而入。我国社会长期存在的封建主义残余思想包括封建迷信和愚昧落后的思想观念，在新的历史条件下也会沉渣泛起。社会存在发生的变化，反映到人们的头脑中来，必然引起思想意识的相应变化。

在我们进行改革的过程中，人们思想活跃，各种观念大量涌现，正确的思想和错误的思想相互交织，进步的观念和落后的观念相互影响，这是难以避免的。党的思想政治工作的一项重要任务，就是要引导干部群众分清主流和支流、分清正确和谬误。在当代中国，以马克思主义为指导的正确的进步的思想观念是整个社会思想的主流，这是毫无疑义的。而违反马克思主义的错误的落后的思想观念，尽管是支流，也必须认真对待。如果任其发展，就会造成极大的社会危害。有些错误思潮的滋生蔓延，往往就始于我们对支流的忽视，最后不得不用很大气力去解决。这方面的教训不可忘记。越是变革时期，越要警惕各种错误思想观念的发生及其给人们带来的消极影响，我们党的思想政治工作越要加强和改进。

——江泽民:《在中央思想政治工作会议上的讲话》,见《江泽民文选》第3卷,人民出版社2006年版,第81~82页。

全面建成惠及十几亿人口的更高水平的小康社会,既要让人民过上殷实富足的物质生活,又要让人民享有健康丰富的文化生活。我们必须抓住和用好我国发展的重要战略机遇期,在坚持以经济建设为中心的同时,自觉把文化繁荣发展作为坚持发展是硬道理、发展是党执政兴国第一要务的重要内容,作为深入贯彻落实科学发展观的一个基本要求,进一步推动文化建设与经济建设、政治建设、社会建设以及生态文明建设协调发展,更好满足人民精神需求、丰富人民精神世界、增强人民精神力量,为继续解放思想、坚持改革开放、推动科学发展、促进社会和谐提供坚强思想保证、强大精神动力、有力舆论支持、良好文化条件。

我国文化领域正在发生广泛而深刻的变革,推动文化大发展大繁荣既具备许多有利条件,也面临一系列新情况新问题。我国文化发展同经济社会发展和人民日益增长的精神文化需求还不完全适应,突出矛盾和问题主要是:一些地方和单位对文化建设重要性、必要性、紧迫性认识不够,文化在推动全民族文明素质提高中的作用亟待加强;一些领域道德失范、诚信缺失,一些社会成员人生观、价值观扭曲,用社会主义核心价值体系引领社会思潮更为紧迫,巩固全党全国各族人民团结奋斗的共同思想道德基础任务繁重;舆论引导能力需要提高,网络建设和管理亟待加强和改进;有影响的精品力作还不够多,文化产品创作生产引导力度需要加大;公共文化服务体系不健全,城乡、区域文化发展不平衡;文化产业规模不大、结构不合理,束缚文化生产力发展的体制机制问题尚未根本解决;文化走出去较为薄弱,中华文化国际影响力需要进一步增强;文化人才队伍建设急需加强。推进文化改革发展,必须抓紧解决这些矛盾和问题。

——《中共中央关于深化文化体制改革推动社会主义文化大发展大繁荣若干重大问题的决定》,载《人民日报》,2011-10-26。

要学习掌握世界统一于物质、物质决定意识的原理,坚持从客观实际出发制定政策、推动工作。当代中国最大的客观实际,就是我国仍处于并将长期处于社会主义初级阶段,这是我们认识当下、规划未来、制定政策、推进事业的客观基点,不能脱离这个基点。既要看到社会主义初级阶段基本国情没有变,也要看到我国经济社会发展每个阶段呈现出来的新特点。经过30多年改革开放，我国社会生产力、综合国力、人民生活水平实现了历史性跨越，我国基本国情的内涵不断发生变化，我们面临的国际国内风险、面临的难题也发生了重要变化。我们提出要准确把握、主动适应经济发展新常态，就是适应国际国内环境变化、辩证分析我国经济发展阶段性特征作出的判断。准确把握我国不同发展阶段的新变化新特点，使主观世界更好符合客观实际，按照实际决定工作方针，这是我们必须牢牢记住的工作方法。辩证唯物主义并不否认意识对物质的反作用，而是认为这种反作用有时是十分巨大的。我们党始终把思想建设放在党的建设第一位，强调"革命理想高于天"，就是精神变物质、物质变精神的辩证法。我们必须毫不放松理想信念教育、思想道德建设、意识形态工作，大力培育和弘扬社会主义核心价值观，用富有时代气息的中国精神凝聚中国力量。

…………

要学习掌握唯物辩证法的根本方法，不断增强辩证思维能力，提高驾驭复杂局面、处理复杂问题的本领。我们的事业越是向纵深发展，就越要不断增强辩证思维能力。当前，我国社会各种利益关系十分复杂，这就要求我们善于处理局部和全局、当前和长远、重点和非重点的关系，在权衡利弊中趋利避害、作出最为有利的战略抉择。全面深化改革，要突出改革的系统性、整体性、协同性，使改革成果更多更公平惠及全体人民。要反对形而上学的思想方法，看形势做工作不能盲人摸象、坐井观天、揠苗助长、削足适履、画蛇添足。要加强调查研究，坚持发展地而不是静止地、全面地而不是片面地、系统地而不是零散地、普遍联系地而不是单一孤立地观察事物，准确把握客观实际，真正掌握规律，妥善处理各种重大关系。

——《习近平在中共中央政治局第二十次集体学习时强调　坚持运用辩证唯物主义世界观方法论　提高解决我国改革发展基本问题本领》，载《人民日报》，2015-01-25。

马克思主义进入中国，既引发了中华文明深刻变革，也走过了一个逐步中国化的过程。在革命、建设、改革各个历史时期，我们党坚持马克思主义基本原理同中国具体实际相结合，运用马克思主义立场、观点、方法研究解决各种重大理论和实践问题，不断推进马克思主义中国化，产生了毛泽东思想、邓小平理论、"三个代表"重要思想、科学发展观等重大成果，指导党和人民取得了新民主主义革命、社会主义革命和社会主义建设、改革开放的伟大成就。我国哲学社会科学坚持以马克思主义为指导，是近代以来我国发展历程赋予的规定性和必然性。在我国，不坚持以马克思主义为指导，哲学社会科学就会失去灵魂、迷失方向，最终也不能发挥应有作用。正所谓"夫道不欲杂，杂则多，多则扰，扰则忧，忧而不救"。

马克思主义中国化取得了重大成果，但还远未结束。我国哲学社会科学的一项重要任务就是继续推进马克思主义中国化、时代化、大众化，继续发展21世纪马克思主义、当代中国马克思主义。

在对待坚持以马克思主义为指导问题上，绝大部分同志认识是清醒的、态度是坚定的。同时，也有一些同志对马克思主义理解不深、理解不透，在运用马克思主义立场、观点、方法上功力不足、高水平成果不多，在建设以马克思主义为指导的学科体系、学术体系、话语体系上功力不足、高水平成果不多。社会上也存在一些模糊甚至错误的认识。有的认为马克思主义已经过时，中国现在搞的不是马克思主义；有的说马克思主义只是一种意识形态说教，没有学术上的学理性和系统性。实际工作中，在有的领域中马克思主义被边缘化、空泛化、标签化，在一些学科中"失语"、教材中"失踪"、论坛上"失声"。这种状况必须引起我们高度重视。

即使在当今西方社会，马克思主义仍然具有重要影响力。在本世纪来临的时候，马克思被西方思想界评为"千年第一思想家"。美国学者海尔布隆纳在他的著作《马克思主义：赞成与反对》中表示，要探索人类社会发展前景，必须向马克思求教，人类社会至今仍然生活在马克思所阐明的发展规律之中。实践也证明，无论时代如何变迁、科学如何进步，马克思主义依然显示出科学思想的伟力，依然占据着真理和道义的制高点。邓小平同志深刻指出："我坚信，世界上赞成马克思主义的人会多起来的，因为马克思主义是科学。"

我国广大哲学社会科学工作者要自觉坚持以马克思主义为指导，自觉把中国特色社会主义理论体系贯穿研究和教学全过程，转化为清醒的理论自觉、坚定的政治信念、科学的思维方法。

——习近平：《在哲学社会科学工作座谈会上的讲话》，人民出版社2016年版，第9～11页。

第三章 当代社会思潮的一般特征

20世纪90年代以来，伴随着我国改革开放的深入，当代中国社会思潮日益呈现出多元化的趋势。各种社会思潮相互激荡，相互影响，形成更为复杂的多元化光谱。社会思潮的多元化状况，一方面反映出改革开放所造成的经济成长带来社会阶层的复杂分化，另一方面也反映出分化的社会各阶层对于自身利益的意识形态方面的保护。不过，除了经济发展的客观原因之外，我们不能忽视的是当代社会思潮多元化趋势之中的意识形态领导权的潜在斗争，正如意大利马克思主义学者葛兰西所说，任何革命阶级必须高度重视文化和意识形态领域的领导权斗争，文化和意识形态领导权的问题就是谁把握文化解释权的问题，也是谁拥有合法性的问题。与此同时，当代社会思潮的多元化在新媒体和网络技术条件下，能够更快地扩大自己在社会群体中的影响力，普通民众通过网络和自媒体，可以容易地了解到各种社会思潮所主张的核心价值，并使自己的利益与某种社会思潮产生呼应。因此，主流意识形态要实现对社会思潮的引领，就必须对当代各种社会思潮进行认真研究、科学分析，利用积极社会思潮的有利因素，主动化解消极社会价值的错误影响，从而增强社会主义意识形态的吸引力和领导力。

一、当代社会思潮的多元化、政治性与影响力

社会思潮的概念，并无统一的定义，不过从特征上看，社会思潮一方面表现为特殊的观念形态和价值取向，在社会的不同历史时期，社会思潮的形态往往会呈现出流变的特征，这是它的历史性和不稳定性；但是另一方面，在特定的历史时期内，社会思潮具有稳定的社会阶层基础，并具有比较可辨认的理论诉求，它往往通过社会群体的某种社会情绪行为，或者文化取向、价值取向体现出来。总体上来看，社会思潮本质上是意识形态的，因此它首要的特点是具有阶级性，表达特定阶层和阶级的利益诉求。

1. 当代社会思潮的多元性和复杂性

一般而言，当代社会思潮具有自发性特征，也就是说，社会思潮往往并非

官方所主导的意识形态体系，而是伴随社会经济、文化的发展自然形成的一种价值主张和文化取向；社会思潮具有公共性特征，也就是说，社会思潮表达的不是某一个人的利益和感受，也不是全体人民的共同思想和价值，而是特定群体的思想和价值，关注的往往是特定领域的公共问题。社会思潮的多元与整合对于整个社会的健康有序发展起着至关重要的作用。"多元乃繁荣之奥秘。一个社会越是向前发展，就越需要多样的个性表达，越需要整合各种意见形成统一意志的能力。以包容心对待不同声音，在'存异'中'求同'，我们的社会就不会成为'一袋各不相干的马铃薯'，并在思想的交流碰撞中不断凝聚、升华。"①不过，我们所说的多元，是一中之多，也就是中国社会要发展和进步，首先要有一个统一、稳定、和谐的环境，而不是让各种社会思潮在一片混乱中自说自话地讲述自己的故事。

社会思潮的产生和表现都能够在社会存在、社会生活中找到根据。一般说来，社会矛盾越突出，社会思潮越活跃；社会越开放、社会生活越丰富多彩，社会思潮也就越活跃。社会思潮的产生、表现和作用的发挥都是通过人及其活动实现的，但是，

> 思潮与思想、观点和意识形态的形成又有所不同，一定社会一定时期的思潮总体的形成是一个自然而然的过程，在结构上是松散的，在行为上是无序的。思潮现象的复杂性决定了我们在对待思潮时更须发挥自觉的能动性。面对一个作为群体涌现的思潮，任何一个社会都有一个对它的处理(或者说管理、处置、驾驭)。根据经验，正确的态度应该是：一不能怕，二不能压，三不能照搬全收(特别是对于外来思潮)。把思潮涌动看作"思潮泛滥"的文化观是片面的，因而惧怕、打压式的处理方式是错误的。②

为了有效应对、处理或驾驭社会思潮，就有必要对这些社会思潮的结构、表现及影响进行认真的研究和清楚的认识。

在充分估计当代中国所面临的社会思潮现状的时候，要有一个全面的视野，即要以资本主义经济全球化以及随之而来的新自由主义、普世价值论和抽象人道主义论等西方社会思潮的世界性影响为背景，考虑当代中国社会思潮的多元性和复杂性。

---

① 人民日报评论部：《以包容心对待"异质思维"》，载《人民日报》，2011-04-28。
② 梁树发：《思潮研究三题》，载《中国社会科学报》，2016-01-22。引用时有修改。

　　西方资本主义体系所倡导的核心价值借助形形色色的社会思潮，在全球范围内形成了一种强势扩展的思潮体系，发达国家的文明程度和较高的人民幸福指数，对发展中国家的人民形成了极强的吸引力，接受西方价值似乎成为进入现代文明社会的唯一途径。但是，以拉美国家为例，20 世纪 80 年代前后，在普遍接受"华盛顿共识"的自由化、市场化和私有化主张以后，虽然这些国家的确经历了一段黄金发展时期，但是发展的成果得不偿失，资本日益集中、贫富差距加大，大量企业被外资控制；90 年代以来，拉丁美洲很多国家爆发了严重的经济和金融危机。拉美国家积极拥抱西方的资本主义制度及其意识形态，但这并未给拉美带来"应许"的幸福，这也是 21 世纪以来，拉美一些国家的左翼政党尝试重新建构本土意识形态的重要原因。

　　发展中国家的惨痛经历进一步证明资本及经济全球化所带来的文化和意识形态具有极其复杂的特性，并不一定会带来人民的普遍幸福，总体而言，新自由主义思潮的本质是国际垄断资本全球扩张的思想先锋，它论证了资本逻辑的合理性，为国际垄断资本在全球范围内的剥削和政治压迫提供了意识形态上的支撑。作为对此背景下西方社会思潮传播和渗透的回应，中国产生了具有本土属性、试图反抗西方价值的社会思潮，有一些社会思潮是在民间知识分子中自发生成的，能够唤起人民群众的共鸣。这一类社会思潮（如新左派和文化保守主义等）内在地具有复杂的矛盾性，从积极的方面看，这类社会思潮清楚地看到资本主义在中国有重新回潮的危险，强调应该对市场经济和私营经济保持高度警惕，并加以具有社会主义原则的限制，抵制发达国家所主导的经济全球化。对于社会不公的根源，他们将矛头指向资本主义及其市场失灵，并且认为社会不公是资本主义生产关系的原始痼疾，是不可克服的内在缺陷。本土社会思潮的另一个焦点还聚焦在对民主的理解和如何实现民主的讨论，有学者认为民主的真正实现需要经济领域的平等，而在当代中国市场化条件之下，普通劳动者在财富分配方面遭受着最大的不公，在经济不平等的基础之上，任何对政治民主的诉求都是空中楼阁，不可实现。不过与新自由主义等西方社会思潮相比，本土社会思潮认为，民主制度不是要削弱国家的权威，而是要在重大问题和公共决策中改善权威，使之适应民主化的转型。

　　除了较为温和的社会思潮之外，还存在着相对非理性的派别，比如民族主义与民粹主义的合流，这种带有民粹主义色彩的民族主义是有百害而无一利的，特别是在特定的历史时期，一部分知识分子在政治层面不能达到目的的时候，往往通过动员民众，通过自下而上的民粹主义运动来获得政治利益。民粹主义与民族主义合流造成的一个最大恶果就是对民主程序和法治体系的无视和破坏，尽管民粹主义也打着民主的旗号，但是民粹主义的民主要求的是民众直接参与政治决策，因而在实际的运行过程中，容易沦为政治诉求的工具。这种民主理念与社会主义的价值实质上也是背道而驰的，社会主义强调的平等一方面包含了经济、政治的平等，同时也包含了对于机会平等的法治和道义保障，但是民粹式的平等观念则更多强调财富和权力结果的平等，为了达到这种结果的平等，甚至可以剥夺通过合法途径获得的财富，甚至以道德至上的评判标准来取代法治至上的法治精神。

中国社会的多元和复杂，在某种程度上使得当代中国社会思潮必然会呈现出不同的利益格局和文化观念。数十年的经济高速成长，使得中国社会也产生了财富迅速增长的富裕阶层，但是中国的知识分子和富裕阶层在与西方文明世界交往的过程中，突然遇到了文化坐标丧失的问题，于是，在寻求文化和精神归宿的过程中，形成了 20 世纪 90 年代以来的"国学"热潮。作为这股思潮的具体体现，有的知识分子开始主张复兴儒学来重建政治道统，以改善精神和道德出现问题的现代社会，但是儒学的政治传统并不仅仅是恢复儒学文化、传播知识而已，儒家政治哲学要实现外王就必然要寻求对主流意识形态的主导权，即主流意识形态的儒家化，这个总目标必然会削弱马克思主义在社会思潮中的主导地位。

文化上的短板反而促使富裕阶层重新回归传统文化，不过传统文化的政治实践已经伴随着农业社会和小农经济的消失成为历史的陈迹，这种试图在当前政治意识形态中恢复儒家道统的尝试是很难实现的；此外，在这类思潮中也暗藏着一种反民主的倾向，即认为民主只属于西方文明，中国问题的解决不能依靠民主制度，而是要通过恢复中国的文化和政治道统——儒教，甚至有学者试图整合传统文化与当代中国主导性意识形态，以形成一种新的传统。不过，必须承认，回归中国传统文化的思潮的确提出和回应了在经济现代化过程中，中国社会所缺乏的精神根基和道德规范问题，在经济上崛起的中国中等收入阶层越来越感受到文化的无根和精神世界的空虚无依，开始以一种文化乡愁的温情视角来重新为经济崛起的中国寻找精神家园。主流意识形态其实可以利用这一点，从政治统治的合理性与道德文化合理性的双重支撑中，建构起更为巩固的意识形态安全体系。

但是，中国社会的一部分年轻人更加倾向于西方文化，伴随西方消费社会及其意识形态的传播，浮躁纵欲、及时行乐的物质主义和现代犬儒主义正在侵蚀青年群体的价值观。"除了享乐，其他都是没有意义的"，这种思想取向排斥具有超越性的思考，排斥理想主义，排斥对社会整体的责任和道德义务，而宣扬个人主义的价值观。这种思想取向的危险性在于它很容易迎合青年人看待问题的习惯思维，即只看到片面现象，而无法照顾全局；只看到个别现象，而无法透过现象认识本质；只能孤立地分析历史过程的个别环节，而不能辩证地评价历史的总体。

个体的功利化是西方价值的一个基本组成部分，并非全部，但是在完全异质的中国文化系统中，有些社会群体则把它当成了西方文明的全部。随着市场经济的发展，在日常生活中，公义与私利的矛盾越来越经常出现，道德相对主义，甚至是虚无主义的道德观，进一步造成了公义与私利的冲突、正确的道德选择的逐渐沦落。道德无标准，则生活无意义，生活丧失了意义，那么普通人就成为一个个相互分离的、没有必然的道德义务和责任的原子式的个体。

2. 当代社会思潮绕不过政治意味

社会思潮折射出的社会各阶层的利益格局往往在上层建筑层面通过形形色色的政治议题体现出来，具有政治内涵的议程设置可以集中反映出一定时期以来经济社会变迁所带来的社会阶层利益格局的结构变化，以及这种变化带来的意识形态变动。

> 思潮与社会的关系，特别表现为思潮与政治的关系。思潮的形成、存在和演变都直接受到政治的影响和制约。……政治对于思潮的直接的决定性的影响，除了主要的政治方面的原因外，也与思潮本身的性质有关。一定的思想、观念、倾向和意识形态之所以成为思潮，在于其具有的社会性、政治性，在于其适应了现实政治形势和政治任务的需要。而对于历史以来的思潮的继续存在和外来思潮的进入来说，理由亦是如此。社会思潮，本质说来，是一种政治思潮。而关于如何对待思潮的问题，从来是一个政治问题。[1]

可以说，所有形态的社会思潮都无法避免对政治话题讨论的参与，甚至有些社会思潮在或明或暗地影响着政治议题的方向。

> 任何意识形态一经产生，就同现有的观念材料相结合而发展起来，并对这些材料作进一步的加工；不然，它就不是意识形态了，就是说，它就

① 梁树发：《思潮研究三题》，载《中国社会科学报》，2016-01-22。

不是把思想当做独立地发展的、仅仅服从自身规律的独立存在的东西来对待了。人们头脑中发生的这一思想过程，归根到底是由人们的物质生活条件决定的，这一事实，对这些人来说必然是没有意识到的，否则，全部意识形态就完结了。①

也就是说，不同社会思潮所代表的价值取向往往不是直接灌输给大众，或者直接与大众发生联系的，社会大众往往并不是铁板一块，在形形色色的社会思潮与种种现实事件和社会议题互相结合，酝酿出不同的话题和价值评判的时候，社会思潮的意识形态属性就开始充分显现出来了，即将社会大众头脑中潜在的与自身利益相关的观念和价值整合起来，形成明晰的价值诉求和政治倾向。

在大众传媒高度发达的时代，社会思潮借助于各种形式的媒体深挖相关社会事件中隐藏的政治议题，并持续操弄舆论，不断发酵其政治影响，使其成为政治话题背后利益博弈的角斗场。与此同时，媒体在市场化的利益驱动之下，借用议程设置的强势技术手段来进一步建构舆论氛围中的意识形态倾向，在其中渗透某种特定的价值取向。媒体对社会事件的影响具有两面性，一方面它有可能建构起一种具有公共性的意识形态交流空间，为公共利益讨说法；另一方面媒体也有可能对公众所讨论的社会事件进行有意识的引导，使得对政治话题的讨论氛围有利于特定利益群体。事实上，媒介与社会思潮之间的互动已经成为当代社会思潮与政治话题结合的一种重要方式。加拿大传播学家麦克卢汉（Marshall McLuhan）曾言"媒介即信息"，掌握媒介，就掌握了对政治议题的解释权，也就同时在很大程度上掌握了意识形态的领导权。对当代社会思潮而言，媒介就意味着话语权，如今的众多自媒体更加强化了这种权力争夺的激烈性和关键性。

对政治话题影响力的争夺使得社会思潮之间的生存竞争更加复杂。仅仅依靠非理性的煽动，某些社会思潮已经很难获得长期的可持续的影响力，当代社会思潮往往更加注重以合理的思想体系和理论资源作为其基本内核，形成一个坚固的核心价值堡垒，同时以理论说服力、事件动员力和情绪煽动力作为政治话题建构的综合手段。缺少能自圆其说的哲学理论、政治理论或者经济理论等学理支持的社会思潮很难持久生存下去，以当代历史虚无主义思潮为例，尽管它表现形态多种多样，但是都与西方哲学中的唯心主义、相对主义和后现代主

---

① 《马克思恩格斯文集》第 4 卷，人民出版社 2009 年版，第 309 页。

义哲学中对意义和价值的形而上学概念的解构有密切的思想渊源。历史虚无主义甚至以自然科学发展中的一些新的发现和新的原理作为自己的理论基础，使之披上了科学的外衣，更加具有迷惑性。比如说，物理学史上著名的海森堡的"测不准原理"向世人证明，不存在任何一种方法，可以同时精确测量物体的位置和动量。任何对物体的测量都不具有绝对的客观性，因为任何测量都对被测量物体施加了来自观察者的影响，并对被观测物体的位置和动量产生了一定的扰动，于是任何结果都是受到观察者影响的，不具有绝对的客观性。这个科学发现使得唯心主义者和相对主义者认为唯物主义是一种错觉，微观世界不存在客观存在的、不以人的意志为转移的物质，进而在哲学上历史虚无主义否认具有固定性和永恒性的价值和意义的存在，将具有客观规律的历史运动视为一种主观的幻象。有一些历史学家专注于挖掘历史的琐碎细节，通过琐碎事物来"还原""解构"历史的真相，历史的细节被用作否认历史的整体的根据，他们挖掘历史中的偶然性因素，以此来否定历史的必然性。事实上，以历史虚无主义为代表的这类思潮并非像他们自我标榜的那样具有悲天悯人的历史情怀，而是暗含着不为人知的政治诉求和价值取向，对中国而言，其根本诉求在于争夺主流意识形态的解释权和领导权，试图造成历史和价值评判标准的混乱，从而改变大众对历史既定的和普遍的认知，将中国的意识形态和核心价值纳入或者"并轨"到西方价值体系之中。

如前所述，对政治议题的讨论以及价值引导体现了文化上的领导权的归属，进而体现了对政治合法性的认同。当代中国社会阶层中相当一部分是中等收入阶层，这种社会阶层状况是中国逐渐过渡到成熟现代国家的重要体现，从政治学和社会学的角度看，中等收入阶层经济上的成长和政治上的成熟，在很大程度上也会带来对文化领导权和政治合法性的公共性议题的普遍关注，政治合法性需要更多的来自中等收入阶层的认同，而这种认同则需要在社会思潮的复杂形态中获得合法性和政治共同价值。

因此，主流意识形态必须参与多元的、复杂的社会思潮的政治议题讨论，在公共领域巩固政治合法性，赢得文化领导权，实现社会的意识形态安全和稳定。党的十七大报告顺应时代潮流，提出了公共概念体系，如"公共事务""公共文化""公共服务"等。有必要强调，主流意识形态在参与政治话题的过程中，除了说服和引导等主要手段以外，也要以权威的地位发出更加坚定的声音以排除干扰和杂音。中国当前的首要任务仍然是经济发展，如果任由意识形态问题在公共领域中冲突和发酵，而不给予坚定的权威引导，那么，作为发展中国家，难免会遭遇西方意识形态陷阱，前面讲述的拉美经验已经充分证明了这一点。因此,"一心一意谋发展"仍然是中国在相当长一段历史时期必须集中精力来关注的首要问题,而意识形态领域若干问题的公共性讨论,有必要服务于中国实现现代化的历史性任务。当然,我们所说的诉诸主流意识形态的权威,并不是要求警察和军队等国家暴力机构介入公共议题的讨论,因为,现代国家越来越少诉诸国家暴力机构来维持社会意识形态稳定,而是更多依赖介于国家和个体之间的、具有公共属性的社会组织,在日常生活之中培育和引导个体的主流价值认同。知识分子、媒体机构、各级学校和其他社会组织等,应当主动承担起为天下立心的历史责任。

尽管当代社会思潮的思想特质各异,价值取向各不相同,但是在我国寻求现代化的历史进程这一大背景之下,对包括体现西方价值的社会思潮的一切合理成分进行理性辨别和批判继承,这是中国道路自信、理论自信、制度自信、文化自信的重要体现,也是巩固"四个自信"的开放性意识形态的必然选择。封闭未必意味着能够守成,开放也未必意味着崩溃,社会思潮对政治话题高度敏感的先天特质决定了当代中国应当在"四个自信"基础之上对社会思潮参与政治话题讨论保持一种开放性,引导传统思想和西方思潮中可以为我所用的合理成分,并积极设置和引导话题的价值取向。事实上,在西方社会思潮中也大量存在着批判现代资本主义制度中的不合理性和腐朽性的思想资源。对这部分资源的发掘、反思和利用,一方面是以西方理论来批判西方理论,具有解构西方"普世价值"合理性的积极意义;另一方面西方社会批判理论也包含了对具有共性的、人类现代化过程中所必然遭遇的问题的可贵探索。因此,在政治话题的讨论中,有辨别地对社会思潮的合理成分加以引入,对增加主流意识形态的吸引力和说服力具有很强的意义。

3. 各种思潮影响力此消彼长

由于立论之理论根基不同、基本价值取向不同以及所折射的社会阶层的利益不同,各种社会思潮之间存在复杂的对立和斗争,进而因应政治话题的不同和时代主题的不同而此消彼长;其呈现出的更为复杂的局面是相互渗透和融合的消长效应。

20世纪80年代,伴随着中国改革开放,外部世界的各种社会思潮也纷至沓来,当时对中国意识形态状况构成最大挑战的主要思潮是新自由主义思潮,经历了"文化大革命"的挫折,中国知识分子开始重新审视西方自由主义思潮的个人权利和自由民主等主张。马克思主义和社会主义意识形态的主导地位一度有所削弱,而自由主义知识分子对意识形态的引导有所增强;而近年来伴随着中国经济和政治影响力的上升，保守派的知识分子则开始强调和重申中国传统文化价值，试图重建中国的精神和道德家园，而马克思主义和社会主义意识形态则基于发展中国家所面对的西方挑战和现代化陷阱，提醒民众警惕西方价值观对中国现代社会核心价值的挑战和消解。

由此可见，当代社会思潮的发展遵循的是一种历史的动态规律，即伴随着中国经济和社会的快速发展，意识形态领域的议题和争执不断转换彼此之间的力量对比，或形成同盟关系，或形成对抗关系，或者形成一种相互融合升华的关系，主流意识形态则需要激发自身内在的与非主流社会思潮协同进化的能力，及时更新与提升核心价值体系的吸引力和说服力。

从现实中的思潮关系来看，非主流社会思潮之间相互融合的效应更加明显，一方面它们相互批判彼此的核心价值理念，另一方面又在为了扩大影响力而不断吸取主流社会思潮的合理之处，弥补自身的理论缺陷，扩大其在社会中的认同度。比如，新左派社会思潮与民族主义社会思潮之间部分观点重叠，造成相互之间的惺惺相惜；文化保守主义在对待本民族文化以及本民族文化的政治实践方面又与民族主义发生了联系，事实上新左派在对待西方文明方面也在某种程度上积极呼应了新自由主义对自由和公正的要求。在社会思潮的此消彼长中，尽管主流意识形态没有丧失自己的主导地位，但是也需要适应这种社会思潮的剧烈变化。

20 世纪 90 年代中国改革开放进一步深入的思想动机，与新自由主义思潮的全球传播有一定关联，经济领域的市场化已经成为一种全球主流模式，中国要融入世界，那么市场化改革就势在必行，当然，我国的市场化改革与拉丁美洲国家相比能够取得如此巨大的成功，其重要的原因就在于，我国从未放弃主流意识形态对市场化改革的批判和主导能力，市场化改革的性质是社会主义的，而不是资本主义的。主流社会思潮没有被非主流社会思潮消融掉。而反观拉丁美洲经济改革的失败，其最大的特征就是由于放弃了对自由化改革的主导力，放弃了对主流意识形态的掌控，因而经济社会改革陷入被西方主导进而被操控的境地，几乎所有改革成果都被西方洗劫一空。在社会财富积累贫乏的前提之下，一些拉美国家在意识形态上又受到民粹主义的影响，自由主义和民主化的政府体制在社会贫富差距日益扩大的社会压力之下，屈从于民粹主义的财富分配策略，将大量的社会财富投入福利领域，而投资领域支出则相应缩水，其后果是经济压力越来越大，经济社会发展几乎陷入停滞。拉丁美洲也是西方社会思潮激烈争夺的地区，面对社会思潮的此消彼长，国家和社会的管理层无法把握一个具有自身特点的、能适应自身发展特色的经济政策和政治社会发展的基本价值取向，因此导致了长期的"拉美陷阱"，这是需要我们加以警惕的。

拉丁美洲的发展为我们提供了前车之鉴，越是开放的社会，就越是会形成多元复杂的思潮冲突和分歧，融合和消长。伴随市场化改革的深入，社会主义的集体主义主流价值观与来自西方的个人主义和拜金主义价值观不断形成冲突，传统文化宽容与和平的价值观与某些狭隘的民粹主义价值观之间不断形成冲突等，这些思潮之间的冲突、矛盾和此消彼长不断冲击着社会主义核心价值体系的引领力，非主流的社会思潮利用特定社会政治事件，利用西方意识形态演变势力的支持，以潜移默化的形式侵蚀着主流意识形态对全社会的凝聚作用。

当然，在应对各类社会思潮的挑战的时候，主流意识形态在各个领域积极应对，也产生了较好的抵抗作用和免疫力。在经济领域，近几十年来，新自由主义思潮所主张的自由化、私有制和市场化等不断以学术和有效经济政策的面目渗入我国，不过中国经济体制改革始终没有放弃以社会主义意识形态为主的经济学阐释原则，在经历了各种风波之后，逐渐形成了对待西方自由主义经济政策的理性化接纳路线，这种接纳路线始终高举中国特色社会主义市场经济的理论旗帜。

除了来自主流意识形态的抵抗和过滤之外，新自由主义在中国的传播也遭到了来自新左派社会思潮的消解和抵抗。在政治体制改革领域，无论是新自由主义还是民主社会主义都以多党制、三权分立和政治自由为核心价值，在其影响下，国内的一些社会思潮也打着开放政治权力竞争、批判现有政治秩序、与世界民主规则接轨的旗号，试图改变中国的核心价值观念，事实上，这种激进和非理性的政治挑战已经被中国近代史证明为错误和有害的，并不能真正给中国政治体制改革带来良好结果。对民主的理解的消长效应也不断反映到政治领域，如对民主社会主义是否是中国未来发展道路、宪政改革的性质等的讨论，其实质就是在争夺核心价值的意识形态解释权。因此，当下主流意识形态所面临的文化领导权重点就在于，如果不能在具有争议的政治议题上继续有所推进，形成具有合理性的理论和概念体系，进而获得价值引领和解释的主导权，那么这个权力可能就会被非主流社会思潮所侵蚀。

马克思主义和社会主义主流意识形态一方面应当继续守护核心价值，另一方面应当继续吸收当代社会思潮中有利于主流意识形态成长和保持吸引力的成分，继续完善社会主义核心价值体系，使之更加丰满，在政治文明和精神文明上，朝更加现代化的开放社会迈进，最终构建一个具有中国特色的民主、公正、和谐的社会主义社会。

二、各种社会思潮相互渗透相互激荡

随着改革开放的进一步深入以及中国社会日益融入国际社会，各种社会思潮的相互激荡将会成为未来一段时期的新常态。多元文化的格局正在形成当中，这是中国社会转型过程中必然呈现的文化和价值状况，事实上，在世界各国开放社会中，多元化的利益格局及其意识形态诉求是合理化的存在，这也是中国社会阶层格局逐渐沉淀和稳定之后产生的必然现象。

1. 当代社会思潮的交织因素

当代社会思潮中西方因素的交织一方面构成了社会思潮的多元化状况，另一方面也造成了意识形态领域的分裂。当然这种分裂并非绝对，有些社会思潮同时会涉及多个领域，比如历史虚无主义思潮，既受到新自由主义思潮的影响，也受到西方后现代主义思潮反传统、反理性主义和反权威主义的理论特质的影响，而且当代社会主要思潮也都关涉到政治理论和价值取向等方面的内容。新自由主义对中国特色社会主义的意识形态建构形成一种持续的挑战，社会主义核心价值观从概念形式上也同样提出民主、自由、平等和公正的价值体系，因此，有些人将社会主义核心价值观同资本主义核心价值观混为一谈，认为这是社会主义核心价值向资本主义核心价值的靠拢。这种故意混同的论调实质上就体现了中西之间社会思潮激荡纠结的当代特征，它实质上是一个意识形态主导权的分歧问题。倘若认同资本主义核心价值和社会主义核心价值没有原则界限，那么就等于主动放弃了意识形态领域的解释权，从而丧失了文化领导权，进而政治合法性也必然发生危机。以社会主义核心价值观中的"民主""自由""平等"价值为例，首先我们必须明确社会主义核心价值的历史性、具体性和现实性，也就是说，社会主义核心价值的民主是社会主义的民主，而不是资本主义的民主，在民主的基础和彻底性方面，社会主义的民主是资本主义民主发展的历史高级阶段，而资本主义民主则具有虚伪和狭隘的特征，它只是有产者的民主和自由，而不是人民群众的普遍民主，其次社会主义核心价值观中的民主是以社会为基础的，也就是说，以爱国主义和集体主义与个体价值的辩证统一为特征，它以国家、社会、集体和个人的价值统一作为价值判断的准绳，而资本主义价值观念中的民主和自由则是以"个体价值"为本位的个人主义价值观，因而在资本主义自由的具体实现过程中，出现了极端个人主义、利己主义和拜金主义各种畸形变种。

因此社会主义核心价值观中的自由是一种基于集体主义的自由，或者说是社会本体的自由观。资产阶级抽象人性论设定的抽象的原子式的个人在现实生活中是不存在的，正如马克思所言，人就其现实性而言是一切社会关系的总和。因此我们不仅要考虑个体的最大实现及其自由，同时也要考虑个体自由实现的外在条件和社会关系条件，考虑到个体与个体所组成的社会共同体之间的关系。当然，社会主义的自由意味着集体和社会要为个体自由创造有利条件，而不是为了某种抽象的集体利益而压制个体自由。新自由主义或民主社会主义等西方社会思潮往往从资产阶级哲学立场出发，认为资产阶级的自由是一种"普世价值"，因而适用于全体人类，但是，社会主义的自由观持历史唯物主义的哲学立场，认为自由是与人类社会历史发展水平相适应的具体的自由，人所能获得和实现的自由权利不可能超出社会经济发展水平的限度。马克思认为："没有蒸汽机和珍妮走锭精纺机就不能消灭奴隶制；没有改良的农业就不能消灭农奴制；当人们还不能使自己的吃喝住穿在质和量方面得到充分保证的时候，人们就根本不能获得解放。'解放'是一种历史的活动，不是思想活动，'解放'是由历史的关系，是由工业状况、商业状况、农业状况、交往状况促成的。"①仅仅抽象地谈论自由是一种不负责任的理论取向，无益于对自由等价值的理解和实现。

不过，除了要警惕新自由主义和民主社会主义等社会思潮危害中国特色社会主义主流意识形态的部分之外，还必须要承认新自由主义和民主社会主义等西方社会思潮中体现出人类政治文明发展成果的优秀部分。改革开放以来取得的巨大成就，与社会主义跟市场经济的优势结合产生的经济体制创新密不可分。而由市场这只看不见的手来自发调节社会经济资源的配置则是自由主义市场经济基本精神的体现，在生产、分配、交换和消费的经济领域，市场个体自由和交换的平等是社会主义市场经济的基础。由此可见，新自由主义的市场经济理论对形成和完善社会主义市场经济的技术和策略改革具有积极意义，如今我们在国企改革中开始进行混合所有制改革，意图也正是要进一步激活市场中各类资本的力量，进一步充实和发展以国有经济为主体的现代企业。在我国还没有建立起完善的社会主义市场经济体系的历史阶段，积极吸收新自由主义对市场机制的成熟理论和实践经验是有益的。

当代中国社会思潮中另外一股不可忽视的暗流则是非理性主义和后现代主

---

① 《马克思恩格斯文集》第 1 卷，人民出版社 2009 年版，第 527 页。

义的交织对其他社会思潮的深刻影响。从精神表现上来看，其主要体现为：在认识论和价值观上的怀疑论和相对主义，在政治倾向上的无政府主义，在历史观上的虚无主义，在生活上的犬儒主义和拜金主义。非理性主义的好处是促成我们对现代化过程中遇到的问题进行自我反思，揭示现代化的思想根源，反思资本和技术的异化对人性的损害，更重要的是，非理性主义和后现代主义思潮进一步瓦解了资本主义的永恒性的神话，但是同时也具有危险的破坏性，因为它就像一块磁铁，不断裹挟着其他具有破坏性的思潮（如虚无主义），并不断自我膨胀起来，渗透到人类的精神领域，并瓦解着人类对科学、道德和正义的积极追求。

后现代主义思潮的代表性内容是对意义的消解和在物质的享乐和狂欢中寻求感官的解放，这种思潮正在影响社会的主流价值观，尤其对于青少年而言，由于其价值观正处于形成之中，因而后现代主义的洗礼，很容易与其心理上的不稳定情绪形成共鸣，从而成为这种思潮的俘虏，把欲望的生成以及对欲望的满足当作日常的生活逻辑。面对非理性主义和后现代主义的冲击，一切坚固的东西都烟消云散了，对于正处在社会大转型时期的当代中国来说，这种冲击具有极大的挑战性，中国从 40 年前的封闭状态中解放出来，投身经济全球化的浪潮，主动完成中国的世界存在及其意义的构建，这种从封闭、贫乏到开放丰富的转换，造成了个体和社会对现代化所能够提供的发展和丰裕的无限追求。但是，经济全球化在给予一个民族国家以世界历史意义的同时，也在剥夺它那独特的民族精神和文化内核，并把它变成本质上与西方精神一致的东西。大转型带来的精神冲击无异于一场海啸，苏联东欧社会主义阵营的崩溃、世界上一些地区已经发生的"颜色革命"都不断地证明了后发展国家必须不断加固自身的精神堤坝，没有文化和意识形态上的认同和团结，就没有可能持续完成现代化的社会发展目标。

后现代主义思潮与中国文化中非理性因素的结合强化了中国当代社会思潮中某些反逻辑的和意志主义、激进主义、虚无主义的因素。民粹主义思潮借助网络平台，对中国市场经济转型中所不可避免出现的社会矛盾积极发声，不加反思地仇视富裕阶层。民粹主义的思潮既具有中国文化中非理性因素的特征，同时也在某种程度上获得了后现代主义中所谓"反抗精神"的呼应。尽管中国的民粹主义思潮还没有形成一种政治行动，但是在网络平台上通过言论所表现出来的民粹主义的非理性情绪却正在积累。因此，主流意识形态有必要以逻辑方法和理性反思的精神来积极影响和教育民粹主义者，使之逐渐形成理性表达的言论习惯。

2. 传统与现代的观念缠绕

多元化社会价值体系中需要有一个主导性的价值认同，这是一个国家、一个民族，乃至个人身份形成的基础，中国自近代以来社会价值观领域的最大变局就是传统思想的消解和现代价值体系的形成。尽管在这个转型的过程中，主流意识形态以政治力量获得了主导地位，但是，很明显，它承受着来自传统思想和现代观念的极大挑战。如何重塑中国当代社会主流价值，关键在于如何在这种张力之中，寻求社会最大限度的价值认同。

西方的现代化进程实质上就是对社会各个方面进行理性化的历史过程，本质上说，现代化就是理性化，科学技术是工具理性的结果，政治社会和现代企业制度是工具理性的结果，甚至我们的日常生活的健康管理、饮食管理和日程管理等都渗透了理性的精神。工具理性就是人们在思想和行为中，对手段、工具和方法等进行规范化、标准化、程序化和数量化，工具理性严格区分事物的真实虚假，人的行为的正义与否、社会机制的平等与否有着严格界限，工具理性排斥矛盾的存在，严格执行形式逻辑的矛盾律，以寻求社会和自然之真理。科学和逻辑是现代观念的内核，而中国人和中国文化中所欠缺的正是科学精神和逻辑精神。

鸦片战争以来，中国人痛切感受到西方科学和制度的力量，逐渐领悟到，除了外在层面的技术化和理性化所造成的物质进步之外，西方文明的核心竞争力来自制度和文化的内在理性所造就的现代文化。中国的科学技术传统正是因为缺少较为成熟的理性思维和逻辑思维，所以，既没有系统的学科体系，也没有能够保持一贯的科学研究方法。近代西方科学技术所带来的现代思维方式，以及在此基础之上形成的科学研究方法对儒家传统下的中国经验科学形成了巨大挑战。儒学的理论体系与西方理性科学相比，明显不具备逻辑思维和方法论的意识，对基本原理和结论的论证停留在格言警句的类比和形象思维的直观体悟的层面上。因而，中国传统思想中的非理性因素对培育中国人的科学精神和独立的批判精神是一个明显的障碍。历史已经反复向我们证明，不积极完成思想和文化的现代化，只有技术和器物的现代化，仍然不能使得一个社会发展到较高的水平，

痛切的教训使一些人开始体会和领悟到，那些完善的现代制度以及伴随而来的指导大纲、管理守则，本身是一些空的躯壳。如果一个国家的人民缺乏一种能赋予这些现代制度以真实的生命力的广泛的现代心理基础，

如果执行和运用着这些现代制度的人，自身还没有从心理、思想、态度和行为上都经历一个向现代化的转变，失败和畸形发展的悲剧结局是不可避免的。再完美的现代制度和管理方式，再先进的技术工艺，也会在一群传统人的手中变成废纸一堆。①

这段被总结为"英格尔斯效应"（Inkeles Effect）的文字正说明了，在传统思想和现代观念之间冲撞的现代中国及其取得的成果是多么来之不易。

传统观念造成了中国现代化进程中的某些障碍，但是，西方文化中的某些不可克服的顽症，也需要我们通过对传统观念的继承和更新来加以扬弃。中国传统思想的一个长处就在于其对价值理性和道德自律的高扬。价值理性体现了人对意义的思考，对善恶的思考，对美丑的思考，这种思考和判断的结论大多数情况下并非截然对立，或者非此即彼。例如，我们对于人性的判断，就无法得出要么是善、要么是恶的结论，因为，人类社会生活的许多方面并非仅仅依靠科学精神和逻辑手段就足够了。社会主义和谐观的理论来源之一就是中国传统观念中的和谐思想，和谐首先意味着事物内在包含着相互对立、相互排斥的不同因素，和谐也意味着事物的发展和存续必须要努力去融合与协调这些相互对立和相互排斥的不同要素。在处理社会中不同的利益冲突和文化冲突的时候，和谐观主导的处理方式是求同存异、和谐共存，在长达几千年的历史中，中国传统社会并没有出现西方中世纪时期的宗教迫害和宗教战争，而是出现了以儒家文化为主导意识形态，佛教、道教和伊斯兰教等其他宗教形态同时共存的文化多元局面。当代中国社会主义意识形态体系建设，也继承了这一优秀传统观念，并加以现代化，成为社会主义和谐观。在社会主义初级阶段，我们可以将市场经济手段与计划经济手段相结合，也可以将公有制经济与民营经济相结合，形成具有活力的、多种经济成分并存的社会主义市场经济体制。中国传统文化虽然不能提供给我们改善器物和科技进步的直接效用，但是传统文化对中国人重建精神家园、巩固中国作为一个民族国家在经济全球化浪潮中的精神堤坝而言具有极为重要的意义。

中华民族为人类文明进步作出了不可磨灭的贡献。5000多年连绵不断、博大精深的中华文化，积淀着中华民族最深沉的精神追求，包含着中

---

① 〔美〕阿历克斯·英格尔斯：《人的现代化》，殷陆君编译，四川人民出版社1985年版，第4页。

华民族最根本的精神基因，代表着中华民族独特的精神标识，是中华民族生生不息、发展壮大的丰厚滋养。包括儒家思想在内的中国传统思想文化中的优秀成分，对中华文明形成并延续发展几千年而从未中断，对形成和维护中国团结统一的政治局面，对形成和巩固中国多民族和合一体的大家庭，对形成和丰富中华民族精神，对激励中华儿女维护民族独立、反抗外来侵略，对推动中国社会发展进步、促进中国社会利益和社会关系平衡，都发挥了十分重要的作用。同时，中国优秀传统文化的丰富哲学思想、人文精神、教化思想、道德理念等，也蕴藏着解决当代人类面临的难题的重要启示，可以为人们认识和改造世界提供有益启迪，可以为治国理政提供有益启示，也可以为道德建设提供有益启发。①

优秀传统文化是一个国家、一个民族传承和发展的根本，这些东西丢掉了，精神命脉就被割断了。我们要坚持马克思主义的方法，采取马克思主义的态度，坚持古为今用、推陈出新，有鉴别地加以对待，扬弃地予以继承，取其精华、去其糟粕，用中华民族创造的一切精神财富来以文化人、以文育人。对待传统文化，既不能厚古薄今，也不能厚今薄古，更不能全盘接受或者全盘抛弃。我们要讲清楚中华优秀传统文化的历史渊源、发展脉络、基本走向，讲清楚中华文化的独特创造、价值理念、鲜明特色，增强文化自信和道路自信，还要系统梳理传统文化资源，深入挖掘和阐发中华优秀传统文化讲仁爱、重民本、守诚信、崇正义、尚和合、求大同的时代价值；大力宣传中华民族的优秀文化和光荣历史，继承五四运动以来的革命文化传统，通过多种方式加强爱国主义、集体主义、社会主义教育，引导人们树立和坚持正确的历史观、民族观、国家观、文化观，增强做中国人的骨气和底气。

中华优秀传统文化与社会主义市场经济、民主政治、先进文化、社会治理等方面还存在需要协调适应的地方。弘扬中华优秀传统文化，要处理好继承和创造性发展的关系，实现中华文化的创造性转化和创新性发展。创造性转化，就是要按照时代特点和要求，对那些至今仍有借鉴价值的内涵及其陈旧的表现形式加以改造，赋予其新的时代内涵和现代表达形式，激活其生命力。创新性发展，就是要按照时代的新进步、新进展，对中华优秀传统文化的内涵加以补充、拓展、完善，增强其影响力和感召力。中华民族是一个兼容并蓄、海纳百

---

① 《习近平总书记系列重要讲话读本(2016年版)》，学习出版社、人民出版社2016年版，第201～202页。

川的民族，在漫长历史进程中，不断学习其他民族的优秀文化成果，将其转化成自己的文化，形成中华民族的民族特色。文明因交流而多彩，文明因互鉴而丰富，对各国人民创造的优秀文明成果，我们都应该采取学习借鉴的态度，都应该积极吸纳其中的有益成分。要坚持从我国实际出发，坚持取长补短、择善而从，讲求兼收并蓄，在不断汲取各种文明养分的过程中丰富和发展中华文化。

事实上，传统文化的精神力量在儒家文化圈国家现代化进程中的作用已经得到了普遍承认，按照马克斯·韦伯（Max Weber）在《新教伦理与资本主义精神》中表达的基本理念，资本主义在欧洲兴起，精神和文化方面的驱动力至关重要，新教伦理中勤奋和节俭的道德准则，使得资本主义的财富积累成为可能。同样，儒家伦理中经世致用、家国和谐的政治伦理和经济伦理也造就了中国移民在世界各地的成功。日本历史学家森岛通夫在《日本为什么成功》中提出，日本近代以来也在向欧美列强学习科学和技术，但是在精神层面，日本的变化很小，其内核仍然保留着唐代以来的某些儒家思想，比如，在日本企业中，忠诚与奉献是基本的职业伦理，这也被视为日本在第二次世界大战后经济腾飞的重要精神资源之一。因此，文化的现代化和文化的自我更新机制应成为中国在未来实现伟大复兴的重要精神保障，同时，我们要认识到中国传统文化的现实生命力，增强文化自信和道路自信，正如习近平总书记所言，"坚定中国特色社会主义道路自信、理论自信、制度自信，说到底是要坚定文化自信"[1]。重建中华民族的文化自信不是盲目为传统文化辩护，不是容不得批评和改变的文化民粹主义，传统文化中的核心价值也同样倡导宽容和兼收并蓄，尊重多样性正是中国文化儒释道传统能够并行不悖的精神支柱。不过，我们必须承认的是，资本主义的扩张正在不断瓦解着这些传统伦理和观念结构，面对西方强势文化，新儒家则体现了一种传统文化的强烈反弹。新儒家强调要维护和恢复中华文明的文化之根，西方的文明即使引入中国，在中国的土地上始终是无根之存在，不能根本解决中国人精神和文化层面的需求。当然，以新儒家为代表的传统思想的现代派别也提倡中华文化与西方文化应该进行基于交往合理性的沟通与交流，以求形成多元化存在的文化态势。不仅如此，现代性精神也在不断对社会主义意识形态的合理性及其社会认同提出挑战，大量涌入的西方社会思潮也导致了对社会主义意识形态的认同的分化，正如前面所述，社会群体中有些

---

[1]　习近平：《在哲学社会科学工作座谈会上的讲话》，人民出版社 2016 年版，第17 页。

被分化的部分所秉持的价值和观念能够对社会主义意识形态形成辅助和支援，但是也有相当一部分所秉持的价值和观念是反社会主义和马克思主义的。

现代性所带来的理性精神必然要求社会知识阶层对传统思想观念和价值体系进行重新的评估，而现代思想的开放性也必然使得意识形态不可能再被某种个人崇拜或者乌托邦狂热所垄断，社会主义意识形态作为现代中国的思想传统已经内化到社会大众的思维和语言习惯之中。与传统的儒家或者道家思想传统相比，社会主义意识形态所要巩固的主要是其在社会思潮中的主导地位问题，也就是说，面对西方现代性精神，社会主义意识形态应该如何评价自己相对于西方价值的优越性；社会主义意识形态应该如何保持对西方现代精神文明的开放性；社会主义意识形态如何在不割裂本土精神资源的前提下，使传统文化能够在现代性条件下加以延续。要之，就是社会主义意识形态要充当传统思想与现代观念之间的协调者和沟通者，这个角色的成功与否，与以上三个问题能否顺利解决有着直接的联系。而解决了以上三个问题，社会主义意识形态在社会思潮中的合理性就必然会得到捍卫。

3. 在渗透激荡中融合、裂变与重组

当代社会思潮之间关系的复杂性还在于除了彼此之间的相互激荡之外，还表现出彼此之间相互融合、分化和重组的形态变化。伴随着经济和社会的发展，中国社会的阶层分化还会进一步加快，而不同社会阶层的利益表达通道除了诉诸政治行为之外，也更主要地在思想观念上表现出来。于是，社会阶层内部和社会阶层之间的分化和融合成为当代社会思潮融合、裂变和重组的基础。价值取向的独立性、差异性和多元性不断增强。在计划经济条件下，社会阶层尚未分化，结构较为单纯，而利益主体较为单一，经济结构也是单一的全民所有制和集体所有制经济，几乎不存在私有经济成分。在这个基础之上，意识形态的一元性特征是明显的，它体现的是国家和集体的利益主体诉求。而在社会主义市场经济条件之下，集体主义和个人主义的矛盾开始出现，个体经济和民营经济的成分导致一大批新型社会群体的出现，利益主体开始分化，而不同利益主体之间的意识形态冲突也开始显现。中国社会经济领域四十余年来发生了重大变迁，对既有社会阶层结构形成了很大冲击，造成一段时期以来社会阶层的结构性紧张。当然，我们可以从社会学、政治学、经济学乃至伦理和文化结构来客观地观察这种变迁，也可以从社会思潮的此消彼长来观察社会各阶层的主观感受。社会经济变迁和制度变迁越剧烈，社会各种结构性要素之间的分化和组合也就越剧烈，而在这个过程中所形成的文化和观念联系就越发具有相互

冲突和激荡的特征。

　　分化和整合是开放型社会意识形态演变的常态，不同的社会思潮虽然彼此之间形成一种相互冲突的关系，但是就社会思潮本身而言，则是对所属社会阶层的一种整合性的信念和价值系统。每一个具有不同经济和社会身份的社会个体，都可以从这种价值和信念系统中体会到个体与民族国家、个体与社会共同体之间共同的文化连接，它像一根输送精神养分和凝聚力的脐带，不断在社会结构的变迁中，唤醒具有共同的利益、价值和文化诉求的个体，使之认同某种共同信念和进取目标，甚至将其凝聚成一个固定的阶层或团体，以群体性的行动来达成他们的共同目标。而对于民族国家而言，有效利用这种分化和整合的意识形态的功能，则可以实现民族国家有效的社会统一和意识形态稳定。

　　当代中国非主流社会思潮往往通过社会自发的方式来形成利益表达的理论话语和精神符号，因此，与国家主流意识形态的整合相比，它们的整合作用更多是一种自觉的内化过程。但是社会自发观念分裂和重组的致命缺陷在于没有方向感，它伴随着强势外部思潮或者强势阶层的兴起和衰落而浮沉。比如，在对待知识和教育的态度上，传统思想尊重知识和教育，这是主流价值观，也是国家主流意识形态所要建构的社会共同价值取向，但是在我国市场经济发展过程中，有一部分社会成员虽然拥有较多物质财富和较高社会地位，但是并不拥有较高的学历或者接受过较好的教育；而另一些寒窗苦读、接受过高等教育的社会成员，却无法在社会地位和财富积累方面获得与自己学历相应的回馈。近年来"读书无用论"的兴起与这种社会现象不无联系，从更普遍的范围来讲，历史虚无主义与读书无用论等论调的结合则裂变出现代犬儒主义等具有腐蚀性和危害性的社会思潮。

　　多元社会思潮中的裂变往往发生在社会发展的剧烈变化期，不同社会阶层在社会变迁中有的被抛离原来所属阶层，有的则上升到更高社会阶层，在这种情况下，持有相似价值观的社会阶层，也会由于财富、身份和地位的变迁，而分裂为不同的社会思潮和价值观的拥护者。比如，以文化领域的民族主义思潮而言，在剧烈的社会变迁中，同样属于知识分子阶层的一部分人由于固守原有职业和社会身份，则仍然保有文化的理性民族主义倾向，有一部分人由于下海经商积累大量财富，提高了社会地位，则需要文化中的传统思想来维护自己已经获得的利益，因而在文化上倾向于更为保守的民族主义，还有一部分人由于经济社会的变迁，从原来的知识分子阶层分化为低收入阶层，由于原有地位和利益的丧失，加上社会不公和贫富差距的现实状况，则更容易倾向于民粹主义的社会思潮。

　　从社会思潮裂变的积极意义上来看，它意味着中国作为开放社会，社会成员的个体意识逐渐觉醒，有自由选择价值观的权利，个人的价值得到了空前的尊重。与计划经济时代相比，集体主义的价值观固然凝聚了社会主义的力量，极大程度地积累了社会主义生产力，但是它也意味着个人自由选择权利的削弱。但是这与当代中国所积极建构的社会主义核心价值观并不矛盾，社会思潮的分裂对主流意识形态而言，一方面形成一种挑战，也就是说，社会群体的价值体系可能面临碎片化和失去主导性的危险，但是另一方面社会思潮的分裂也为主流意识形态的建构提供了很好的机遇，可以积极利用不同思潮中的积极因素来对分裂的社会思潮进行有效整合。

　　如前所述，社会思潮的分裂往往发生在社会急速变迁和社会结构分化的时期，当这种转型日趋完成，社会结构日趋沉淀的时期，社会思潮则开始出现重组和整合的态势。从世界历史发展的一般规律来看，革命和战争时代，各种哲学思潮和社会制度解决方案层出不穷，但是一旦和平与发展成为主题，社会上的诸种社会思潮则面临着要么被时代淘汰，要么寻求重组和整合的历史契机。从世界各主要国家在战争中和战争后意识形态变迁规律的考察来看，世界性战争期间，敌对国家内部往往由于同仇敌忾和生死存亡的民族生存危机，形成一个极为坚固和团结的信念和价值共同体，可以暂时弥合战前尖锐的阶级分歧和利益冲突，一致面对民族危机。但是，在战后的和平发展阶段，中间阶层开始急剧扩张，意识形态在分化和整合的规律作用下，日趋中间化和多元化，这也是战后各国政党政治普遍走向一种基于中间道路的多元文化和政治策略的动因。

　　由此可见，一般而言，社会思潮的整合和重组，往往是趋向于社会群体中间阶层的利益诉求，这也是因为对于一个正常的现代社会而言，中间阶层往往是数量最多的。因此，社会主义意识形态对社会思潮的整合，也必须对这样一个社会结构做出恰当回应，一方面，这种积极回应可以进一步在中间阶层中获得更强的合法性的支撑；另一方面，社会主义意识形态能够获得一个可靠的社会群体的支持，而不是流于政治宣传和灌输，真正成为一种日常生活中的价值认同，那么，就必须使每一个人都受到主流价值观潜移默化的影响，并在这个过程中提高整个社会的道德水平和精神境界。例如，主动吸收私营企业主等新兴社会阶层中的优秀分子加入中国共产党，就体现出了对私营业主、职业经理人等通过合法劳动获得财富的中等收入阶层的尊重。从意识形态的整合效应角度来说，它也避免了中间阶层在意识形态选择和政治倾向上的分化。逐渐柔化传统意识形态阶级斗争模型中的僵硬对立，实事求是地面对社会结构的复杂性，不再简单地套用二元对立的意识形态斗争模式处理当下国内基于阶层冲突和分化而产生的意识形态问题，这种策略是一种具有全球视野的积极进步。它一方面实事求是地面对了社会阶层的现实状况，另一方面则认识到了在经济全球化的背景和中国现代化的总目标条件下，阶级基础的变化和群众基础的扩大，而近年来社会各阶层的反应也证明，我党的社会影响力的确在增强而不是在削弱。所以，当代社会主流意识形态不能继续保持一种僵化和教条的姿态，它需要不断适应社会结构和经济条件的变化。从国际社会的经验来看，开放社会和稳定社会的主流意识形态往往是灵活适应的，它积极吸纳新的价值，并将其同化或者整合入自己的价值体系中，从而获得新兴社会阶层和社会成员的衷心支持，或者作为外在条件变化的成果得到旧的原有团体的重新支持。[①]

面对社会思潮的融合、分裂和重组，现代中国精神的塑造要求我们采取一种世界历史的宽广视野，在全球意识的背景下，独立自主地思考民族国家意识形态建设的独特性和极端重要性。现代中国精神的培育并非独尊某一种社会思潮，我们正是因为有着道路自信、理论自信、制度自信、文化自信，才有可能积极面对"和而不同"的现实思想格局，才有可能在复杂的社会思潮形态体系中保持开明理性和远见卓识，并真正地深刻理解中国化马克思主义道路的独特性和深远意义。相反，将中国精神简化为经济全球化浪潮中西方精神的东方表现，将中国道路简化为经济全球化进程中西方道路的中国回声，并不能为中国赢得作为一个民族国家应有的国际地位和精神坐标。我们只有坚定不移地建构中国特色社会主义意识形态的特质，才有资格与世界各优秀民族国家平等地创造和平和繁荣的未来。

三、新媒体及其传播的复杂效应

当代社会思潮借助新兴媒体正在改变着自己的传播方式，传播受众既是观念和思想的接受者，同时也是信息的传播者。新媒体与受众之间的互动性更强，有着更多可能的途径来直接获取受众的注意甚至认同。新媒体的这种反中心化、去权威化以及虚拟性和实时传播的属性，使得当代社会思潮的传播渗透力更强，同时主流意识形态与非主流意识形态不再像通过传统传播方式那样，分别处于中心和边缘地位。以微博、微信为代表的自媒体的出现，使得非主流

---

① 参见〔美〕道格拉斯·C.诺思：《经济史中的结构与变迁》，陈郁等译，上海人民出版社 1994 年版，第 59 页。

的社会思潮也能够通过迅速快捷的传播渠道获得受众。不过，新媒体的出现也造成了信息冗余这一新的传播现象，受众面对过量的信息，选择能力和判断能力不足，往往会造成谣言和混乱信息的传播。因为在传播机制上，新媒体并非像传统电视和广播那样以一种灌输和劝服的方式向受众传达某种观念和价值观，在以自媒体为代表的新媒体条件下，传播机制呈现出一种非中心的、发散式的网状结构。社会思潮传播的意见领袖有可能不再是知识分子、权威专家或者政府官员，每一个利用自媒体发声的社会个体都可以一夜之间成为群众的意见领袖，可以引导大众舆论，也可以煽动群众情绪。新媒体与形形色色社会思潮的结合，新的意义空间的建构，在当代深刻地改变了社会思潮的格局，造成当代中国社会思潮多样化和复杂性的进一步加强。

1. 互联网大数据改变思想生态

互联网如今已经成为各类社会思潮激烈争夺的意识形态阵地，传统意识形态传播的组织空间——家庭、学校和单位以及传统意识形态传播的大众空间——电视、广播及纸媒，其影响受众的规模和即时性、灵活性面临着互联网空间的解构，尤其是以手机为终端的自媒体的兴起更加强化了这个意识形态空间解构过程。尽管有可能通过技术在某种程度上控制互联网传播的规模和速度，但是互联网非中心性和开放性的本质决定了观点和信息的互联网传播和交流是无法百分之百受到管控的。在互联网面前，传统的权威主义意识形态灌输的传播方式正在面临危机，于是，互联网和大数据也正在改变着整个社会思潮的思想生态。

人们注意到，大数据使得我们在分析信息时产生了三个转变。第一个转变是，在大数据时代我们可以分析更多的数据，有时候甚至可以处理和某个特别现象相关的所有数据，而不再依赖于随机采样。这让我们看到了一些以前无法发现的东西，或者说大数据让我们更清楚地看到了样本无法揭示的细节信息。第二个转变是，研究数据如此之多，以至于我们不再热衷于追求精确度。然而迄今为止人们的数字技术依然建立在精准的基础上。在大数据时代，追求精确度已经变得不可行，甚至不受欢迎。数据纷繁多样，优劣掺杂，分布在全球多个服务器上。拥有了大数据，人们不再对一个现象刨根究底，只要掌握大体发展方向即可，适当忽略微观层面的精确度会使我们在宏观层面拥有更好的洞察力。第三个转变因前两个转变促成，即人们不再热衷于寻找因果关系。在大数据时代，人们转而开始寻找事物之间的相关关系，这会提供非常新颖且有价值的观点。相关关系也许不能准确地告知我们某件事情为何会发生，但是它会提醒大众这件事情正在发生。大数据告诉我们"是什么"而不是"为什么"。在大数据时代，我们不必知道现象背后的原因，只要让数据自己发声，我们就会注意到很多以前从未意识到的事情之间的联系。①

我们还要清醒地认识到，互联网作为一种技术手段，并不是中立、平等地为所有人服务的，按照法兰克福学派的观点，技术与科学本身也是一种意识形态。尽管每一个社会个体在虚拟的互联网空间里，似乎是在自由和平等地发表自己的见解，尽管互联网是没有国界的，因而似乎是不存在价值立场的，但是互联网后台技术控制者是有国籍的，因此互联网总会受到民族的、国家的价值观和意识形态立场的影响。互联网技术人员主导着信息和数据的渠道和传播的可能性，网络言论受到"看不见的手"的操控，这只手就是技术优势。可以说，哪个国家在网络技术上具有主导性，那么它就可以操控社会群体的舆论倾向，也就更具有隐蔽的话语权。2013 年被美国中央情报局前雇员斯诺登（Edward Snowden）揭发的"棱镜门"事件，证明美国等资本主义国家凭借技术优势监听和控制世界范围内公民、国家领袖的电话、邮件等资料和互联网信息是毋庸置疑的事实。

发达国家和发展中国家存在的数字鸿沟，造成了信息和文化传播的不平等，这种差距也进一步扩大了发达国家在经济全球化的实体空间中的强势地位，如今，全球 80% 以上的互联网信息以英语为主要传播语言，而网络技术也主要控制在发达国家手中。新自由主义意识形态在网络新兴媒体兴起之后，以更加隐蔽的方式在各个国家争夺着社会群体的意识形态主导权。20 世纪末，美国开始部署新型军事政治策略"网络中心战"，从政治角度来讲，以美国为首的西方国家已经将互联网空间作为传统的海陆空之外的第四空间。

互联网由于同金融垄断资本相结合，也带有垄断和资本同谋者的性质，互联网虽然起源于军事用途，但是其世界历史意义则是与资本联合后，才真正被赋予的，互联网极大地便利了商品的全球流通，甚至互联网本身也成为资本的利润增长点，因而作为一种新型技术它极为依赖资本主导的社会生产过程。资本的垄断趋势也带来了互联网技术和发展日趋垄断的迹象，这些都是与互联网本身所具有的非中心化和分散化的民主性特质相抵触的。互联网分享和共有的公共属性则在资本的操控之下越来越萎缩，开放的互联网以表面的繁荣掩盖了事实上的封闭性趋势和被少数大型资本所控制的本质。

---

① 参见〔英〕维克托·迈尔-舍恩伯格、肯尼思·库克耶：《大数据时代：生活、工作与思维的大变革》，盛杨燕、周涛译，浙江人民出版社 2013 年版，第 27 页。

资本正在按照自己的逻辑塑造着互联网舆论空间，在这个逻辑支配下运行的互联网早就不是一个自由和民主的舆论空间了，在这个舆论空间里到处可以找到资本的蛛丝马迹。按照传播学的理论来说，现代资本操控下的媒体有三大功能：第一，为资本的逻辑提供舆论支持，比如，在全球范围内支持新自由主义意识形态的传播，鼓吹资本主义的民主和价值观，掀起一场又一场颜色革命，通过意识形态演变将发展中国家纳入发达资本主义国家所操控的金融、政治和军事体系之中。第二，利用大众媒体的工业化运作来转移大众的注意力，削弱大众对社会公共领域议题的思考和讨论的深度和广度。近年来，各国娱乐工业占据了互联网和媒体的大部分舆论空间，政治和严肃的公共事务要么没有足够的平台呈现，要么干脆被娱乐化和庸俗化，大众在这种互联网生态和舆论生态中是无法了解真相的，于是，资本成功将大众排斥在关键事务的决策和思考之外。第三，在技术和媒体操控上保持议程设置的技术和媒体资源优势，通过互联网舆论的各个重要节点，引导话题的生成、发酵、导向和终结；在敌对国家通过互联网渗透的手段，操控网民话题，引导大众攻击国家和政府，撕裂社会共识，混淆视听，来达到意识形态渗透的目的。

"棱镜门"事件也表明，一批科技公司在不断更新产品的同时，也在自己的服务器和技术范围内收集全球公众的消费习惯、政治倾向等大数据。大数据信息由于具有准确的预测作用，近年来越来越成为国家安全体系的一个重要组成部分，除了通过收集公众浏览网页的习惯和在自媒体上的发言内容等来对一个国家公众的政治倾向进行评估之外，大数据还能够进行精准的大众舆论倾向和价值取向的分析和预测，从而能够为引导大众舆论和处理突发事件提供决策依据。由于互联网发源于美国，因此，美国利用技术先发优势保持着对互联网的域名和根服务器的控制。利用网络域名解析的特权，美国可以在必要的时候让某些网站，甚至某些国家在互联网上彻底消失。比如，在伊拉克战争期间，美国就曾经在网络上封锁伊拉克域名，使得伊拉克在互联网上成为一个不存在的国家。当然，美国也可以利用这种技术特权对全球各国大众的网络使用情况进行数据收集和分析，从而从各个方面掌握该国的政治、经济等信息。

针对大数据时代产生的这些变化，有关信息内容和应用的管理就是一个新命题。习近平总书记指出："要依法加强网络社会管理，加强网络新技术新应用的管理，确保互联网可管可控。"[1]要实现这一目标，在互联网和大数据正在

---

[1] 《习近平总书记系列重要讲话读本(2016 年版)》，人民出版社 2016 年版，第 204 页。

逐步改变社会思潮的存在生态这一现实背景下，主流意识形态的传播方式也要相应进一步加以改变，一方面，要积极发展自己的互联网技术；另一方面，要积极建立一批网络舆论阵地，组建一支网络意识形态工作的常规队伍来宣传主旋律。我们国家的数亿网民，已经形成了一个强大的舆论引力场，许多真实或虚假、善意或恶意的信息都被吸引到这个引力场当中。因此，我们必须坚持巩固壮大主流思想舆论，积极创新网上宣传的模式，吹响占领网络舆论战场的号角，在各级各类网站上积极引导舆论，与危害社会主义核心价值观的舆论进行有理有据的论战。只要主动接近社会大众，说老百姓听得懂的话，就能够产生良好的舆论效应，共同构建网络空间命运共同体。

2. 社交媒体已成为当代社会思潮的舆论场

在互联网的信息传播结构中，新兴的社交媒体在社会舆论空间中扮演着话题发动者的角色，大众普遍认为社交媒体打破了组织化媒体（如电视台等）对公共领域事件话语权力的垄断状况，使得大众能够从公共领域事件的围观者上升到参与者，意味着空前的话语权平等和言论自由。这种观点似乎只看到了社交媒体的传播学和社会学意义，而没有看到社交媒体的政治性和意识形态性，社交媒体所编织起来的当代社会思潮的舆论空间的另一种真实面目至少可以体现为以下几点：

第一，表达观点和思想的平等和伪平等权利的交织。非组织化的社交媒体降低了大众参与公共领域事件讨论的门槛和成本，一个热门话题可以通过社交媒体的不断转发和附加评论，持续积累社会群体的关注度，并引发相关议题以指数级别的速度发酵。从技术上来讲，每一个人都可以成为这样一个话题英雄、一个意见领袖，引领一时舆论。从表现特征上来看，非组织化的社交媒体在这些方面似乎真的实现了话语权的平等。不过，我们必须考虑到，社交媒体的非组织化特征也使得这个舆论场中生成的话题即使原初表述是理性的，但是在转发和发酵过程中，有可能会被非理性、无方向感的大众情绪、意志和情感所左右，网络舆论和社交媒体的持续讨论所积累的情绪对事件的多种现实状况都产生了影响。而在这类事件中，社交媒体是不可能充分考虑当事人双方的观点和权利的，话题一旦在社交媒体产生热度，就脱离了理性思考的框架，其最终后果，有可能是对当事人双方平等法律权利的漠视，是对平等的基本价值的伤害。因此，在社交网络中，平等也被虚化为一种抽象的概念，在这个舆论空间中，是否能够获得平等的权利，前提是能否迎合运行在独立轨道上的群体舆论的共同情绪。

第二，思想的片段化和扁平化。组织化媒体在营造舆论空间的时候，是有一个合理化的信息生产机制的，每一条信息都会在组织化媒体中被分割、整合为一个有内在逻辑和秩序的信息产品。传统媒体的信息生产机制符合现代性的基本精神，而社交媒体的信息生产机制则具有后现代性的特征，它的信息生产没有统一的机制，而信息生产者也是碎片化的。因此社交媒体的信息产品也呈现出碎片化的特征，欠缺连贯、逻辑和深度的信息组合，它的再生产机制的基本特征就是复制，虽然表面上同一个话题积累了很多信息，但是这些信息中的原创性要素是很贫乏的，充斥的是大量的信息重复。正如弗雷德里克·詹姆逊(Fredric Jameson)在批判后现代主义文化的时候所言，后现代主义文化削平了思考的深度，只留下一种平面感，大量信息的涌现，尤其是社交媒体中视觉信息的出现，更加剧了舆论场中的受众对深度思考的文化懒惰。美国著名学者丹尼尔·贝尔则发现：

> 电视新闻强调灾难和人类悲剧时，引起的不是净化和理解，而是滥情和怜悯，即很快就被耗尽的感情和一种假冒身临其境的虚假仪式。由于这种方式不可避免的是一种过头的戏剧化方式，观众反应很快不是变得矫揉造作，就是厌倦透顶。……电视作为媒介中最"公开"的，则有它的局限。然而，整个视觉文化因为比印刷更能迎合文化大众所具有的现代主义的冲动，它本身从文化意义上说就枯竭得更快。①

这就使得处于社会思潮舆论空间中的个体无法进行理性判断、鉴别真伪，更多的只是被动地接受和复制转发。于是，大众与媒体之间互动的辩证平衡被打破，一些当代社会思潮在这种抽象的信息生产结构中则被缺乏社会整体关怀的狭隘个体视野和社会情绪所左右。

第三，坚固的价值和意义的消散。微小事件与宏大事件的意义界限不再清晰，社交媒体传播方式的即时性和现场感满足了受众渴望参与和围观的心理欲求，信息在视觉上的同步性加强了这种虚假的身临其境的感觉，大量图像、视频片段的传播，造成舆论场中真实性的匮乏，微小事件也可能被抽象的符号赋予重大的意义，而宏大事件也可能由于被漠视而被解构或者被化解为碎片信息。虚假的参与感将事件的真实性与受众的理智拉开了距离，在社交媒体中的

---

① 〔美〕丹尼尔·贝尔：《资本主义文化矛盾》，赵一凡等译，生活·读书·新知三联书店1989年版，第157页。

我们拥有的不是真实的感受，不是真实的理解，不是真实的观察。受众与真实分离，按照后现代主义学者的说法，我们在社交媒体中所面对的是"真实的荒漠"，一切坚固的东西都烟消云散了，坚固的价值和意义正在消散，欲望和满足欲望的行动则受到了一些社会思潮的鼓动，以欲望来解构意义，而主流意识形态的普遍性和理性原则在这种欲望的解构面前就有可能会失效。

尽管社交媒体在传播的方式和内容方面形成了一个松散且难以凝聚的舆论空间，但是作为一种新兴的媒介技术手段，主流意识形态应当积极借助这种手段来处理公民日益增加的对于公共领域事务的参与需求。引领社交媒体的舆论空间的常规手段，对于主流意识形态而言有以下几种：第一，建立网络政务社交媒体账号，及时对外发布官方声音，避免不实信息的传播，正面叙事，建构意义，树立正确的价值取向，也就是说，不能盲目迎合社交媒体解构和消解意义和价值的取向，而要有所坚守；第二，在社交媒体和其他网络平台影响和引导意见领袖，积极与意见领袖沟通，建立良好的信息预警系统和快速反应系统，当不实信息造成公共事件的时候，及时通过官方和民间意见领袖的沟通渠道来纠正和更新社交媒体信息，避免大众舆论的错误走向。因此，有必要大力推进传统媒体和新型媒体的融合创新并协同发展，从"你是你、我是我"变成"你中有我，我中有你"，进而变成"你就是我、我就是你"，以新媒体的传播力和引导力融合主流媒体的影响力和公信力，运用正确的战略战术，组织网络舆论的积极力量对错误思想观点进行批驳，牢牢掌握网络舆论的主动权。① 除了常规手段之外，主流意识形态应当采取更加积极的策略和行动来应对，以国外政府对社交媒体舆情收集和监控的经验来看，首要的一个策略就是要跟上社交媒体信息快速和即时的特点，更加及时地回复具有公共性质的社会关切，消除误解，促进沟通。美国政府专门成立了应对网络舆论的专业机构，该机构时刻监控互联网上各类有可能影响美国国家利益的信息和思想主张。根据《经济学人》的报道，美国通过网络优势密切地监视着世界各主要语种的社交媒体，同时监控世界各国包括外交官在内的政府要员的网络信息。在互联网信息监控方面的战略优势，使得美国能够对有可能危害美国利益的事件的发展趋势做出预判，并及时采取应对措施。

另外，主流意识形态也要学会在适当的时机设置议程，制造话题，引发社交媒体的话题热点，并与分布在各个阶层中的网络意见领袖积极沟通，积极引

① 参见《习近平总书记系列重要讲话读本（2016 年版）》，学习出版社、人民出版社 2016 年版，第 205 页。

导大众舆论，传达社会共识，努力促使社会思潮形成一个舆论合理互动的中心，在其中渗透主流意识形态。这种模式接近有些学者提出的"开明的权威主导模式"，既能使官方获取来自基层的价值诉求，同时也能保持主流意识形态对社会思潮的主导性。

3. 社会思潮通过新媒体的放大和扭曲

毫无疑问，新媒体为社会公众提供了多样的信息获取渠道，但是，如前所述，当信息从多个渠道汇集到非组织化的社会公众的时候，普通人并没有综合信息判断真伪是非的时间、精力和能力（除非事件与自己利益相关），因此按照直觉进行判断则成为一种信息选择的常用思维方式。但是，信息过滤的直觉选择往往是不可靠的，公众往往会选择相信身边或者自己熟悉的群体和阶层愿意相信的信息，于是这种传播逻辑就造成了利益有分歧的社会阶层之间，甚至社会公众与政府之间相互信任的下降。古罗马历史学家塔西佗在其著作中曾经提出这样一个历史规律，即当皇帝或者政府丧失公众信任的时候，以后无论皇帝或者政府做的是好事还是坏事，说的是真话还是假话，都会被公众怀疑是虚假的，是在做坏事，这就是所谓"塔西佗陷阱"（Tacitus Trap）。因此，在社会思潮通过新媒体放大自己的声音和主张的时候，当新媒体对社会公众的影响仍然是直观和视觉属性的时候，政府对意识形态构建的理性主张就更应当避免陷入塔西佗陷阱。

如果社会思潮借助社交媒体的力量，而其传播的方式和内容被政治力量组织起来，以工业生产的方式创造信息产品，并在信息内核中渗透价值观和政治倾向，那么非组织化的受众面对这种信息产品仍然以直观的和非反思的方式接受和转发，则很容易受到潜移默化的影响，从而转变自身的价值和政治态度。奥巴马在竞选总统的时候，就很好地利用网络公关策划了一系列的媒体事件来引导公众对奥巴马产生好感。显然，新媒体与资本和政治的结合，已经深刻地改变了政治影响受众的方式，它以表面上更为平等和隐蔽的方式诱导公众来接受米自政治的影响。

历史虚无主义近年来的蔓延是令人忧虑的，而更具有危害性的是当历史虚无主义与西方自由主义价值观相结合，就产生了一方面否定本民族文明、否定本民族历史人物，对本民族的历史前途悲观，另一方面积极迎合西方文明，将中国现代转型的前途寄望于朝着西方政治制度和经济制度的根本转向。一些经济学家和知识分子利用社交媒体，不断通过琐碎的生活小事向民众鼓吹西方生活方式和西方价值观，而民众对社交媒体的信息内容是缺乏深思的，大量的转发造成了话题效应，引发了对本国历史和文明的信心动摇。不仅如此，一些不负责任的图片和所谓"段子"通过社交媒体大量传播，这种社交媒体的舆论倾向对传统价值和历史观的消解是值得警惕的。因为很显然，社交媒体迎合大众的网络思维习惯，放大了历史虚无主义思潮和新自由主义思潮所主张的观点和历史观，扭曲了理性和正确评价本民族历史和英雄人物的客观思维方式。

> 马克思主义理论不是教条而是行动指南，必须随着实践发展而发展，必须中国化才能落地生根、本土化才能深入人心。党之所以能够领导人民在一次次求索、一次次挫折、一次次开拓中完成中国其他各种政治力量不可能完成的艰巨任务，根本在于坚持解放思想、实事求是、与时俱进、求真务实，坚持把马克思主义基本原理同中国具体实际相结合、同中华优秀传统文化相结合，坚持实践是检验真理的唯一标准，坚持一切从实际出发，及时回答时代之问、人民之问，不断推进马克思主义中国化时代化。习近平同志指出，当代中国的伟大社会变革，不是简单延续我国历史文化的母版，不是简单套用马克思主义经典作家设想的模板，不是其他国家社会主义实践的再版，也不是国外现代化发展的翻版。只要我们勇于结合新的实践不断推进理论创新、善于用新的理论指导新的实践，就一定能够让马克思主义在中国大地上展现出更强大、更有说服力的真理力量。①

美国哈佛大学亚洲研究中心主任托尼·赛奇曾经向中国提出，要警惕目前对毛泽东等领袖人物的否定和歪曲，即使在西方的政治人物和知识分子眼中也值得尊敬和研究的毛泽东及其理论，却在中国改革开放后，受到一些"隐蔽的权力和利益"的诋毁，这是一个不可思议的文化现象，如果在互联网时代我们不能有效遏制并有理有节地阻止这种思潮的蔓延，那么中国的改革开放就有可能遭遇重大挫折。

在网络空间和社交媒体中维护国家主流意识形态的安全，并非限制公民言论和思想自由，相反，它是各个国家维护国家安全和社会稳定的必要措施之一。不过，必须加以更新的经验是主流意识形态的整合和引导功能，必须通过重新设计其传播渠道、内容、主体和叙事风格等方面来实现。在传播渠道方面，我们应该密切关注新媒体的技术发展，及时占领新兴媒体的舆论平台，发

---

① 《中共中央关于党的百年奋斗重大成就和历史经验的决议》，人民出版社 2021 年版，第 66～67 页。

出主流的声音；在传播内容方面，应该适应现代社会公众接受信息的视觉性、实时性和直观性特征，通过能够引起视觉关注的媒体技术，进一步引导话题的深入讨论，来提高社会公众对于各种社会思潮实质的辨别能力；从传播主体上来看，主流意识形态必须积极培育多元化的传播主体，传统的单一化的政府和宣传部门所遭受的挑战已经显而易见，我们应该在各类社交媒体上积极培育主流意识形态的意见领袖，并将意见领袖系统作为在新媒体空间发声的战斗堡垒，形成一种主流意识形态的"人民战争"态势，变被动接受挑战为主动发起话题和讨论；在主流意识形态的叙事风格方面，则需要采取各种视频、图片等技术方式，或者适应社交媒体使用者的形象化阅读习惯，将话题和事件转换为视觉叙事，将整体的、系统性的叙事转化为片段的、直观的、互动性的叙事。

我们要增强忧患意识，采取多重举措应对意识形态挑战：

第一，实施大数据建设工程，减少民众对西方国家数据库的依赖。布局国家大数据平台、数据中心等基础设施，加大大数据关键技术研发力度，建设融准确性、系统性与开放性为一体的国家大数据平台、数据中心，在风险可控原则下最大限度地推进公共机构数据资源集中向社会开放，降低西方数据库对我国意识形态渗透的力度。增强意识形态工作者的数据安全意识，加强对要害数据的监管，规避敏感数据的无序使用；夯实技术基础，加大计算机网络攻击与侵入、计算机网络病毒及反病毒、加密与入侵检测等技术的自主研发力度，防止境外木马程序或僵尸程序通过控制境内服务器窃取核心和敏感数据；加强数据安全立法工作，法律是维护数据安全的利器，要结合用户个人信息数据安全、数据跨境流动等热点问题制定和完善关于国家数据安全保护的法律；还要构建大数据安全评估体系等，从法制层面确保意识形态的数据安全。

第二，提高大数据的整合与关联分析能力，增强意识形态宣传实效性，强化在数据搜集、整合、分析方面的部门合作意识。在上述方面强化部门之间的合作意识，不仅有助于减轻搜集数据的成本，而且有助于提升数据的整合与关联分析能力，进而为意识形态宣传部门获取准确的数据分析报告，提升意识形态宣传工作效度奠定基础。在依法加强安全保障和隐私保护的前提下，运用法律手段打破部门在数据汇聚整合与关联分析方面的各自为政，进而消除信息孤岛。加快信息化建设步伐，有助于突破信息平台横向和纵向互联技术瓶颈，形成党委和政府上级同下级、同级不同部门数据资源共享共用格局。

第三，净化新媒体的传播环境，增强主流意识形态吸引力。应当通过各种渠道开展公众传播教育，提升公众的科学传播意识，培育公众的理性批判精神，使其自觉抵制错误思想的影响，进而成为错误思潮传播的"终结者"。应当坚持以人民为中心的创作导向，努力创作出有高度、有筋骨、有道德、有温度，充满正能量的网络文艺作品，提升网络空间的传播质量，以净化网络传播环境。应该加强网络结构、管理、技术系统的研发力度，从技术层面阻止国外错误思潮通过网络平台在国内传播，达到净化网络传播环境、增强主流意识形态吸引力的目的。①

重要论述 3

批判的武器当然不能代替武器的批判，物质力量只能用物质力量来摧毁；但是理论一经掌握群众，也会变成物质力量。理论只要说服人[ad hominem]，就能掌握群众；而理论只要彻底，就能说服人[ad hominem]。所谓彻底，就是抓住事物的根本。而人的根本就是人本身。德国理论的彻底性的明证，亦即它的实践能力的明证，就在于德国理论是从坚决**积极**废除宗教出发的。对宗教的批判最后归结为**人是人的最高本质**这样一个学说，从而也归结为这样的**绝对命令：必须推翻**使人成为受侮辱、被奴役、被遗弃和被蔑视的东西的**一切关系**，一个法国人对草拟中的养犬税发出的呼声，再恰当不过地刻画了这种关系，他说："可怜的狗啊！人家要把你们当人看哪！"

即使从历史的观点来看，理论的解放对德国也有特殊的实践意义。德国的**革命的**过去就是理论性的，这就是**宗教改革**。正像当时的革命是从**僧侣**的头脑开始一样，现代的革命则从**哲学家**的头脑开始。

的确，**路德**战胜了虔信造成的奴役制，只是因为他用**信念**造成的奴役制代替了它。他破除了对权威的信仰，是因为他恢复了信仰的权威。他把僧侣变成了世俗人，是因为他把世俗人变成了僧侣。他把人从外在的宗教笃诚中解放出来，是因为他把宗教变成了人的内在世界。他把肉体从锁链中解放出来，是因为他给人的心灵套上了锁链。

但是，新教即使没有正确解决问题，毕竟正确地提出了问题。现在问题已经不再是世俗人同**世俗人以外的僧侣**进行斗争，而是同他**自己内心的僧侣**进行斗争，同他自己的**僧侣本性**进行斗争。如果说新教把德国世俗人转变为僧侣，就是解放了世俗教皇即**王公**，以及他们的同伙即特权者和庸人，那么哲学把受僧侣精神影响的德国人转变为人，就是解放**人民**。但是，正像解放不应停留于

---

① 参见吴家庆、曾贤杰：《大数据与意识形态安全》，载《光明日报》，2015-10-14。

王公的解放，财产的**收归俗用**也不应停留**与剥夺教会财产**，而这种剥夺是由伪善的普鲁士最先实行的。当时，农民战争，这个德国历史上最彻底的事件，因碰到神学而失败了。今天，神学本身遭到失败，德国历史上最不自由的实际状况——我们的现状——也会因为碰到哲学而土崩瓦解。宗教改革之前，官方德国是罗马最忠顺的奴仆。而在德国发生革命之前，它则是小于罗马的普鲁士和奥地利的忠顺奴仆，是土容克和庸人的忠顺奴仆。

可是，**彻底的**德国革命看来面临着一个重大的困难。

就是说，革命需要**被动**因素，需要**物质**基础。理论在一个国家实现的程度，总是取决于理论满足这个国家的需要的程度。但是，德国思想的要求和德国现实对这些要求的回答之间有惊人的不一致，与此相应，市民社会和国家之间以及和市民社会本身之间是否会有同样的不一致呢？理论需要是否会直接成为实践需要呢？光是思想力求成为现实是不够的，现实本身应当力求趋向思想。

——马克思：《〈黑格尔法哲学批判〉导言》，见《马克思恩格斯文集》第1卷，人民出版社2009年版，第11~13页。

人们的观念、观点和概念，一句话，人们的意识，随着人们的生活条件、人们的社会关系、人们的社会存在的改变而改变，这难道需要经过深思才能了解吗？

思想的历史除了证明精神生产随着物质生产的改造而改造，还证明了什么呢？任何一个时代的统治思想始终都不过是统治阶级的思想。

当人们谈到使整个社会革命化的思想时，他们只是表明了一个事实：在旧社会内部已经形成了新社会的因素，旧思想的瓦解是同旧生活条件的瓦解步调一致的。

当古代世界走向灭亡的时候，古代的各种宗教就被基督教战胜了。当基督教思想在18世纪被启蒙思想击败的时候，封建社会正在同当时革命的资产阶级进行殊死的斗争。信仰自由和宗教自由的思想，不过表明自由竞争在信仰领域里占统治地位罢了。

"但是"，有人会说，"宗教的、道德的、哲学的、政治的、法的观念等等在历史发展的进程中固然是不断改变的，而宗教、道德、哲学、政治和法在这种变化中却始终保存着。

此外，还存在着一切社会状态所共有的永恒的真理，如自由、正义等等。但是共产主义要废除永恒真理，它要废除宗教、道德，而不是加以革新，所以共产主义是同至今的全部历史发展进程相矛盾的。"

这种责难归结为什么呢？至今的一切社会的历史都是在阶级对立中运动的，而这种对立在不同的时代具有不同的形式。

但是，不管阶级对立具有什么样的形式，社会上一部分人对另一部分人的剥削却是过去各个世纪所共有的事实。因此，毫不奇怪，各个世纪的社会意识，尽管形形色色、千差万别，总是在某些共同的形式中运动的，这些形式，这些意识形式，只有当阶级对立完全消失的时候才会完全消失。

——马克思、恩格斯：《共产党宣言》，见《马克思恩格斯文集》第 2 卷，人民出版社 2009 年版，第 50～52 页。

根据唯物史观，历史过程中的决定性因素归根到底是现实生活的生产和再生产。无论马克思或我都从来没有肯定过比这更多的东西。如果有人在这里加以歪曲，说经济因素是唯一决定性的因素，那么他就是把这个命题变成毫无内容的、抽象的、荒诞无稽的空话。经济状况是基础，但是对历史斗争的进程发生影响并且在许多情况下主要是决定着这一斗争的形式的，还有上层建筑的各种因素：阶级斗争的各种政治形式及其成果——由胜利了的阶级在获胜以后确立的宪法等等，各种法的形式以及所有这些实际斗争在参加者头脑中的反映，政治的、法律的和哲学的理论，宗教的观点以及它们向教义体系的进一步发展。这里表现出这一切因素间的交互作用，而在这种交互作用中归根到底是经济运动作为必然的东西通过无穷无尽的偶然事件（即这样一些事物和事变，它们的内部联系是如此疏远或者是如此难于确定，以致我们可以认为这种联系并不存在，忘掉这种联系）向前发展。否则把理论应用于任何历史时期，就会比解一个最简单的一次方程式更容易了。

我们自己创造着我们的历史，但是第一，我们是在十分确定的前提和条件下进行创造的。其中经济的前提和条件归根到底是决定性的。但是政治等等的前提和条件，甚至那些萦回于人们头脑中的传统，也起着一定的作用，虽然不是决定性的作用。普鲁士国家也是由于历史的、归根到底是经济的原因而产生出来和发展起来的……

但是第二，历史是这样创造的：最终的结果总是从许多单个的意志的相互冲突中产生出来的，而其中每一个意志，又是由于许多特殊的生活条件，才成为它所成为的那样。这样就有无数互相交错的力量，有无数个力的平行四边形，由此就产生出一个合力，即历史结果，而这个结果又可以看做一个作为整体的、不自觉地和不自主地起着作用的力量的产物。因为任何一个人的愿望都会受到任何另一个人的妨碍，而最后出现的结果就是谁都没有希望过的事物。所以以往的历史总是像一种自然过程一样地进行，而且实质上也是服从于同一运动规律的。但是，各个人的意志——其中的每一个都希望得到他的体质和外部的、归根到底是经济的情况(或是他个人的，或是一般社会性的)使他向往的东西——虽然都达不到自己的愿望，而是融合为一个总的平均数，一个总的合力，然而从这一事实中决不应作出结论说，这些意志等于零。相反地，每个意志都对合力有所贡献，因而是包括在这个合力里面的。

——《恩格斯致约瑟夫·布洛赫》，见《马克思恩格斯文集》第10卷，人民出版社2009年版，第591~593页。

发现唯物主义历史观，或者更确切地说，把唯物主义贯彻和推广运用于社会现象领域，消除了以往的历史理论的两个主要缺点。第一，以往的历史理论至多只是考察了人们历史活动的思想动机，而没有研究产生这些动机的原因，没有探索社会关系体系发展的客观规律性，没有把物质生产的发展程度看作这些关系的根源；第二，以往的理论从来忽视居民**群众**的活动，只有历史唯物主义才第一次使我们能以自然科学的精确性去研究群众生活的社会条件以及这些条件的变更。马克思以前的"社会学"和历史学，**至多**是积累了零星收集来的未加分析的事实，描述了历史过程的个别方面。马克思主义则指出了对各种社会经济形态的产生、发展和衰落过程进行全面而周密的研究的途径，因为它考察了所有各种矛盾的趋向的**总和**，把这些趋向归结为可以准确测定的、社会**各阶级**的生活和生产的条件，排除了选择某种"主导"思想或解释这种思想时的主观主义和武断态度，揭示了物质生产力的状况是所有一切思想和各种不同趋向的**根源**。人们自己创造自己的历史，但人们即群众的动机是由什么决定的，各种矛盾的思想或意向间的冲突是由什么引起的，一切人类社会中所有这些冲突的总和是怎样的，构成人们全部历史活动基础的、客观的物质生活的生产条件是怎样的，这些条件的发展规律是怎样的，——马克思对这一切都注意到了，并且指出了科学地研究历史这一极其复杂、充满矛盾而又是有规律的统一过程的途径。

——列宁：《卡尔·马克思》，见《列宁全集》第26卷，人民出版社1990年版，第59~60页。

思想斗争同其他的斗争不同，它不能采取粗暴的强制的方法，只能用细致的讲理的方法。现在社会主义在意识形态的斗争中，具有优胜的条件。政权的基本力量是在无产阶级领导下的劳动人民手里。共产党有强大的力量和很高的威信。在我们的工作中尽管有缺点，有错误，但是每一个公正的人都可以看到，我们对人民是忠诚的，我们有决心有能力同人民在一起把祖国建设好，我们已经得到巨大的成就，并且将继续得到更巨大的成就。资产阶级分子和从旧社会来的知识分子的绝大多数都是爱国的，他们愿意为蒸蒸日上的社会主义祖国服务，并且懂得如果离开社会主义事业，离开共产党所领导的劳动人民，他们就会无所依靠，而不可能有任何光明的前途。

人们问：在我们国家里，马克思主义已经被大多数人承认为指导思想，那末，能不能对它加以批评呢？当然可以批评。马克思主义是一种科学真理，它是不怕批评的。如果马克思主义害怕批评，如果可以批评倒，那末马克思主义就没有用了。事实上，唯心主义者不是每天都在用各种形式批评马克思主义吗？抱着资产阶级思想、小资产阶级思想而不愿意改变的人们，不是也在用各种形式批评马克思主义吗？马克思主义者不应该害怕任何人批评。相反，马克思主义者就是要在人们的批评中间，就是要在斗争的风雨中间，锻炼自己，发展自己，扩大自己的阵地。同错误思想作斗争，好比种牛痘，经过了牛痘疫苗的作用，人身上就增强免疫力。在温室里培养出来的东西，不会有强大的生命力。实行百花齐放、百家争鸣的方针，并不会削弱马克思主义在思想界的领导地位，相反地正是会加强它的这种地位。

对于非马克思主义的思想，应该采取什么方针呢？对于明显的反革命分子，破坏社会主义事业的分子，事情好办，剥夺他们的言论自由就行了。对于人民内部的错误思想，情形就不相同。禁止这些思想，不允许这些思想有任何发表的机会，行不行呢？当然不行。对待人民内部的思想问题，对待精神世界的问题，用简单的方法去处理，不但不会收效，而且非常有害。不让发表错误意见，结果错误意见还是存在着。而正确的意见如果是在温室里培养出来的，如果没有见过风雨，没有取得免疫力，遇到错误意见就不能打胜仗。因此，只有采取讨论的方法，批评的方法，说理的方法，才能真正发展正确的意见，克服错误的意见，才能真正解决问题。

——毛泽东：《关于正确处理人民内部矛盾的问题》，见《毛泽东文集》第 7 卷，人民出版社 1999 年版，第 231～232 页。

解放思想，就是使思想和实际相符合，使主观和客观相符合，就是实事求是。今后，在一切工作中要真正坚持实事求是，就必须继续解放思想。认为解放思想已经到头了，甚至过头了，显然是不对的。

但是也必须指出，我们的宣传工作还存在严重缺点，主要是没有积极主动、理直气壮而又有说服力地宣传四项基本原则，对一些反对四项基本原则的严重错误思想没有进行有力的斗争。在一些同志的思想中也确实存在着混乱，例如有人认为，坚持四项基本原则会妨碍解放思想，健全社会主义法制会妨碍社会主义民主，对错误意见进行正确的批评是违反"双百"方针，等等。

当然，产生这类思想混乱有一定的社会历史原因，决不能用简单粗暴的方法来对待。但是这并不是说，对这种思想混乱状况可以听其自然，不需要切实有效地加以纠正。不能否认，这种混乱状况确实给一些唯恐天下不乱的人的活动，提供了一方面的有利条件。尤其严重的是，对于这些不正确的观点、错误的思潮，甚至对于一些明目张胆地反对党的领导、反对社会主义的观点，在报刊上以及党内生活中，都很少有人挺身而出进行严肃的思想斗争。最近一些与非法组织有关的人物特别活跃，他们假借种种名义放肆地发表反党反社会主义的言论。这种危险的信号，应该引起全党、全国人民和全国青年的足够警惕！

加强思想政治工作，改进宣传工作，已经作为保证这次调整的顺利实现、巩固安定团结的政治局面的一项极端重要的任务，摆在全党同志面前。

我们说改善党的领导，其中最主要的，就是加强思想政治工作。中央认为，从原则上说，各级党组织应该把大量日常行政工作、业务工作，尽可能交给政府、业务部门承担，党的领导机关除了掌握方针政策和决定重要干部的使用以外，要腾出主要的时间和精力来做思想政治工作，做人的工作，做群众工作。如果一时还不能完全做到这一点，至少也必须把思想政治工作放在重要地位上，否则党的领导既不可能改善，也不可能加强。

——邓小平：《贯彻调整方针，保证安定团结》，见《邓小平文选》第 2 卷，人民出版社 1993 年版，第 364～365 页。

坚持马克思主义，关键是要结合实际运用马克思主义基本原理，努力解决存在的实际问题。邓小平同志说："绝不能要求马克思为解决他去世之后上百年、几百年所产生的问题提供现成答案。列宁同样也不能承担为他去世以后五十年、一百年所产生的问题提供现成答案的任务。真正的马克思列宁主义者必须根据现在的情况，认识、继承和发展马克思列宁主义。"

马克思主义的一个基本道理，就是不能用本本去框实践，而只能用实践去发展本本。如果一切都要先看本本上有没有，老祖宗讲过没有，就很难在实践中迈开步子。在我们党的历史上，吃教条主义的亏已经不少了。王明以"百分之百的布尔什维克"自居，把马克思主义教条化，把共产国际决议和苏联经验神圣化，差一点断送了中国革命。搞"两个凡是"，使我们党在"文化大革命"结束后又徘徊了两年，没有及时从"左"的束缚中解放出来。这些教训都很深刻。

运用马克思主义基本原理，必须随着历史条件的变化而转移，这也是马克思主义的一个基本道理。我们一定要看到《共产党宣言》发表一百五十多年来世界政治、经济、文化、科技发生的重大变化，一定要看到我国社会主义建设发生的重大变化，一定要看到广大党员、干部和人民群众工作生活条件和社会环境发生的重大变化。要充分估计这些变化带来的影响。离开了活生生的现实，还用几十年前甚至一百多年前的老观点来套现实社会的发展，是绝对行不通的。

实践没有止境，解放思想也没有止境。我们要突破前人，后人也必然要突破我们。这是社会前进的基本规律。用发展的观点对待马克思主义，在坚持中发展、在发展中坚持，这就是按规律办事，也是对待马克思主义唯一正确的态度。

——江泽民：《科学对待马克思主义》，见《江泽民文选》第 3 卷，人民出版社 2006 年版，第 338～339 页。

高度重视和切实做好意识形态工作。意识形态领域历来是敌对势力同我们激烈争夺的重要阵地，如果这个阵地出了问题，就可能导致社会动乱甚至丧失政权。敌对势力要搞乱一个社会、颠覆一个政权，往往总是先从意识形态领域打开突破口，先从搞乱人们的思想下手。当前，我国意识形态领域的主流是积极健康的，但并不平静。严峻的事实告诫我们，在集中精力进行现代化建设的过程中，全党同志一刻都不能放松政治这根弦，始终要坚持正确的政治方向、政治立场、政治观点，增强政治鉴别力、政治敏锐性。各级党委和政府要把意识形态工作作为关系国家安全和社会稳定、关系党和人民事业兴衰成败的重大工作紧紧抓好，始终坚持和不断巩固马克思主义在意识形态领域的指导地位。要加强马克思主义理论研究，不断增强说服力和战斗力，真正使马克思主义成为全党全国人民团结奋斗的精神支柱。要坚持弘扬主旋律，对错误的思想政治观点和言论，对否定四项基本原则的挑战和攻击，要坚持原则，敢抓敢管，理直气壮地予以批驳和抵制，决不能不闻不问、听之任之。要加强宣传阵地的建设和管理，不能为错误的思想观念提供传播渠道。在工作中要注意区分思想认识问题、学术问题和政治问题的界限，做到具体问题具体分析，是什么问题就解决什么问题，以免影响经济建设这个中心、影响改革发展稳定的大局。

——胡锦涛：《做好当前党和国家的各项工作》(2004 年 9 月 19 日)，见《十六大以来重要文献选编》(中)，中央文献出版社 2006 年版，第 318～319 页。

互联网是一个社会信息大平台，亿万网民在上面获得信息、交流信息，这会对他们的求知途径、思维方式、价值观念产生重要影响，特别是会对他们对国家、对社会、对工作、对人生的看法产生重要影响。

实现"两个一百年"奋斗目标，需要全社会方方面面同心干，需要全国各族人民心往一处想、劲往一处使。如果一个社会没有共同理想，没有共同目标，没有共同价值观，整天乱哄哄的，那就什么事也办不成。我国有 13 亿多人，如果弄成那样一个局面，就不符合人民利益，也不符合国家利益。

凝聚共识工作不容易做，大家要共同努力。为了实现我们的目标，网上网下要形成同心圆。什么是同心圆？就是在党的领导下，动员全国各族人民，调动各方面积极性，共同为实现中华民族伟大复兴的中国梦而奋斗。

古人说："知屋漏者在宇下，知政失者在草野。"很多网民称自己为"草根"，那网络就是现在的一个"草野"。网民来自老百姓，老百姓上了网，民意也就上了网。群众在哪儿，我们的领导干部就要到哪儿去，不然怎么联系群众呢？各级党政机关和领导干部要学会通过网络走群众路线，经常上网看看，潜潜水、聊聊天、发发声，了解群众所思所愿，收集好想法好建议，积极回应网民关切、解疑释惑。善于运用网络了解民意、开展工作，是新形势下领导干部做好工作的基本功。各级干部特别是领导干部一定要不断提高这项本领。

网民大多数是普通群众，来自四面八方，各自经历不同，观点和想法肯定是五花八门的，不能要求他们对所有问题都看得那么准、说得那么对。要多一些包容和耐心，对建设性意见要及时吸纳，对困难要及时帮助，对不了解情况的要及时宣介，对模糊认识要及时廓清，对怨气怨言要及时化解，对错误看法要及时引导和纠正，让互联网成为我们同群众交流沟通的新平台，成为了解群众、贴近群众、为群众排忧解难的新途径，成为发扬人民民主、接受人民监督的新渠道。

网络空间是亿万民众共同的精神家园。网络空间天朗气清、生态良好，符合人民利益。网络空间乌烟瘴气、生态恶化，不符合人民利益。谁都不愿生活在一个充斥着虚假、诈骗、攻击、谩骂、恐怖、色情、暴力的空间。互联网不是法外之地。利用网络鼓吹推翻国家政权，煽动宗教极端主义，宣扬民族分裂思想，教唆暴力恐怖活动，等等，这样的行为要坚决制止和打击，决不能任其大行其道。利用网络进行欺诈活动，散布色情材料，进行人身攻击，兜售非法物品，等等，这样的言行也要坚决管控，决不能任其大行其道。没有哪个国家会允许这样的行为泛滥开来。我们要本着对社会负责、对人民负责的态度，依法加强网络空间治理，加强网络内容建设，做强网上正面宣传，培育积极健康、向上向善的网络文化，用社会主义核心价值观和人类优秀文明成果滋养人心、滋养社会，做到正能量充沛、主旋律高昂，为广大网民特别是青少年营造一个风清气正的网络空间。

形成良好网上舆论氛围，不是说只能有一个声音、一个调子，而是说不能搬弄是非、颠倒黑白、造谣生事、违法犯罪，不能超越了宪法法律界限。我多次强调，要把权力关进制度的笼子里，一个重要手段就是发挥舆论监督包括互联网监督作用。这一条，各级党政机关和领导干部特别要注意，首先要做好。对网上那些出于善意的批评，对互联网监督，不论是对党和政府工作提的还是对领导干部个人提的，不论是和风细雨的还是忠言逆耳的，我们不仅要欢迎，而且要认真研究和吸取。

——习近平：《在网络安全和信息化工作座谈会上的讲话》，人民出版社2016年版，第6～9页。

第四章　主要社会思潮批判(上)

伴随着改革开放不断深化，我国经济体制深刻变革，社会结构深刻变动，利益格局深刻调整，思想观念也在发生深刻变化。在意识形态领域，作为经济社会基础的多样化反映，被贴上各种标签的社会思潮纷至沓来，相当活跃。它们有的互相呼应，有的彼此抵牾，这也正是当代中国思想文化复杂多变甚至严重分化的一个写照，并对我们要坚持的主流价值观和社会主义意识形态构成了严峻挑战。其中，"普世价值"、新自由主义、历史虚无主义和文化保守主义四种社会思潮不仅常年在网络舆情监测中排名靠前，而且早已进入我们的日常语汇，成为我们对现实感受和经验的一种概括。这四种社会思潮的出现、传播和争锋固然是以我国当前经济社会发展的阶段为基础，但作为一种社会意识的社会思潮也有其内生和外缘的特殊性，特别值得指出的是，我们讨论的这几种社会思潮固然都可以将其脉络追溯到西方社会乃至中国传统，但其独特内核的形成不过是在这短短几十年，是在中国特定的经济社会变化的影响下"别子为宗"式的思潮。对这些思潮，我们要坚持尊重差异、包容多样化的原则，以积极的心态吸收其合理成分，抵制和否定其中消极的内容，促进主流意识形态的发展。

一、"普世价值"论批判

20世纪90年代以来，针对经济全球化过程中所产生的政治、民族、宗教和文化冲突，以"普世伦理"为研究对象的热潮在全世界范围内展开。以此为契机，伴随着"普世伦理"而来的"普世价值"研究在国内学界逐渐起步，进而不仅仅局限于社会伦理的讨论，并始触及政治领域，将一些特定的西方价值定义为"普世价值"，在媒体上引发了广泛的争论，成为一种超出纯粹学术，关涉到意识形态领域斗争和中国政治走向的讨论。就其政治实质而言，"普世价值"企图改变我国发展民主政治和深化政治体制改革的指导思想和中国特色社会主义制度，按所谓"普世价值"即西方政治理念和制度模式改造中国的政治制度；其思想上的指向，是废除马克思主义指导地位，把西方资产阶级价值观奉为圭臬，干扰中国特色社会主义核心价值体系建设，鼓吹指导思想的多元化；在经济制度方面，为全盘私有化造舆论，企图釜底抽薪，搞垮以公有制为主体的社会主义初级阶段的经济基础；在国家统一问题上，迎合西方敌对势力，站在了国家统一和中华民族整体利益的对立面。

1. 何谓"普世价值"

"普世价值"的词源考察

"普世价值"一词是一个舶来品。从中文的词源来看，"普"的最初含义是"日无色也"（《说文解字》），太阳没有光，则远近都一样，所以"普"最基本的含义就是普遍，"世"最初是一个表示时间的词，如"三十年为一世"（《说文解字》），其表示"世界"和"人间"的意思则是后来才出现的，应该是受佛教的影响。但中文中"普世（的）"一词，则应是对英文 ecumenical 的翻译，从词源的角度看，ecumenical 来源于拉丁语，在罗马帝国时期，这个词指的是和"野蛮世界"相对的"文明世界"（civilized world）。在康斯坦丁大帝（Constantine the Great）宣布基督教在罗马帝国境内合法后，在尼西亚举行了第一次"大公会议"（Ecumenical Councils），至此，"普世的"（ecumenical）一词就具有了很强的基督教神学色彩，在基督教看来，只有基督教的神是普世的，而各种"异教"的神只是民族性和地方性的。而"普世价值"一词（universal value）则来源于启蒙运动，由于启蒙运动抛弃了基督教的普世价值观，试图从自然规律和人性出发，重建一种对世俗社会普遍有效的规律和价值，就形成了一种新的"普世价值"，它的含义也从"普世合一的教会及其价值"变成了"所有人或大多数人都具有的价值"。

由此，我们可以区分出三种不同含义的"普世"：一是与野蛮相对的文明；二是和世俗或异教世界相对的基督教普世主义；三是和特殊性相对，具有普遍必然性的东西。在中文语境中讨论"普世价值"问题的时候，我们通常默认"普世"的第一种含义，而对第三种含义产生了激辩，却往往忽略第二种含义。

原理的普世性和经验的普世性

在对"普世"的不同含义进行澄清后，我们就可以对两种不同的"普世性"进行讨论了。我们可以区别两种不同的普世性，一种是作为理性概念的普世，作为理性概念，这种普世性所要求的是一种普遍必然性，即在不同的时间、不同的地点、对不同的人群都具有同样的效力，都同样适用，在此意义上，这种"普世性"也就是"普适性"——无条件的普遍适用。一种价值，只有在摆脱具体的个人的经验和观察，超脱了所有的对象和文化背景之后，才能被称作"普世价值"，比如，《普世人权宣言》就是以这种绝对的"普遍人性"为基础的。另一种"普世性"则局限在人的经验之中,即在不同的时段和不同的地域,不同的人群都会具有某些共同的感受、经验和解释,对这些共同东西的理解和抽象,就形成了某种"普世价值",比如,我们似乎在所有的古代文明中都可以找到类似于"己所不欲,勿施于人"的表述,这就构成了《世界伦理宣言》中的"道德金律"。可以说,"原理的普世性"是以理性为基础的,而"经验的普世性"则是以共同性为基础的。

对于今天所有的文明来说,这种"经验的普世性"并不存在多少争议。真正存在争议的是作为原理的"普世价值",因为在这种"普世价值"的后面,隐藏着一种新的关于理性和进步的观念,这一观念在以康德哲学为代表的近代启蒙哲学中得到了最充分的表达:"启蒙人类脱离自我招致的不成熟。""要有勇气运用你自己的理智!这就是启蒙的座右铭。"①这一观念预示了理性、人性、科学、民主等观念的胜利。这些作为原理的"普世价值"又随着西方文明对世界的征服,成为一种超越地域、民族和文明,具有宰制性力量的"现代价值"。

在这种"原理的普世性"的指导下,现代西方②对"普世价值"的研究和讨论事实上变成了一种科学的事业。比如在哲学中,"普世价值"问题变成了对内在价值与外在价值的探究;在社会学中,"普世价值"问题变成了诸种"普世价值"是如何具体落实在社会中的问题;在心理学中,"普世价值"问题变成了价值种类和排序的问题,社会心理学家施瓦茨(Shalom H. Schwartz)就认为存在着十个不同类型的共 56 种具体的"普世价值",并且认为这些价值可以按照从低到高的程度进行排序。③

20 世纪 70 年代末 80 年代初起,英、美等国家将新自由主义和民主社会主义作为"普世价值"四处推销。"冷战"结束之后,全球的基本矛盾转向单极化和多极化。不同国家和地区、不同文明和种族、不同利益群体和价值观念之间的矛盾和冲突更加复杂。对普世价值的争论,也反映在三种不同的观点中:一是以福山的"历史终结"论为代表的"独断论",鼓吹或扬言西方的自由民主制度已取得最后胜利,美国模式是"人类普世价值和最终统治形式",将西方特别是以

---

① 〔德〕康德:《对这个问题的一个回答:什么是启蒙?》,见〔美〕詹姆斯·施密特编:《启蒙运动与现代性》,徐向东、陆华萍译,上海人民出版社 2005 年版,第 61 页。

② 文化意义上的西方,即率先接受"原理的普世性"而进入现代化的国家。

③ Shalom H. Schwartz, "Value Orientations: Measurement, Antecedents and Consequences Across Nations," in R. Jowell, C. Roberts, R. Fitzgerald, & G. Eva, *Measuring Attitudes Cross-Nationally-Lessons from the European Social Survey*, London: Sage, 2006.

美国为代表的发达资本主义国家的价值立场作为普遍价值进行宣传和推广。然而事实并非如这些学者的想象那样向西方自由民主制度一元方向发展，尤其是在"华盛顿共识"（1990）实践效果并不理想，并遭遇后来者如"后华盛顿共识"（1998）、"北京共识"（2004）的挑战之后，人们对此产生了越来越多的怀疑。二是以亨廷顿的"文明冲突论"为代表的怀疑论，亨廷顿认为在新的世界中，冲突的根源将主要是文化的而不是意识形态的和经济的，"冷战"后的主要国际冲突都（将）来自不同文明或文化交接的断层地带。亨廷顿的"文明冲突论"强调冲突的多样化以及各民族国家之间的差异性。并且，他把中国所代表的儒教文明视为对西方文明的一种威胁，他认为，西方文明是独特的但并不是普遍的。这是典型的以特殊价值来否定普遍价值的怀疑论立场。三是以德国神学家孔汉思所倡导的"全球伦理"为代表的约定论，孔汉思等人所提倡的这种"全球伦理"不是一种试图替代属于不同宗教、文化和哲学特定精神（行为准则）的新的思想体系或上层建筑，而是人类在价值观念、道德标准和基本态度等方面最低限度的基本共识，这一基本共识对确保社会不至于陷入混乱十分必要。"金规则"或"黄金法则"，即"你不愿别人怎样对待你，你就不该怎样对待别人"，或"你愿意别人怎样对待你，你就该怎样对待别人"，就是全球伦理的表达和实现。他们试图通过对话建立世界普遍伦理，试图在世界的多元冲突中寻找共同的价值，也就是在各种文化之间"通约"，求得"普世价值"。

2. "普世价值"在中国

"普世价值"在当代中国语境中的特殊性

从关于"普世价值"一词的溯源中我们可以看出，西方学术界所讨论的"普世价值"问题和当代中国语境中的"普世价值"问题似乎是风马牛不相及的两个东西。最重要的差别可能是，西方学术界关于"普世价值"的讨论并不是一个政治性的讨论。而在当前中国语境中关于"普世价值"的争论则主要是政治性的。

从历史事实看，"普世价值"是随着 20 世纪 90 年代"全球伦理"概念一起进入汉语学界的。① 2008 年汶川地震之后，某报刊发表了一篇编辑部文章，其中写道："更重要的是，这一切是执政党和政府身体力行并积极倡导的结果。……

---

① 1997 年《全球伦理：世界宗教议会宣言》被翻译成汉语出版，1998 年在北京召开了"从中国传统伦理看普遍伦理"的全球会议，"普世价值"这一词才成为哲学和伦理学的讨论对象，当时的讨论主要集中在"普世价值"与相对主义、普世价值与规范性、普世价值的伦理准则等学术性较强的问题上，影响也仅限于学术界，并未引起过多的争议。

国家正以这样切实的行动，向自己的人民，向全世界兑现自己对于普世价值的承诺。显而易见，这是一个拐点，执政理念全面刷新的拐点，中国全面融入现代文明的拐点。……一个开放的、透明的、全民参与的现代救援体制正在拔地而起。"这段文字中将"普世价值"作为一个政治原则和发展目标提了出来，引发了强烈的质疑和批判，争论的双方就是否承认"普世价值"，以及什么是"普世价值"等问题进行了激烈的交锋。此次的争论，将理论界、学术界、媒体，乃至网民都卷了进来，以致后来有文章总结论战双方都"表现出超乎寻常的政治激情和道德义愤"。

中文语境中的"普世价值"，其主要内容基本上从属于"新自由主义"的概念范畴

如果我们耐心细致地检索一下围绕"普世价值"所展开的争论，就会发现，"普世价值"派（如果他们可以称为某一思想流派的话）的主张主要集中在以下几点：经济上的私有化和非调控化的市场原教旨主义，建立在抽象人性论基础之上的"民主""自由"和"人权"的价值观念，以及以西方政治制度为模板的"宪政"和市民社会理论。如果我们将这些原本只属于"新自由主义"思潮的特定观念看作是普遍的，甚至将其当作某种可以复制和推广的"普遍模式"，那么这就将有关"普世价值"的争论从学术问题拉入意识形态领域的斗争。"普世价值"思潮变成了一种在思想上否定马克思主义指导地位，在政治上试图按照西方政治理念和制度模式改变中国现有政治制度的思潮。因此，"普世价值"不再是一个单纯的学术概念，而是在多重学术外衣层层包裹之下的、以美国为首的西方发达国家的话语霸权和政治诉求。

在中国当下现实政治生活中鼓吹"普世价值"，其实质是试图把中国改革开放纳入资本主义轨道

有些人把经过西方特意包装的价值观说成"人类在长期进化发展中形成的具有普遍世界意义的价值准则"，并把"由这些准则规定的基本制度"说成是"任何民族最终的制度归宿"。他们推销这类"普世价值"的目的就很可疑了。一些西方政客还把资产阶级意识形态中人类文明进步的某种普遍性因素说成是脱离特殊的普遍性存在。诚然，在资产阶级意识形态中也包含人类社会发展的某种积极成果，但这只是特殊中的普遍因素。任何个别和特殊都没有资格把自己说成普遍。事实上，谁有见过和感受过一般的抽象的自由、平等、民主、人权呢？我们能够感受的是中国社会不断改进和完善的自由、平等、民主和人权，也能看到美国社会写在法律条文中而实质上受金钱支配的那种自由、平等、民主和人权。西方某些势力，为了支配和控制整个世界，不仅要实现资本的全球扩张，还要实现其意识形态的全球渗透；不仅要谋求经济和军事上的霸权，还要谋求思想文化上的世界话语权。为了达到这个目的，他们最得心应手的手法，就是把资产阶级意识形态普遍化，把资产阶级的价值观演绎成"普世价值"，但是，这样的价值观和意识形态不可能是超越阶级、超越历史、超越时代的"普遍"价值观。

譬如，就"平等"而言，在原始公社中，土地是公有的，有平等的产品分配；如果公社成员之间产生了较大的不平等现象，就可能是公社解体的开始。欧洲中世纪的基督教有一种原罪的平等观和作为上帝子民的平等观，自然经济的发展催生了僧侣和俗人的对立，基督教的平等也就慢慢消解了，同时还形成了封建诸侯和陪臣之间、领主和农奴之间、师傅和帮工之间等的不平等。到了商品经济时期，在新兴资产者的工业和商业利益推动下，封建制度下的阶级不平等被打破了。因为，货币所有者要把货币转化为资本，就必须在商品市场上找到能够把自己的劳动力当作商品来支配的自由工人。这样，资产阶级打破了封建中世纪的人身依附关系和等级制度，创造了当时先进的资产阶级价值观。平等价值观在资产阶级反对封建专制的斗争中发挥了巨大的思想解放作用，推动着欧洲资本主义生产方式的形成和发展，成为适应资本主义经济政治制度的资产阶级意识形态的核心价值理念。但是，资产阶级价值观无论在内涵上，还是在实现形式上，都只是历史的产物，具有鲜明的时代性和阶级性特点。在资产阶级刚刚登上历史舞台的时候，为了取代封建统治阶级，达到夺取政权的目的，资产阶级把自己的利益说成社会全体成员的共同利益，把他们宣扬的价值观说成与生俱来、属于社会全体成员的普遍人性。但在他们夺取了政权并建立了自己的政治统治后，情况就完全不同了。

资产阶级的自由、平等、民主和人权作为商品所有者的自由、平等交换的权利，产生于商品等价交换的价值规律中，是资本主义商品经济发展的必然结果，是资本主义的生产方式和财产所有权的要求。它只是形式上的自由与平等，是在资产者和无产者不平等前提下的平等，这必然会不断扩大和形成各种（如政治、经济、社会等）新的不平等。马克思主义认为要实现整个社会的自由、平等、民主和人权，必须打破阶级统治，建立没有剥削、没有压迫的新社会，"代替那存在着阶级和阶级对立的资产阶级旧社会的，将是这样一个联合体，在那里，每个人的自由发展是一切人自由发展的条件"①。这才能达到社会主义自由、平等的最高境界。

而"普世价值"对"普世性"的要求，无论在理论上还是现实中都不可能存

① 《马克思恩格斯文集》第2卷，人民出版社2009年版，第53页。

在。马克思主义认为，价值实际是主体对客体的一种认识，是由实践决定的，而实践总是在运动、发展，因而人们的认识包括价值认识也会发展、变化，不会是永恒不变的。

> 人们按照自己的物质生产率建立相应的社会关系，正是这些人又按照自己的社会关系创造了相应的原理、观念和范畴。

> 所以，这些观念、范畴也同它们所表现的关系一样，不是永恒的。它们是历史的、暂时的产物。

> 生产力的增长、社会关系的破坏、观念的形成都是不断运动的，只有运动的抽象即"不死的死"才是停滞不动的。①

"普世价值"本质上是资产阶级实行思想统治和价值渗透的方式

马克思、恩格斯在《德意志意识形态》中揭示了占统治地位的剥削阶级进行思想统治的方式，"占统治地位的将是越来越抽象的思想，即越来越具有普遍性形式的思想"②。虽然任何统治阶级都力图以全社会利益代表的面貌出现，都使用具有抽象普遍性的思想观念，然而真正实现了用抽象的普遍观念作为思想统治形式的却是现代资产阶级。"抽象性"和这种抽象性形成的观念——"普世价值"就成了资产阶级进行思想统治的形式。而马克思主义在世界观上的革命性变革，从根本上说就是从思辨的抽象和单纯的直观发展到对具体问题进行具体分析，实现了从抽象的个体向现实的人的转变，也只有摆脱了抽象的普遍观念的束缚，才能真正做到实事求是。

3. "共同价值"超越"普世价值"

揭露"普世价值"的本来面目，并不意味着否定人类共同价值的存在。相反，承认共同价值，才符合人类社会的基本事实和发展规律。人类的深层思维方式、心理结构具有共性，在处理人与自然、人与社会、人与人的关系时难免会碰到相同的问题，因而形成一些共同的价值观念。正因如此，不同文明在相互隔绝的情况下也会产生相似的价值观念，科技、艺术、道德和宗教等也得以流行，世界各民族的历史也逐渐融合为一部统一的人类历史。所以，共同价值的存在真实地反映了人类生存和发展的一个基本特征。

---

① 《马克思恩格斯文集》第1卷，人民出版社2009年版，第603页。
② 《马克思恩格斯选集》第1卷，人民出版社1995年版，第100页。

全人类的共同价值或共识价值首先源于人类的共同需求。随着经济全球化进程的加快，人类面临困扰自身生存与发展的全球性问题，如气候变化、环境恶化、公共卫生、恐怖主义、核战争等，产生了全人类的共同利益，人类结成了前所未有的命运共同体。在如何解决人类共同面临的问题、实现人类社会可持续发展的过程中，各国政府和国际组织就会达成某些共识，形成共同价值。另外，在人类文明进步中，各国人民在长期的经济文化交流、传播、学习、互鉴中，也会形成对有一定普遍性的某些基本价值的认可。习近平总书记提出的"全人类的共同价值"，就是当今时代各国人民在解决自身问题和对外交往中形成的基本共识，反映了世界人民和国际社会的共同愿望，也是应对全球性问题的客观需要。

> "大道之行也，天下为公。"和平、发展、公平、正义、民主、自由，是全人类的共同价值，也是联合国的崇高目标。目标远未完成，我们仍须努力。当今世界，各国相互依存、休戚与共。我们要继承和弘扬联合国宪章的宗旨和原则，构建以合作共赢为核心的新型国际关系，打造人类命运共同体。①

因此，自由、平等、民主、人权是现代国际社会普遍承认的价值观，是人类社会共同努力的方向。也就是说，共同价值是处于不同国情、不同政体的国家中的人都认可的，都在为之而努力和奋斗的，在"全人类的共同价值"面前，每个国家都是平等的主体，都是自主的，可以反映全世界人民共同认同的价值观的"最大公约数"。而且，"全人类的共同价值"，也为我们积极培育和践行社会主义核心价值观指明了新的方向，丰富了新的内涵，提供了新的基本遵循。社会主义核心价值观不是离开人类社会文明发展大道的结果，恰恰相反，社会主义核心价值观不仅是沿着人类文明发展的康庄大道前进的结果，而且是一种能够代表全人类共同的文明成果和"共同价值"的核心价值观，是全人类共同的文明成果和"共同价值"的升华和具体体现。社会主义总是源于人类社会发展的"共同价值"理想，并以其作为"基础材料"，凡是人类共同的文明成果和"共同价值"，都可以被吸收、容纳到社会主义之中。针对现代社会主义的来源，恩格斯曾经指出："就其理论形式来说，它起初表现为18世纪法国伟大的启蒙学

_____

① 习近平：《携手构建合作共赢新伙伴　同心打造人类命运共同体》，载《人民日报》，2015-09-29。

者们所提出的各种原则的进一步的、据称是更彻底的发展。同任何新的学说一样，它必须首先从已有的思想材料出发，虽然它的根子深深扎在物质的经济的事实中。"①马克思、恩格斯正是在充分运用当时人类社会发展所取得的共同的优秀文明成果，特别是18世纪中叶和19世纪上半叶欧洲所取得的重大自然科学成果和社会科学成果，并把它同当时风起云涌的工人运动相结合的基础上，才创立了马克思主义。

我们在积极培育和践行社会主义核心价值观的过程中，要科学对待社会主义核心价值观与全人类"共同价值"的关系。一方面，我们要充分看到，社会主义核心价值观来源于五千多年中华文明的历史发展，离不开中华优秀传统文化最深层的美德滋养，我们要善于从中华五千年文明和优秀传统文化中汲取营养，并结合时代要求，对其进行创造性转化和创新性发展，使之与中国特色社会主义伟大事业相适应，与现代社会相协调，成为涵养社会主义核心价值观的重要源泉；另一方面，又要把全人类共同价值作为社会主义核心价值观的重要来源和有益补充。全人类共同价值是人类智慧的结晶，是人类宝贵的精神财富，它反映和代表了最广大人民群众的价值理想、价值愿望和价值追求，是人类处理人与自然、人与社会、人与人、人与自我等关系的共同价值准则，成为一个国家、一个民族治国理政、管理社会的共同价值原则。任何社会核心价值观的建立，都要吸收全人类共同的文明成果和"共同价值"。社会主义核心价值观只有与全人类共同的文明成果和"共同价值"进行交流、碰撞，并在融合中不断丰富、创新和发展，才能得以充实、提升和完善。不了解、吸纳和提升全人类共同的文明成果和"共同价值"，社会主义核心价值观就会与人类文明发展产生"断裂"，就不能融入世界潮流。

中国特色社会主义发展史，就是马克思主义中国化"第二次飞跃"的历史，是与时代发展同步伐、广泛吸收和借鉴人类文明的有益成果，并赋予其中国特色的历史。1992年，邓小平在著名的南方谈话中既鲜明又尖锐地指出：

> 社会主义要赢得与资本主义相比较的优势，就必须大胆吸收和借鉴人类社会创造的一切文明成果，吸收和借鉴当今世界各国包括资本主义发达国家的一切反映现代社会化生产规律的先进经营方式、管理方法。②

---

① 《马克思恩格斯文集》第3卷，人民出版社2009年版，第523页。
② 《邓小平文选》第3卷，人民出版社1993年版，第373页。

党的十四大将改革开放以来形成的建设有中国特色社会主义理论，从 9 个方面进行了概括，其中之一就是"强调实行对外开放是改革和建设必不可少的，应当吸收和利用世界各国包括资本主义发达国家所创造的一切先进文明成果来发展社会主义，封闭只能导致落后"。进入新世纪、新阶段，我们党清醒地认识到，中国的前途命运已经更加紧密地同世界的前途命运联系在一起，只有密切关注世界文明的发展趋势，努力拓展对外开放的广度和深度，广泛吸收不同文明中科学、进步的成分，以开放兼容的精神，积极吸收和借鉴人类文明的有益成果，才能使中国的发展更加符合中国国情，更加顺应世界文明进步的潮流。

改革开放以来，我国逐步吸纳了和平、发展、公平、正义、民主、自由、平等、法治、人权、科学、效率、全球治理等人类共同的文明成果和"共同价值"，提出并积极倡导建设"和谐世界"的"共同价值"理想，打造人类命运共同体，这既是为了融入世界文明共同发展的历史进程，又是推进世界文明共同发展的重要贡献。

积极吸纳和传承人类共同的文明成果，既是发展社会主义的必然要求，又是社会主义的固有本性和神圣使命。我们要积极培育和践行社会主义核心价值观，就必须具有全球视野和世界眼光，保持开放心态，把和平、发展、公平、正义、民主、自由等全人类共同的文明成果和"共同价值"作为重要的价值资源。离开这些全人类共同的文明成果和"共同价值"，社会主义核心价值观就难以引领历史潮流。

社会主义核心价值观还应该是对全人类社会"共同价值"的一种承接、延续和推进，是在否定不完美的资本主义现实制度之后，对一种更人道、更进步的全人类"共同价值"的诉求和推进。当然，任何社会任何时代的核心价值观，都是具体的、历史的、发展的，它只是人类社会文明发展进程中的一个"链接"。在不同的国家和民族，在不同的历史发展阶段，即使是同一核心价值观，也会有不同的现实内容和表现形式；即使在同一国家和民族的不同历史发展阶段，同一核心价值观也会有不同的内容要求和表现形式。核心价值观的具体性、历史性和民族性，表明一个社会、一个时代的核心价值观与全人类的"共同价值"之间，存在一种特殊与普遍的关系。社会主义的价值理念不一定是全人类文明的共同成果和"共同价值"，即使是全人类共同的文明成果和"共同价值"，由于历史、文化和现实的不同，其具体形式也可能表现出一定的差异。然而，全人类共同的文明成果和"共同价值"是社会主义核心价值观最基础的价值资源，社会主义核心价值观对全人类的"共同价值"不应该也不可能是排斥的。

积极培育和践行社会主义核心价值观，既要传承中华民族传统核心价值观的精髓，凸显中国特色、中国风格、中国气派，又要承接全人类共同的文明成果和"共同价值"，凸显世界潮流、国际视野、全球共识，坚持普遍性和特殊性、世界性和民族性的辩证统一。我们要运用马克思主义的基本立场、观点和方法，去认识和把握全人类共同的文明成果和"共同价值"中的科学内容，区分什么是它的普遍性要求，什么是它的特殊性形式，然后在此基础上构建符合我国基本国情的具体的价值内容和价值形式。只有这样，社会主义核心价值观才能高高举起全人类共同的文明成果和"共同价值"的大旗，站在人类价值共识的制高点，不断推进自身建设，同时为整个人类文明的发展增添新内容，做出新贡献。[1]

二、新自由主义批判

2008 年美国次贷危机的暴发，引发了一场世界性金融危机，这一危机标志着新自由主义思潮在全球的破产。作为自 20 世纪 70 年代以来很有辐射力的社会思潮，新自由主义的影响远远超出了其所产生的经济领域，成为当代世界中最重要的经济、政治思潮和意识形态。一般认为，新自由主义的基本主张可以表述为：通过确立保护个人财产权、实现自由市场的充分竞争以及促进自由贸易的制度框架，就能充分释放个人和企业的效率和创造力，从而最大程度促进人类的幸福。

1. 从"新启蒙运动"到"新自由主义"

20 世纪 90 年代初中国开始全面进行市场化改革，这是以"改革开放"作为标志的，"改革"意味着引入市场机制，政府通过放权让利，将原先由政府直接控制的资源进行分散和转移，"开放"则意味着中国加入世界资本主义生产体系和世界市场的竞争之中。中国的市场化经历了体制转轨和资本积累的双重阵痛，在利益分化和社会断裂日益严重的当代中国，对待中国问题的不同立场，导致 80 年代以来的"新启蒙运动"发生了分裂。[2] 那些坚持新启蒙立场的自由派从西方自由主义中寻求市场化和民主化的思想资源，继续深入批判中国传统的

---

[1] 参见戴木才：《全人类的"共同价值"与社会主义核心价值观》，载《光明日报》，2015-10-28。

[2] 这里所谓的"新启蒙运动"是指在 20 世纪 80 年代形成的与中国当代变革紧密相连的一种总体思想倾向，这一思想运动承续 70 年代以来的"思想解放运动"，以中西文化的对比和对中国文化的反省为主要内容，以中国文化的现代化为主旨，虽然此时对现代化的理解总体上是以西方为模板的线性进化论。

意识形态和权力结构，在中国改革的市场化和非政治化这一情境中，呼吁不断地扩大市场化、减少政府干预、推行宪政民主和促进自由精神。

可以说，当代中国新自由主义的发展，一方面是对作为西方现代性主流的自由主义理论的引介和吸收，另一方面则是转型时期中国社会和中国问题复杂性的一种应激性诊断。而中国当代新自由主义思潮的传播一方面通过西方各种新自由主义论著的翻译出版，以学术研究和讨论的方式展开，另一方面则是伴随着网络技术的发展，在各种论坛和网络社区中得以传播。

20世纪90年代以来中国新自由主义的主张，可以概括为以下几个基本观点：主张生产资料私有化，反对生产资料公有制；主张人性自私论，片面追求个人利益；主张市场万能论，反对国家干预；主张指导思想多元，反对马克思主义在意识形态的指导地位。

新自由主义的核心是主张私有制，反对生产资料公有制，主张对国有企业进行私有化

从中国改革开放伊始，我国就有一种论调，主张"国退民进""国有企业从竞争领域退出"，如"国有企业的存在就是问题""农村集体土地的私有化"等。他们认为私有制是经济发展的灵丹妙药，私有产权是市场经济的先决条件。而我国目前正处在社会主义初级阶段，生产力比较落后而且发展又不平衡，这在客观上要求有多种所有制与之相适应，但我们始终坚持以公有制为主体，因为公有制是决定社会主义性质的根本，坚持公有制的主体地位，是社会主义改革方向的根本制度保障。公有制为主体、多种所有制经济共同发展的基本经济制度，是中国特色社会主义制度的重要支柱，也是社会主义市场经济体制的根基。不可否认，在我国的国有企业中的确存在一些问题，但不能因为有问题，就否定国有企业的一切。国有企业仍然是中国特色社会主义的重要物质基础和政治基础，是中国特色社会主义经济的"顶梁柱"。我们要做的是不断推动国有企业深化改革、提高经营管理水平，使国有企业成为贯彻新发展理念、全面深化改革的骨干力量，而不是依照中国新自由主义者提供的所谓"改革良方"，取消国有企业，反对生产资料公有制，这必然会动摇中国特色社会主义制度的根基，放弃改革的社会主义方向。

新自由主义主张人性自私论，片面追求个人利益

新自由主义的理论以"经济人"假设为前提，主张人的本性是自私的，每个人都在追逐个人的私利，个人的自由权利和个人的利益是神圣不可侵犯的。新自由主义者认为个人自由比社会公正和平等更重要，不能为了公平而牺牲效率。他们明确反对政府的福利开支，反对以经济再分配的手段来增进社会弱势群体的权益。因此，它把社会主义和共产主义理念及实践定性为极权主义、专制主义，将社会公平、共同富裕、共享发展成果等社会主义基本理念宣扬为不可能实现的乌托邦和欺骗民众的意识形态工具。从理论上看，"经济人"假设是一种历史唯心主义的命题，完全忽视了现实的人的各种社会关系，是对人性的一种片面假想；从实践上看，如果按照"经济人"假设来处理各方面的利益关系，人人都只顾自己的利益，而忽视其他人的利益，那么人与人之间的矛盾只会不断加剧，甚至产生对抗和冲突，破坏人与人之间的和谐关系。

新自由主义主张市场万能论，否定国家干预，反对人民民主专政

新自由主义标榜个人的自由权利，以"民主"和"宪政"为旗号攻击社会主义制度，他们主张实行以议会民主、三权分立为基本特征的资本主义制度。而中国共产党的领导和人民民主专政，是有中国特色社会主义政治制度的基础，是中国政局稳定、社会安定、人民和谐的重要保障。正如邓小平指出的："没有共产党的领导，肯定会天下大乱，四分五裂，历史事实证明了这一点。"[1]同样，"要争取一个安定团结的政治局面，没有人民民主专政不行"[2]。我国必须一方面对人民群众实行最广泛的民主，另一方面对敌对势力实行专政。苏联解体、东欧剧变的教训表明，一旦取消党的领导和人民民主专政，社会主义制度就会被推翻，政局就会动荡不安，国家就会分裂，社会就会陷入混乱状态，人与人之间的和谐关系也就荡然无存。

新自由主义主张指导思想多元，反对马克思主义在意识形态领域的指导地位

中国当代的新自由主义要求取消马克思主义在我国意识形态领域的指导地位。苏联的政治动乱就是从放弃马克思主义的指导地位开始的，在理论上和思想上放弃马克思主义的指导，就会导致思想政治上的混乱。而任何一个社会，在意识形态领域，总是政治和经济上占统治地位的阶级的思想处于指导地位，指导思想总是一元化的。我国作为一个社会主义国家，当然要把反映工人阶级根本利益的马克思主义作为指导思想。在坚持马克思主义在意识形态领域的指导地位的基础上，实行"百花齐放、百家争鸣"的方针，是中国特色社会主义和谐社会的思想基础。

质言之，新自由主义是资本逻辑的代言，尽管形式上宣扬自由化、私有化、市场化，但实质上追求的是资本化，是一切服务于资本的扩张，让资本成

---

① 《邓小平文选》第 2 卷，人民出版社 1994 年版，第 391 页。
② 《邓小平文选》第 3 卷，人民出版社 1993 年版，第 195 页。

为社会所有领域的主宰力量。自由化、私有化、市场化包括全球经济一体化必然为西方国家跨国公司扩张资本空间提供必要条件。新自由主义者抨击政府权力对市场的干预只会有损于市场效率及市场的健康运行，导致经济的失序和社会的不公，最终侵犯个人自由和财产等权利。新自由主义的中心或服务的对象不是市场，而是资本，市场背后真正的主宰力量是资本，让市场来决定一切的结果必然是让资本来决定一切。这与古典自由主义规制国家权力、服务资产阶级利益的意图是一致的。

2. 新自由主义何"新"之有

从西方政治思想史传统上对思想光谱的划分方式来看，"左派人士因为相信平等而支持某种形式的社会主义，右派人士因为相信自由而支持某种形式的自由市场资本主义。而居中的则为自由主义者，他们因为相信目标不清晰的平等与自由的混合，而支持某种形式的福利国家资本主义"[①]。但当代西方的自由主义思潮是一个非常复杂的思想光谱，从右翼到左翼都可以被看作某种自由主义，比如以罗尔斯的正义理论为代表的左翼自由主义，以奥地利学派新古典自由主义为代表的右翼自由主义，而新自由主义则主要是指20世纪30年代经济大萧条以来与国家干预主义相对立的经济自由主义，20世纪70年代西方经济危机以后，新自由主义从非主流地位上升为主流的经济和社会政治思潮。可以说，新自由主义是在继承古典自由主义经济理论的基础之上，以反对和抵制国家干预主义为主要特征，以适应国际垄断资本在全球扩张的一种理论思潮。

虽然新自由主义思想和理论体系庞杂，但总体而言，新自由主义者都支持新古典经济学的自由市场原则，都同意市场这只"看不见的手"是最好的工具。它可以为了所有人的利益而调动哪怕最卑下的人性本能；强调市场和贸易的自由对个人自由的促进和保障作用，而反对政府对自由经济市场的干预。"华盛顿共识"的形成及其在全球的推行，是新自由主义从一种社会思潮嬗变为一种有影响力的经济范式和政治性纲领的主要标志。[②]

在历史上，一方面，随着第一次世界大战的结束，资本主义加速由自由竞争阶段向垄断阶段过渡，主导自由竞争资本主义运作近一个半世纪的资产阶级

---

① 〔加拿大〕威尔·金里卡：《当代政治哲学(上)》，刘莘译，上海三联书店2004年版，第4页。

② 参见中国社会科学院"新自由主义研究"课题组：《新自由主义研究》，载《马克思主义研究》，2003(6)。

古典经济学,已越来越不适应垄断资本主义的需要。20 世纪 30 年代初席卷整个资本主义世界的经济大萧条,表明资产阶级古典经济学理论已经走到了历史的尽头。在大萧条前夕及大萧条期间,凯恩斯(John Maynard Keynes)发表了一系列关于就业、投资、货币等方面的论著,其理论逐步取代资产阶级古典经济学成为主导国家垄断资本主义的主流经济学。另一方面,苏联的以公有制为基础、有计划按比例发展的社会主义经济蓬勃发展,显示出强大的生命力。这就从左、右两个方面对主张自由竞争、自由经营、自由贸易的资产阶级古典经济学形成夹击之势。正是在这种背景下,以捍卫资产阶级古典经济学为己任的哈耶克(Friedrich August von Hayek)相继发表了《价格与生产》《储蓄的"悖论"》等文章,对主张在经济危机期间,政府应实行扩张性财政、加大社会投入、增加就业、提升社会有效需求,以刺激资本投资、拉动经济增长的凯恩斯主义进行批判,为资产阶级古典经济学辩护;同时,他还同米塞斯(Ludwig Heinrich Edler von Mises)一道,挑起了同兰格(Oskar Ryszard Lange)之间关于经济计算问题的论战,借此批判以公有制为基础、以保持政府宏观调控和有计划按比例发展为基本特征的社会主义经济体制。由于哈耶克等人顽固坚持这种走向极端的市场原教旨主义,其在当时的政界甚至在理论学术界均遭到冷遇。这也迫使他们集合了一批以复兴自由放任市场经济理论为己任的学者,成立了朝圣山学社,推动新自由主义理论研究、传播新自由主义理论主张、壮大新自由主义理论队伍,并逐步形成了诸多学派。到目前为止,新自由主义形成了以下四个主要流派:①

一是由哈耶克领衔的伦敦学派。这个学派以英国的伦敦政治经济学院为基地,狂热鼓吹绝对自由化、完全私有化、彻底市场化,强调自由市场、自由经营,认为任何形式的经济计划、国家干预始终与效率无缘;而私有制又是自由的根本前提,在哈耶克及其弟子看来,公有制、社会主义是通往奴役之路。哈耶克是典型的市场原教旨主义者,他及伦敦学派的理论观点是其他新自由主义者的主要思想来源。

二是由弗里德曼(Milton Friedman)领衔的现代货币学派。这个学派以美国芝加哥大学为基地,强调实行货币"单一规则",以现代货币数量论为理论基础,以激烈反对国家干预为主要政策主张,主张在货币单一规则的前提下,实行经济自由放任政策,反对国家干预,否定计划经济和任何形式的公有制经济,是绝对自由化特别是金融自由化、完全私有化、彻底市场化的狂热鼓

---

① 何秉孟:《新自由主义的源流与本质》,载《中国社会科学报》,2015-05-25。

吹者。

三是由科斯(Ronald Coase)领衔的新制度经济学派。这个学派以经济组织或制度问题为研究对象,主要强调明晰私人产权,降低市场交易费用,实现资源"有效配置"。新制度经济学的理论包括交易费用理论、产权理论、企业理论、制度变迁理论四个方面。在新制度经济学看来,交易费用的节省是企业产生、存在以及替代市场机制的唯一动力;只要企业产权落实到自然人,也就是私人,其交易成本必然低于公有制企业,因此,私有制企业的经营效率比公有制企业高。这一学派的创始人就是在新自由主义大本营芝加哥大学任教的罗纳德·科斯。

四是由卢卡斯(Robert E. Lucas)领衔的理性预期学派。卢卡斯提出的名噪一时的"理性预期假说",是这一学派的理论基础。所谓"理性预期",就是认为在经济活动中,人是理性的,总在追求个人利益的最大化。由于经济未来的发展趋势关乎自己的投资或就业选择等切身利益,所以他总会充分调用自己各种主观和客观资源,对经济前景进行尽可能准确的预测,其决策一般说来是有根据的;而政府对经济信息的反应不如公众灵活、及时,所以政府的决策不可能像个人决策那样准确、灵活,因此政府的任何一项稳定经济的措施,都会被公众的合理预期所抵消,成为无效措施。这一观点沉重打击了奉行国家干预政策的凯恩斯主义,所以也被称为"理性预期革命"。

在当代中国的自由主义思潮中,也有经济自由主义、政治自由主义和新自由主义等不同流派。在中国转型的市场经济语境中,由于国家与市场的结盟,经济自由主义既可以表达民间对经济自由的诉求,也可以为权贵资本做辩护,其中哈耶克式新古典自由主义构成了中国新自由主义的基本派别,他们相信"自由放任的自由主义",认为阻碍中国发展的主要问题不是资本主义在中国的入侵和泛滥,而是陈旧的意识形态和僵化的体制阻止了中国改革的扩大和开放的深化。因此,新自由主义对中国社会和中国改革开放的批评主要集中在权力结构上,认为传统权力体制使得中国的市场经济无法得到充分的成长和发展,中国社会的不平等和市场带来的种种弊端并非由市场化造成的,而恰恰是由于市场化不充分,甚至是由于权力对市场机制的扭曲,权力借市场机制放大了特权,找到了更大的寻租空间,从而造成了中国社会结构性的腐败和突出的社会公正问题。因此,在政治上任何形式的集权都是值得怀疑的,唯一可取的政体形式则是宪政民主,只有通过对权力的限制和监督,国家才能成为个体追求自由和幸福的手段。

3. 新自由主义的危害

新自由主义包括众多的思想流派，但最为人所熟知，影响力最大的是以哈耶克为代表的奥地利经济学派。就当前美英新自由主义主流学派而言，其主要观点包括如下几方面：[①]

在经济理论方面，新自由主义继承了资产阶级古典自由主义经济理论的自由经营、自由贸易等思想，并走向极端，大力宣扬自由化、私有化和市场化，认为自由是效率的前提，私有制是推动经济发展的基础，而市场则是配置资源最有效的方式。

在政治理论方面，新自由主义特别强调否定国家干预和否定集权主义。在新自由主义者看来，任何形式的国家干预都只能造成效率的损失，而集权主义不仅是对个人自由和天性的压制，而且是以理性为目标，但却以摧毁理性而告终的悲剧。

在战略和政策方面，新自由主义鼓吹超级大国主导的全球一体化和全球资本主义化。

1990年形成的"华盛顿共识"是新自由主义意识形态化和政治化的重要标志，也是对拉美国家在经济改革过程所采用的十个政策工具的总结，并且被认为适用于所有进行经济改革的发展中国家。[②]"华盛顿共识"所主张的政策片面强调市场机制的功能和作用，鼓吹国有企业私有化、贸易自由化、金融自由化、利率市场化，放松对外资的监管、放松政府管控等，都适应了国际垄断资本向全球扩张的需要。

就其实质而言，新自由主义在内容上片面夸大了市场自发功能和个人主义的逐利性。从历史流变来看，新自由主义经历了一个由经济学理论转变为发达资本主义国家意识形态和主流价值观的过程，因而，政治化和范式化的新自由主义应被视为当代资本主义的主流意识形态。当代发达资本主义国家的统治阶级是国际垄断资产阶级，而新自由主义正是为国际垄断资产阶级服务的。西方

---

① 参见中国社会科学院"新自由主义研究"课题组：《新自由主义研究》，载《马克思主义研究》，2003(6)。

② 所谓"华盛顿共识"(Washington Consensus)是指20世纪80年代以来，位于华盛顿的国际货币基金组织、世界银行和美国政府根据拉美国家减少政府干预、促进贸易和金融自由化经验形成并提出的一系列政策主张，特别是美国国际经济研究所的威廉姆森(John Williamson)对拉美国家的国内经济改革提出了上述机构达成共识的10条政策措施，这些共识都是以新自由主义学说为理论依据的，一时间得以广泛传播。

大资本家的实力越来越雄厚，金融资本、虚拟资本所需要的自由度也越来越大，而新自由主义所主张的这种"自由体制"，恰好适应了这些资本在发展中国家自由出入的要求。正如马克思所指出的："政治经济学所研究的材料的特殊性，把人们心中最激烈、最卑鄙、最恶劣的感情，把代表私人利益的复仇的女神召唤到战场上来反对自由的科学研究。"①因此，不可能有统一的、适合一切阶级利益的政治经济学，对新自由主义来说也是如此！

另外，新自由主义成为西方主流经济理论与经济全球化进程是相伴前行的，西方国家主导的经济全球化需要新自由主义思潮为其摇旗呐喊，新自由主义也需要借助经济全球化证明自己的理论主张。新自由主义认为只有各个国家打开大门，接受解除管制、完全开放、自由贸易、资本跨国自由流动、浮动汇率等建议，才能真正实现全球一体化。但就事实而论，西方发达资本主义国家从来不曾真正放弃政府干预，那些听从新自由主义建议的国家，特别是一些落后国家经济长期受制于他国，后续影响持续到今天。拉美是受新自由主义影响最大的区域，新自由主义几十年的实践给拉美国家造成巨大损失，各国付出了经济衰退、贫富分化、社会动荡的惨痛代价。在 1992—2001 年这 10 年中，拉美国家年均经济增长率仅为 1.8%，这 10 年又被称为"失去的 10 年"。以拉美国家中最忠实的新自由主义践行国阿根廷为例，自 1976 年开始，该国在"经济全球化就是资本主义制度一体化"观念的指导下，持续实行新自由主义经济政策，尽管经济形势曾有一度好转，但在 20 世纪末遭遇"经济灾难"：经济发展止步不前，社会失业人口不断增长，贫困人口不断增加，外债高达 1500 亿美元，官僚腐败，整个社会经济陷入极度混乱，甚至在 2001 年爆发了全面的经济、政治和社会危机，50%的民众的生活水平在贫困线以下。

事实证明，新自由主义的目标根本不是全球共同繁荣、共同进步，而是牺牲大多数国家成全少数国家，或者更准确地说是通过对后发国家的"暴力性掠夺"，实现国际垄断资本对后发国家经济命脉的控制。资本主义推崇的世界秩序是资本力量主宰一切的秩序，新自由主义代表的正是国际垄断资本的利益，服从的正是大资本的意志，它暗合了国际垄断资本全球扩张的需要。而中国新自由主义者依然指责政府对金融监管过度、干预过多，国有金融企业垄断市场，导致中国金融市场扭曲，他们因此提出要进一步推动中国金融自由，督促政府放松对国有银行的管制。金融国际化和自由化，如同国有企业私有化、土地私有化一样，都是新自由主义推动国际垄断资本扩张的有力工具，金融自

---

① 　马克思：《资本论》第 1 卷，人民出版社 2004 年版，第 10 页。

山、国企私有、土地私有、完全放开市场对一个国家而言是非常危险的，是国家将经济命脉拱手让给国际垄断资本的前奏，对于这一点我们必须保持清醒。

此外，中国当下的新自由主义者还喜欢将改革开放和正在进行的改革政策说成符合新自由主义主张的经济政策，比如，"市场在资源配置中起决定性作用""供给侧结构性改革"等。事实上，自改革开放以来，中国经济发展的实践不断超越西方经济学教科书中的教条，用事实改写了西方对中国经济发展的屡屡误判，成功地走出一条具有鲜明中国特色的社会主义经济建设道路。今天看来，中国经济的奇迹和成功，应归功于经济体制改革始终坚持政府与市场的两点论、辩证法，以及注重两者的有机结合，而不是简单地推行市场化，更不是西方化，中国改革与发展自始至终抵制着"华盛顿共识"的"正统经验"，寻求适合本国的发展路径。中国改革发展的成功，是对新自由主义理论中政府与市场关系的颠覆和重构，更是对中国特色社会主义政治经济学的创新和发展。

重要的是，我国当下正在进行的供给侧结构性改革的理论基础和政策实践绝非照搬西方供给学派，绝不是走上新自由主义之路。自从以习近平同志为核心的党中央提出以"供给侧结构性改革"为主线以来，社会各界对此持续高度关注。不少学者、媒体人士从不同角度对此进行了阐释解读，其中不乏新自由主义思潮的解读言论，这部分言论企图混淆视听，误导供给侧结构性改革的思路和方向。他们把"供给侧结构性改革"曲解为走以市场化、自由化、私有化为主要内容的新自由主义道路。这种认识是错误的。正如习近平总书记所言：

> 我们讲的供给侧结构性改革，同西方经济学的供给学派不是一回事，不能把供给侧结构性改革看成是西方供给学派的翻版，更要防止有些人用他们的解释来宣扬"新自由主义"，借机制造负面舆论。
>
> 西方供给学派兴起于上世纪 70 年代。当时凯恩斯主义的需求管理政策失效，西方国家陷入经济"滞胀"局面。供给学派强调供给会自动创造需求，应该从供给着手推动经济发展；增加生产和供给首先要减税，以提高人们储蓄、投资的能力和积极性。这就是供给学派代表人物拉弗提出的"拉弗曲线"，亦即"减税曲线"。此外，供给学派还认为，减税需要有两个条件加以配合：一是削减政府开支，以平衡预算；二是限制货币发行量，稳定物价。供给学派强调的重点是减税，过分突出税率的作用，并且思想方法比较绝对，只注重供给而忽视需求、只注重市场功能而忽视政府作用。
>
> 我们提的供给侧改革，完整地说是"供给侧结构性改革"，我在中央经

济工作会议上就是这样说的。"结构性"3个字十分重要，简称"供给侧改革"也可以，但不能忘了"结构性"3个字。供给侧结构性改革，重点是解放和发展社会生产力，用改革的办法推进结构调整，减少无效和低端供给，扩大有效和中高端供给，增强供给结构对需求变化的适应性和灵活性，提高全要素生产率。这不只是一个税收和税率问题，而是要通过一系列政策举措，特别是推动科技创新、发展实体经济、保障和改善人民生活的政策措施，来解决我国经济供给侧存在的问题。我们讲的供给侧结构性改革，既强调供给又关注需求，既突出发展社会生产力又注重完善生产关系，既发挥市场在资源配置中的决定性作用又更好发挥政府作用，既着眼当前又立足长远。从政治经济学的角度看，供给侧结构性改革的根本，是使我国供给能力更好满足广大人民日益增长、不断升级和个性化的物质文化和生态环境需要，从而实现社会主义生产目的。[①]

可见，我国推出供给侧结构性改革，重点是解放和发展社会生产力，用改革的办法推进结构调整，减少无效和低端供给，扩大有效和中高端供给，增强供给结构对需求变化的适应性和灵活性，提高全要素生产率。因此，我国供给侧结构性改革有借鉴西方供给学派的一些重要政策思路和成功经验，但绝不是简单的拿来主义，直接套用其供给管理政策。两者的本质区别在于：私有化是供给学派提出的经济政策目标，而公有制是我国绝对不能动摇的经济制度基础。供给学派反对政府干预，认为市场能自发实现资源最优配置、供给会自发地创造需求；而我国供给侧结构性改革在注重发挥市场决定性作用的同时，又注重更好地发挥政府作用。供给学派认为高利率是美国滞胀病的根源，大幅减税能刺激供给、促进经济增长；而我国供给侧结构性改革是综合性系统性的国家大战略，涉及多个层面、领域，减税只是手段之一，且并不是最主要、最有力的手段。我国的供给侧结构性改革也绝非像供给学派那样全盘否定需求侧管理、否定扩大内需，而是要适应需求结构的变化，形成"供需相匹配"的新经济结构，实现经济的平稳健康发展。另外，抑制通货膨胀是"里根经济学"的首要政策目标，而我国现在正面临的则是通货紧缩问题。不仅如此，当前我国现有的经济结构、经济发展速度和阶段，所处的城镇化、工业化阶段，以及科技背景、国际环境等也与当时的美国、英国有很大的差异，需要考虑和解决的问题

---

① 习近平：《在省部级主要领导干部学习贯彻党的十八届五中全会精神专题研讨班上的讲话》，人民出版社 2016 年版，第 28～30 页。

也更复杂艰巨，其改革涉及的广度深度远远超越了传统意义上的供给侧管理。因此，生搬硬套西方供给学派、新自由主义的理论和政策主张，绝对不能解决中国的问题。

总之，新自由主义作为一种学术理论，自有其学术渊源与发展脉络，作为一种学理的存在并无不可，彻底否定它既无必要也不可能。各派理论应当各展所长，相互争鸣。新自由主义作为一种政策和发展模式，在历史上取得过一些成功，研究这些成功的原因与条件，恐怕比单纯的批判更加可取。新自由主义模式最大的优点是实现了政策主张的模块化，因此操作性非常强。西方国家及国际金融机构推广新自由主义模式时，非常注重把原来比较复杂的学理性内容抽掉，将其简化为易于学习和操作的政策菜单。但如果把这套模式不分国情、社情、民情地强行推广，把它当作包治百病的灵丹妙药兜售出去，就大错特错了。面对新自由主义思潮的传播和影响，我们尤其要保持清醒，增强坚持中国道路的自觉和自信，正确区分社会主义市场经济体制改革与新自由主义的本质不同，认清新自由主义的历史性、阶级性和局限性，自觉抵制、防范和排除新自由主义思潮的渗透和干扰。

三、历史虚无主义批判

20 世纪 90 年代中期以来，随着国内外环境的深刻变化，历史虚无主义在我国思想文化界重新泛起，成为一种有影响力的政治思潮。历史虚无主义对自己国家的历史、民族的文化采取轻蔑、否定的态度，特别是对共产党领导的中国革命和社会主义建设历史进行抹黑和否定，企图扭曲和破坏人们的历史观。

1. 历史虚无主义的一般"症候"

历史虚无主义，就字面意思而言，是指以虚无主义的态度对待历史，这种虚无主义的态度既可以表现为对真实历史认识的彻底否认，也可以表现为视角主义，即既然真实的历史认识是无法达到的，那么所有的历史认识都只是对历史的某种理解和描绘，因此历史认识只是视角的问题，而无所谓真实的历史认识。① 但在当代中国语境下的历史虚无主义，则具有特定的意涵，即作为一种特定政治思潮的历史虚无主义，它意味着虚化自己对立面的历史功绩，放大或

---

① 这个意义上的历史虚无主义乃是一个哲学认识论问题，即是否有可能真实、客观地认识对象。

者聚焦自己对立面的失误，夸大或者美化自己的历史，以达到某种特定的政治目标。历史虚无主义在当代中国暗流涌动，不断冲击着人们的历史观，严重扭曲、混淆着人们对历史的认识和理解。

历史虚无主义以主观方式怀疑客观历史，对历史进行否定或虚无化

作为一种唯心主义思潮，历史虚无主义起源于19世纪的欧洲。当时，德国哲学家尼采宣称"上帝死了"，"不存在事实，只存在解释"，要"重估一切价值"。在当代西方社会，历史虚无主义与哲学上的相对主义、政治上的无政府主义、经济上的新自由主义、文化上的颓废主义以及后现代主义思潮相互呼应、相互作用，成为资本主义精神危机和信仰迷失的某种反映。20世纪90年代初，苏联解体、东欧剧变，一些外部势力大肆宣扬马克思主义"破产、过时"，历史虚无主义思潮在我国也逐渐抬头，在世界社会主义发展遭遇曲折和困难的背景下逐渐蔓延扩散。近年来，我国意识形态领域形势更趋复杂，历史虚无主义又改头换面，借"价值中立""学术反思""还原历史""重新评价""解放思想"之名不断传播错误观点。

作为一种思潮，历史虚无主义有学术、文艺、舆论等多种表现形态。其中，学术形态是基本形态，主要表现为一部分研究者背离唯物史观和历史辩证法，根据一些史料重新解释、建构中国近代以来的历史，从而全面解构马克思主义史学关于中国近现代历史的基本结论。在这种形态下，历史虚无主义提出了自己的核心理论观点。文艺形态则是在文学、影视等作品中，通过对历史人物形象的塑造、对历史事件情节的叙述等，把学术形态下的核心理论观点以感性的方式呈现出来，以鲜明的倾向性引导受众。舆论形态则表现为多种形式，比如在大众传媒中炒作中国近现代历史的相关话题，借势传播其核心理论观点；利用各种大众媒体持续推送支撑其核心理论观点的信息，包括日记、回忆录、人物传记和国外研究成果等。历史虚无主义思潮以讨论历史问题为主要内容，但实质是政治思潮，目的在于消解当代中国走中国特色社会主义道路的历史依据。当前，历史虚无主义思潮的蔓延已经在社会思想领域造成一定影响，不仅导致人们历史观和历史知识的混乱，将"恶搞""戏说"和"重评"下各种碎片化的"历史事实"当作历史真实，而且破坏了当代中国发展所需要的政治认同和价值共识。①

① 《揭去历史虚无主义的面纱——关于历史虚无主义的对话》，载《人民日报》，2017-02-20。

历史虚无主义往往以学术研究的形态出现

一些人打着"理性反思""重新评价""还原真相""范式转换"等幌子，热衷于做翻案文章，试图"重新改写历史"。他们否认近代中国社会的半殖民地半封建性质，否认中国人民的反帝反封建斗争是近代中国历史的脊梁；歌颂改良，否定革命，尤其是极力否定中国共产党领导的新民主主义革命，对新中国成立后的历史则不遗余力一味抹黑。他们还颠倒是非，吹捧袁世凯，贬抑孙中山；为帝国主义涂脂抹粉，向爱国英烈大泼脏水。继所谓的学术研究之后，历史虚无主义渗入大众传媒并不断扩展。一些历史文学、影视作品，为满足所谓的剧情需要和吸引眼球，不顾历史真实而随意编排杜撰。这些作品对国人的历史认知产生了严重误导。这种发端于学术界、经大众媒体放大后渐次蔓延至社会各领域的历史虚无主义，一时成了不容轻视的社会思潮。历史虚无主义之本质，在于由否定历史入手，达到否定现实的目的，即否定中国共产党执政的合法性和中国特色社会主义的发展方向。"历史和现实都表明，一个抛弃了或者背叛了自己历史文化的民族，不仅不可能发展起来，而且很可能上演一场历史悲剧。"①

历史虚无主义表现为否认马克思主义的历史认识体系；否定中国共产党领导的中国革命和社会主义建设史，重新评价历史人物；借国际共产主义运动史上的错误，特别是苏联的发展和解体，全盘否定国际共产主义运动的历史和苏联社会主义的理论和实践。这种"目的明确"的历史虚无主义带有鲜明的自身特点，突出表现在以下几点上。

一是否认历史发展的规律性。历史虚无主义者认为历史由种种偶然事件构成，具有不可预测性，因而没有规律可言。因此，他们常常以假设和推断取代历史事实，通过假想的"历史的转折或节点"，推测可能产生的效应和结果，以证明自己判断的正确。二是以"学术研究"的方式做翻案文章。历史虚无主义者常常以"重评""重写"为标志，以"挖掘新的材料""还原历史真相"为内容，以"批判的视角""研究范式"转换为方法，来改写有关中国近代社会和中国革命的一系列结论。三是以细节取代整体。历史虚无主义者通过夸大历史枝节来竭力贬损和否定革命，通过嘲弄中国共产党犯下的错误来否定中国人民为争取民族独立和民族解放而进行的反帝反封建斗争，通过罗列和放大社会中的问题来诋毁和否定中国社会主义的发展成就，通过个别现象、个别人物和个别事件来否定整个阶级的本质和历史发展的趋势。四是对历史做出虚假的描述和解释。有

① 习近平：《在哲学社会科学工作座谈会上的讲话》，人民出版社2016年版，第17页。

的历史虚无主义者以今天的标准去衡量历史上的事件,用当下的世情人心去臆测历史人物,甚至将中国革命和社会主义建设时期的一些探索道路的差异看成个人之间的权力斗争;还有一些历史虚无主义者利用互联网等先进技术手段对历史进行碎片化处理,把一些历史事件不讲前因后果地任意剪裁,把一部完整的历史断章取义,进行简单化处理。作为一种社会思潮、政治思潮的历史虚无主义,尽管表现形式和内容不一,但明里暗里都包含着价值判断与政治诉求,其在学术研究乃至大众传媒中的泛滥,势必会诋毁主流意识形态,消解人们的民族意识、国家认同。

2. 别有用心的历史观

历史唯物主义作为"关于现实的人及其历史发展的科学"①,用人们的社会存在说明他们的社会意识,把历史看作人类的发展过程,其任务就在于发现这个过程的运动规律。而历史唯心主义则反其道而行之,不是从物质实践出发解释各种观念形态,而是用人们的意识说明社会存在,从观念出发来解释实践过程。以"反思""重新评价""范式转换""批判性研究"等名义为手段的历史虚无主义,曲解中国传统文化,扭曲和否定中国革命史和中国社会主义建设。清代著名思想家龚自珍在《古史钩沉论二》中写道:"欲知大道,必先为史。灭人之国,必先去其史;隳人之枋,败人之纲纪,必先去其史;绝人之材,湮塞人之教,必先去其史;夷人之祖宗,必先去其史。"②这说明能否正确对待历史是关乎国家治乱兴亡的大问题,是关乎民族兴衰的大问题。反对历史虚无主义,必须弄清楚历史虚无主义的基本方法以及隐藏在其后的历史观。

历史虚无主义的基本方法是以孤立、片面的方法来观察和分析历史

历史,不论是传统文化的历史还是中国革命、社会主义建设的历史,都是动态的概念,是在变化中形成的,这就要求我们在认识和分析历史的时候要有一种整体主义的视角,而不能用"要素"提取的方法,只拣选自己想要的历史事实,毕竟历史研究所需要的历史事实必须是"与所研究的问题有关的全部事实,而不是抽取个别的事实"③。唯其如此,才能探讨历史发展的进程,解释历史发展的规律,并以此来分析具体的历史事件和历史人物。

历史虚无主义刻意采取某种取向的历史观

这种历史观是以主观的、拼凑的和曲解的态度来分析、解读中国传统文

---

① 《马克思恩格斯文集》第4卷,人民出版社2009年版,第295页。
② 《龚自珍全集》,上海人民出版社1975年版,第22页。
③ 《列宁全集》第28卷,人民出版社1990年版,第365页。

化，解读中国近现代以来的历史发展道路，进而宣扬并传播错误历史知识和历史观念。这种历史观既不讲究科学研究的态度，也不重视事物发展的内在逻辑，而完全以主观臆断、东拼西凑的方式来论证他们有关历史的"意见"。历史虚无主义的历史观通过否定中华传统文化的内在价值，否定近代以来中国历史发展道路，特别是革命运动的合法性，最终的结论还是指向当代中国：由于中华传统文化从源头上就比不上西方文化，而近代以来不断的革命则加速了中华传统文化的衰败和中国社会的乱象，所以中国一直都无法实现现代化治理，唯有接受西方文化，追随西方政治制度，才能彻底治好中国的"顽疾"。

历史虚无主义的哲学基础是唯心史观，还吸收了后现代主义史学的理论和方法

20 世纪中叶以后，随着西方社会进入后工业时代，后现代主义思潮日益融入西方的社会科学研究中，后现代主义史学开始兴起。后现代主义史学以解构主义为内核，强调要与传统史学"断裂"，主张历史研究"去中心化"；反对"宏大叙事"，认为"宏大叙事"为马克思主义唯物史观提供了支撑；否定历史的"连续性"，刻意追求历史的"破碎"；质疑和颠覆历史知识的客观性、科学性，否认客观事实的存在；"把历史化解为纯想象的文学"，认为历史是一种叙述，必然要编织情节，采用各种修辞。历史虚无主义在我国的泛起有着复杂的国内外原因。20 世纪 80 年代以来，由于科学技术的进步和经济全球化的发展，资本主义显示出一定的生命力和控制世界的能量，而苏联解体、东欧剧变使世界社会主义事业发展遭遇挫折，这些都对马克思主义唯物史观提出了理论挑战。改革开放使我国经济社会结构发生深刻变化，社会价值观念日益多元化，一些主张"西化"中国的思潮日益泛滥，也催生了历史虚无主义的发展。[①]

牢牢把握历史唯物主义方法来看待历史问题

历史唯物主义对历史现象、历史问题的研究，是把研究对象置于一定的历史场景中加以考察，用具体的历史的方法对其做出评价。列宁认为："马克思主义要求我们一定要历史地来考察斗争形式的问题。脱离历史的具体环境来谈这个问题，就是不懂得辩证唯物主义的起码常识。"[②]他进而强调：

在社会科学问题上有一种最可靠的方法，它是真正养成正确分析这个问题的本领而不致淹没在一大堆细节或大量争执意见之中所必需的，对于

---

① 参见《揭去历史虚无主义的面纱——关于历史虚无主义的对话》，载《人民日报》，2017-02-20。

② 《列宁专题文集·论马克思主义》，人民出版社 2009 年版，第 100 页。

用科学眼光分析这个问题来说是最重要的，那就是不要忘记基本的历史联系，考察每个问题都要看某种现象在历史上怎样产生、在发展中经过了哪些主要阶段，并根据它的这种发展去考察这一事物现在是怎样的。①

没有这样的历史观点，就谈不上什么历史科学，而只有以科学的眼光来看待，历史才不致变成偶然现象的糊涂账，不致变成一堆荒谬绝伦的错误。"在分析任何一个社会问题时，马克思主义理论的绝对要求，就是要把问题提到一定的历史范围之内。"②历史唯物主义认为，历史研究的基本准则是要从最基本的历史事实出发，必须充分、准确地占有资料，必须严谨、客观地对待自己所运用的资料。历史唯物主义关于社会进步的观念是充满辩证法的历史进步观念，社会发展从社会形态演变的视角来看是进步和上升的过程，而非循环运动。也就是在这个意义上，历史虚无主义否认历史的规律性，承认支流而否定主流，透过个别现象来否认本质，孤立地分析历史中的阶段错误而否定整体过程，其本质是历史唯心主义。历史虚无主义思潮从历史观上说，就是放弃了历史唯物主义对历史研究的指导。要从根本上遏制历史虚无主义思潮，就必须在历史研究中旗帜鲜明地坚持历史唯物主义。

对历史人物的评价，应该放在其所处时代和社会的历史条件下去分析，不能离开对历史条件、历史过程的全面认识和对历史规律的科学把握，不能忽略历史必然性和历史偶然性的关系。不能把历史顺境中的成功简单归功于个人，也不能把历史逆境中的挫折简单归咎于个人。不能用今天的时代条件、发展水平、认识水平去衡量和要求前人，不能苛求前人干出只有后人才能干出的业绩来。③

评价历史人物是如此，评价历史事件也是如此，只有历史地去看待历史，才能正确认识历史，探究历史发展的规律，总结历史经验和教训为现实服务。

历史虚无主义虽然表现诸多，但有一点是共同的，那就是都建立在唯心史观的理论基础上。它们否定人类不断走向进步的历史进程，否认历史真理，否

---

① 《列宁专题文集·论辩证唯物主义和历史唯物主义》，人民出版社 2009 年版，第283 页。

② 《列宁专题文集·论马克思主义》，人民出版社 2009 年版，第 302 页。

③ 习近平：《在纪念毛泽东同志诞辰 120 周年座谈会上的讲话》，载《人民日报》，2013-12-27。

认历史发展的规律性。马克思主义的历史观,

> 不是在每个时代中寻找某种范畴,而是始终站在现实历史的基础上,不是从观念出发来解释实践,而是从物质实践出发来解释各种观念形态,由此也就得出下述结论:意识的一切形式和产物不是可以通过精神的批判来消灭的……这种观点表明:历史不是作为"源于精神的精神"消融在"自我意识"中而告终的。①

重温马克思、恩格斯当年的批判,对今天我们认识历史虚无主义的错误仍有重要的指导意义。历史虚无主义将历史碎片化,将历史事件、历史人物孤立化、抽象化,企图"重写"历史、消解主流思想舆论。它们处理历史材料的这种孤立、片面的方法,以及主观和曲解的历史观,是由其立场所决定的。无论观点多新奇,材料多新颖,其总是试图用重评、翻案等方式达到扭曲历史、否定中国共产党执政合法性的政治企图,其最后的矛头都必然指向马克思主义,指向中国的社会主义道路和中国的政治体制。

3. 历史不容"虚无"

> 习近平指出,我们共产党人是坚定的马克思主义者,我们党的指导思想就是马克思列宁主义、毛泽东思想和中国特色社会主义理论体系。同时,我们不是历史虚无主义者,也不是文化虚无主义者,不能数典忘祖、妄自菲薄。中华传统文化源远流长、博大精深,中华民族形成和发展过程中产生的各种思想文化,记载了中华民族在长期奋斗中开展的精神活动、进行的理性思维、创造的文化成果,反映了中华民族的精神追求,其中最核心的内容已经成为中华民族最基本的文化基因。②

能够正确地看待本民族的历史,能够客观评价历史人物的功过是非,是一个民族成熟的标志。而正确看待本民族历史和客观评价历史人物,最有利的武器就是马克思主义的历史唯物主义,因为历史唯物主义总是以一种整体的、辩证的

---

① 《马克思恩格斯文集》第1卷,人民出版社2009年版,第544页。
② 《习近平:牢记历史经验历史教训历史警示 为国家治理能力现代化提供有益借鉴》,载《人民日报》,2014-10-14。

方式来看待历史。唯物主义历史观是科学的历史观，在我们还没有发现另一种能够科学地解释某种社会形态的活动和发展的理论之前，它始终是社会科学的同义词。

特别需要警惕的是，"灭人之国，必先去其史"。苏联就是这方面的前车之鉴。苏联曾是美国全球争霸的头号对手，第二次世界大战以后，美国动用了所有可能的手段与苏联竞争，从经济较量到科学技术竞争、从代理人战争到军备竞赛，无所不用其极，但效果并不明显。到了 20 世纪 70 年代，美国由于长期陷于越南战争，加上石油危机以及资本主义阵营内部矛盾重重，其霸主地位严重动摇，而同时期苏联对外强势扩张，在当时的美苏争霸中，美国处于战略守势。卡特政府的国家安全顾问布热津斯基鼓动苏联的自由化知识分子集中力量攻击和丑化斯大林。他认为，一旦全盘否定了斯大林，苏联共产党政权的历史就站不住脚，苏共的执政地位和领导作用就会失去合法性和民意支持。苏联的自由化分子正是按照这个反共战略展开了对苏联历史的诋毁攻击，后来竟然得到了苏共中央总书记戈尔巴乔夫的响应和力推。戈尔巴乔夫上台后，为了给受到欧美国家元首盛赞的背离马克思主义的"改革"路线制造舆论，他在苏共二十七大上提出"民主化""公开性"的方针，特别是在 1987 年苏共中央 1 月全会上号召实行"最大限度的公开性"和"苏联社会不应有不受批评的禁区"之后，社会上的自由化思潮很快泛起，否定苏共和苏联历史的现象也随之迅速发展起来。据布热津斯基透露，戈尔巴乔夫在与匈牙利共产党最高领导人举行的一次私人会谈中指出："苏联自 1929 年以来的经验全部都是错误的。"在戈尔巴乔夫等人的支持下，苏联的知识界和舆论界的自由化知识分子以历史虚无主义打开突破口，猛烈攻击和诋毁斯大林，进而直接诋毁列宁，彻底否定十月革命所开辟的社会主义道路。苏联卫国战争时期出现的许多英雄人物都未能避免受歪曲和遭诬蔑的命运。与此同时，也刮起一阵阵"翻案"风。末代沙皇尼古拉二世被描绘成英明和善的君主，自由化知识分子对他寄予无限的同情，报刊连篇累牍地发表文章谴责布尔什维克的暴行。苏联民众在历史虚无主义舆论的强势引导下，也开始仇视苏联共产党和社会主义制度。苏联解体的原因非常复杂，但历史虚无主义的泛滥横行确实对于瓦解苏联人民捍卫国家制度的意志发挥了重大作用。历史虚无主义通过舆论场上的反复灌输，将一个民族的历史文化记忆逐渐磨灭。民族凝聚力、捍卫国家民族的意志力也被逐渐瓦解，"去史"以致"灭国"，可谓落入了万劫不复的境地。

在坚持以历史唯物主义的方法对历史事实进行分析和理解的同时，我们对历史如果能怀有一种"温情与敬意"，则能更好地抵御历史虚无主义的影响。而

所谓"温情与敬意",钱穆曾在《国史大纲》序言中写道:

> 所谓对其本国已往历史有一种温情与敬意者,至少不会对其本国历史抱一种偏激的虚无主义,即视本国已往历史为无一点有价值,亦无一处足以使彼满意。亦至少不会感到现在我们是站在已往历史最高之顶点,此乃一种浅薄狂妄的进化观。而将我们当身种种罪恶与弱点,一切诿卸于古人。此乃一种似是而非之文化自谴。①

一些人陷入历史虚无主义,还有以下几个方面的原因:其一,对历史缺乏应有的敬畏。尤其不可自以为是,将现实中的"种种罪恶与弱点",都归咎于古人,这是一种"浅薄狂妄的进化观"和"似是而非之文化自谴"。而一些人抹黑新中国的历史,恰恰暴露出自己对历史缺乏应有的敬畏,"浅薄狂妄",陷入了"似是而非之文化自谴"。其二,陷入了历史相对主义。尽管历史无法再现,因此历史认知具有相对性,难免见仁见智,但人们对于历史的既有认知仍具有客观真理性,不能陷入相对主义或随意颠倒历史。史学以史料为基础,是非得失自有评判标准,与主观臆说不能混为一谈。其三,思想方法上的片面性。某些人看问题,不是将其置于特定历史条件下作综合和长时段考察,而是以偏概全、"以今非古",因此难免会得出有失偏颇的结论。其四,囿于个人情感。某些人因个人或亲友在历史上受到过不公正对待,心中阴影犹在,不能超越个人恩怨客观看待历史。此虽可以理解,却非治史之道。②

历史虚无主义妄图通过否定中华五千年的历史优秀文化,否定近代以来的中国历史传统;通过否定反帝反封建的革命运动,否定共产党执政的历史合法性;通过否定新中国成立以来取得的伟大成就,否定中国共产党执政的现实合法性。特别值得警惕的是,历史虚无主义的这种政治意图,直接指向党的领导和中国特色社会主义制度。尽管其打着学术的旗号,但在研究方法上是唯心主义的,在政治诉求上具有颠覆性的企图。历史虚无主义经常借助一些历史细节来篡改历史,抹黑中国共产党党史、中国革命史、中华人民共和国国史,否定中国革命的历史必然性、否定中国共产党领导的合法性,从而达到其危险的政治目的。从新文化运动和五四运动以来马克思主义在中国的传播与中国共产党成立,直到中国共产党领导中国人民进行革命、建设、改革的伟大进程,几乎

---

① 钱穆:《凡读本书请先具下列诸信念》,见《国史大纲》,九州出版社 2011 年版。

② 参见《揭去历史虚无主义的面纱——关于历史虚无主义的对话》,载《人民日报》,2017-02-20。

每段历史中都有历史虚无主义搬弄是非的表演，包括在所谓"获取了新资料""还原历史真相""重评历史"的外衣下，掩盖着的隐秘政治诉求，这就是污蔑共产党，尤其是党的领袖，最终动摇共产党对国家的领导。此外，历史虚无主义还极力为近代史上的一些反动派、卖国贼和汉奸洗白，用"重新评价历史人物"的幌子为他们翻案。历史虚无主义对历史人物和事件有褒有贬，或攻击或吹捧，其实互为表里，说到底还是妄图改变共产党在中国的领导地位。

历史虚无主义又是西方某些势力对我国施加意识形态影响的工具。西方某些势力从未放弃西化、分化社会主义中国的战略野心，它们现在更主要的目的是寻求"和平演变"手段，企图在没有硝烟的战场上颠覆我国的社会主义制度。苏联解体、"冷战"结束，西方某些势力把主要目标转向了中国，一方面大肆传播西方资本主义的"宪政民主"、经济模式、价值观念和生活方式，宣扬"资本主义制度优越性"；另一方面对社会主义国家的历史和现实进行各种丑化、矮化和妖魔化，把大大小小的各种问题都归结于制度问题。从这个意义上说，历史虚无主义又与新自由主义、"宪政民主"论、"普世价值"论等错误思潮彼此呼应、互相配合，从历史到现实全面质疑中国革命、建设和改革的成就，以达到瓦解中国特色社会主义制度的图谋。

中国共产党人是马克思主义者，坚持马克思主义的科学学说，坚持和发展中国特色社会主义，但中国共产党人不是历史虚无主义者，也不是文化虚无主义者。我们向来认为，马克思主义基本原理必须同中国具体实际紧密结合起来，应该科学对待民族传统文化，科学对待世界各国文化，用人类创造的一切优秀思想文化成果武装自己。在带领中国人民进行革命、建设、改革的长期历史实践中，中国共产党人始终是中国优秀传统文化的忠实继承者和弘扬者，从孔夫子到孙中山，我们都注意汲取其中积极的养分。譬如，"小康"这个概念，就出自《礼记·礼运》，是中华民族自古以来追求的理想社会状态。使用"小康"这个概念来确立中国的发展目标，既符合中国发展实际，也容易得到最广大人民的理解和支持。

我们还要从理论和历史两个方面不断研究和批判历史虚无主义，进而有效克服历史虚无主义。

在理论方面，我们要坚持以辩证唯物主义和历史唯物主义为指导，对传统文化的评估、历史的理解和中西文化之争等问题进行辨析。虽然社会意识的发展有其独立的历史，但将文化看作历史发展中的决定性因素，是历史虚无主义产生的重要思想根源。对历史，特别是对中国传统文化采取虚无的态度还有一个重要的理论根据，就是认为中西文化的不同不是传统之异，而是时代之别。

文化的整体性问题,意味着文化的移植必定是整体的移植,要学习西方文化就必须把西方的一切都拿过来,要否定或继承传统文化,也必须全盘否定或肯定。问题不在于文化有没有整体性,而在于如何正确理解文化的整体性,如主要产生于汉代的佛教传统和近代输入的马克思主义,都已经成为中华文化的有机组成部分。

在历史方面,对传统和现代化关系的不同看法也是历史虚无主义产生的重要原因之一。很多人认为中国之所以在近代落后,多次变法和革命不成功,一个重要的原因就是中国由于其悠久的历史文化而产生的优越感以及自大、保守情绪,不愿意放弃自己的传统和历史,因此,要想成为现代国家,就必须彻底抛弃自己的传统。从根本上说,任何一种思想都不能单纯地靠思想来克服。要克服一种思想,就必须消灭产生这种思想的客观社会基础。真正克服历史虚无主义,还是有赖于经济的振兴、发展和社会制度的完善、巩固。经济的发展、社会的进步是增强民族自信心、自豪感,拒绝历史虚无主义最坚实、最有力的物质基础。

四、文化保守主义批判

21世纪以来,随着中国经济实力的不断增强,中国在世界事务上发挥着越来越重要的作用,伴随"中国制造"畅销全球,"中国方案"和"中国梦"也越来越多地吸引全世界关注的目光,中华文化正越来越多地为全球治理贡献中国智慧。在国内,"文化保守主义"作为一种社会思潮也逐渐为人所熟知,并且以民间的"读经热""国学班"等形式和学术研究中的"经学复兴"、思想文化界"政治儒学"的复兴以及官方和主流媒体宣传发扬"中华优秀传统文化"为表征,传统文化作为中华民族主体性价值似乎正在重新成为一个现实选项。

1. 从激进革命到文化保守主义

自近代以来,中国历史的基本主题和叙事就是如何在内忧外困的局面下,迅速从一个传统闭塞的旧中国走向以工业化和现代化为表征的新中国。在这一过程中,历史表明,对中国这样有着悠久传统的古老文明而言,激进变革似乎是唯一的选择,并且每次激进主义改革的失败,并没有平息这股思潮,反而还会使后来人认为之前失败的原因在于变革不够激进,未来还需要更激进、更彻底的变革。因而近代中国思想史上最具有天然正当性的词语就是"革命",从政治革命到社会革命，再到文化革命，就是这一革命逻辑的历史展开。但即便如此，在激进革命成为中国近代历史主要潮流的同时，发掘传统文化资源的主张也构成了近代史中的一条潜在线索。严复在多年鼓吹西学之后，在晚年却转向文化保守主义："公等从事西学后，平心察理，然后知中国从来政教之少是多非。即吾圣人之精义微言，亦必既通西学之后，以归求反观，而后有以窥其精微，而服其为不可易也。"① 章太炎在主张激进的政治革命的同时，又是"国粹派"的精神领袖。梁启超和梁漱溟都认为中国的精神伦理可以为经历现代精神危机的西方文明提供救治良方。20 世纪 90 年代，当激进主义逐步退潮之后，对传统文化的呼吁和诉求，重新作为一种普遍性思想潮流出现在中国。21 世纪以来，保守主义，特别是文化保守主义成为一股强有力的社会思潮。

从概念上看，保守是相对于激进、进步或启蒙而言的，在西方文化中，保守主义是作为对"启蒙运动"的反动出现的，反对对人性和社会持有一种纯粹理性的、进步的主张，而文化保守主义则指一种保存自身文化价值或民族传统的主张。其在不同的语境下，或者在不同的历史阶段，拥有不同的含义，但它们都有类似的本质：强调过去和历史的既有价值，反对破坏传统。而中国的文化保守主义则是出于对中西方文化双重危机的体认：中国的激进革命所形成的新道德和新文化过于单薄和纯粹，而以西方文明为名，在中国迅速发展起来的现代化也并未造就一种适合中国人心性秩序的安顿。因而，以维护和弘扬传统文化为己任的文化保守主义就重新焕发出生命力。

在中国的文化保守主义者看来，所谓"保守"是人的自然心态，怀念过去、担心混乱、恐惧邪恶、渴望秩序、尊崇道德、信奉宗教，这都是人之常情。由于这种人之常情，人们才会选择保守主义立场。两千年以来，中国社会价值和政治秩序的维持、个体生命的安顿、生活意义的解决，都是在儒家文化下实现的。所以，中国的文化保守主义，首先要保守的就是"儒家"的一系列价值。

自 20 世纪 90 年代以后开始兴起的中国文化保守主义主要表现为对儒学文化传统的重视与认同。其实早些时候也有过"儒学热"，但当时的"儒学热"主要是服务于新启蒙的主旨，是在寻根、文化的自我批判以及学术研究上做文章，在价值导向上，并未转化为自觉的文化价值追求，依然只是新启蒙思潮的一个注脚。但 90 年代以后，随着市场经济、世俗化以及现代性过程中出现的人文凋敝、理想式微及道德"滑坡"等现象，儒学放弃了激进的思想主张，转而强调"返本"与文化守成，重新提出重视和发扬优秀的民族文化传统、重视德性生活

---

① 严复：《严复集·救亡决论》，中华书局 1986 年版，第 49 页。

的主张，越来越多的人意识到守成是现代社会十分必要的文化向度，儒学不仅
囿于文化向度，更是国家和文明主体性的标志。"文化保守主义"真正成为一股
不可小觑的思想潮流。

与其他社会思想不同的是，文化保守主义思潮首先来自民间，然后才引起
学术思想界的注意，并逐渐与主流意识形态形成某种互动关系。可见，弘扬传
统文化的思想潮流不再是某一方的一厢情愿，而是天时、地利、人和共同作用
的结果。在 2013 年年底之前，民间的国学热与儒学复兴已经产生了广泛的影
响。"文化保守主义"在民间的重要表现就是儒家原教旨主义式的读经班。自
2000 年以来，发端于台湾的新读经运动就不断地渗透全国，关于"读经"问题的
争论越来越引起人们的关注。这一问题所反映出来的实质是近年来在许多城市
兴起的民间读经活动，在北京、上海、广州等城市，涌现出了各式各样的读经
班。这些读经班在宣传的时候，无不把读经提高到"中国文化的复兴"这一相当
高度，把经书抬升到绝对真理的高度，其姿态之高、陈词之切，吸引了诸多儿
童及其家长，也一跃成为学者们关注的焦点。在这场读经争论中，争论的焦点
聚集于读经的理念和形式。读经的重要理由之一就是：经书是圣人讲的话、编
的书，它们具有先在的权威性，普通人对此必须无条件接受，无须经过理性审
查，因为普通人的理性没有资格审查圣人的理性，相反只能用圣人的理性来审
查凡人的理性。因此，一套统一、正统、精选的读经教材就是必要的。并且这
套教材，必须排斥道家、兵家、杂家，因为它们或尚权谋，或尚诈力，或思想
不纯正，多学无益，甚至应该排斥蒙学、文学，外文教材更要排斥。这种读经
观虽然被批评为"走向蒙昧的文化保守主义"，但一大批向来以自由主义为言说
资源的知识分子，却一改从胡适到殷海光的反传统姿态，转而纷纷支持读经这
一行为。

"经"既为不能改易的经典，儒学既为信仰，读经便不再是知识的学习，而
是灵魂的皈依。因此读经班在教育理念上就反对自由教育思想，其教育理念是
要在儿童心中储存经典蕴含的"常理""常道"，希望儿童长大后做一个有文化、
有道德、有理想、有才干的君子，即实现中国传统教育的最高理想——塑造内
圣外王的经世之才。总之，经书既然是绝对真理、绝对价值，那么在经书面
前，任何自由精神、独立人格，都不复存在，为了"常理""常道"，儿童必须按
照成年人的要求，接受强制教育，强制读经。这种儒学原教旨主义的读经是非
常有害的。儒学作为一种贯通于日用伦常之学，需要体认才能确立其价值。儒
学作为传统文化的核心，在两千多年的历史中植根于封建制度，而现在社会已
经完全转型，制度已经彻底变迁，在这样的情况下，礼乐必有所损益。从这个

角度看，一个生活在当代环境中的人，已经不可能自发地萌生出完整的儒家情怀。有研究才会有认同，即使变儒学为儒教，也需要建立在大批研究者对它做出合理的现代诠释的基础之上，如果将其作为绝对价值直接灌输给儿童，只会导致蒙昧主义。同时，儒学在两千多年的历史中也经历了一个不断发展、不断损益的过程，并不是一个永固不动的实体，将其作为信仰直接灌输给儿童，不但不利于儿童的身心健康，也不利于儒学的现代转化。

2. 儒家宪政主义：从心性到政治

当代中国的文化保守主义在学术形态上表现为经学，在政治哲学上表现为"儒家宪政主义"。儒家宪政主义意味着中国当代的文化保守主义以儒家传统经典为依据，排斥现代西方民主。他们将主要存在于中国香港、中国台湾地区，注重分析内圣构造并试图以民主与科学改造、优化心性世界的儒学称为"心性儒学"，而现今的中国大陆新儒家则试图从对传统儒家制度建构经验的挖掘和承传中，建构出一个完全不同于现代西方自由民主制的社会秩序，并将其称为"政治儒学"。在主张"政治儒学"的学者看来，港台地区新儒家所主张的"心性儒学"在生命与心性上表现出极端化的倾向：极端个人化倾向、极端形上化倾向、极端内在化倾向、极端超越化倾向。克服这些极端化倾向，是当代新儒学的当务之急和首要任务。而"政治儒学"恰恰是这样一种尝试，它试图从制度建构与规范方面来考虑民族特性，试图维护儒家在制度与规范方面的完整形态，反对接触、输入、学习和借鉴西方现代政治的民主、自由、人权等，试图在国家的制度架构与民间日常的权威规范方面产生实质性影响。

政治儒学在理论上最重要的表现就是"儒家宪政主义"。儒家宪政主义认为政治的核心问题是合法性问题。现代西方政治所面临的最重要的问题是"合法性失衡"。在他们看来，"西方政治由于其文化的偏执性格，在解决合法性问题上往往一重独大，从一个极端偏向另一个极端：在近代以来是偏向民意合法性一重独大，在中世纪则是偏向神圣合法性一重独大"。由于"民意合法性一重独大"，西式民主政治已变得"极端世俗化、平庸化、人欲化与平面化"。而中国的问题则是"合法性缺位"。为什么会出现"合法性缺位"问题呢？因为近百年来"中国固有文化崩溃，完全以外来文化——或自由主义文化或社会主义文化——作为中国的主导性文化，即僭越了儒家文化在政治与社会中的正统主导地位，偏离了中国文化的发展方向"。

而儒家宪政主义者提出的"王道政治"则既可以解决西方的"合法性失衡"问题，又可以解决中国的"合法性缺位"问题。"王道政治"当然并不是儒家政治的理想形态，因为如果进入"大同"世界，则"天下为公，讲信修睦，民免有耻，无讼去刑，人人有士君子之行，远近大小若一"，根本不需要"王道政治"。然而，在依然存在权力支配的现实世界("小康之世")，"王道政治"不失为人类社会的最佳选择，它应该成为中国政治与西方政治的发展方向。

以三重合法性为核心的"王道政治"，其基本设想是依据儒家经典《公羊传》的说法，认为政治权力可以通过三个来源得到辩护：天的合法性(超越神圣的合法性)、地的合法性(历史和文化的智慧)和人的合法性(人心民意的政治服从)。在现代中国，"王道"应该通过"三院制国会"来实施：代表天的神圣合法性的通儒院、代表历史文化合法性的国体院和代表民众合法性的庶民院。其中通儒院的领袖应该是个大学者，其议员候选人应该由学者提名并考察他们的儒家经典知识，类似于皇权时代选拔士大夫的科举制。国体院的领袖应该是孔子的直系后裔，其他议员应该是大圣人或君主的后裔，以及中国主要宗教的代表。最后，庶民院的议员是经过投票选举产生的公民或者行业团体的代表。这种体制将拥有权力制衡，"每个院都按自己的方式协商，并不干涉其他院的事务。为了避免三院冲突造成的政治僵局，一个法案需要至少在两个院获得通过后才能成为法律。为了保证儒家传统超越神圣的合法性，通儒院应该有最终的独有的否决权"。"王道政治"不是通过中国是否变得更加民主来评价中国的进步，而是用王道来判断政治进步。

在文化上，新儒家普遍持有一种"儒家文化优越论"，乃至"儒家文化至上论"。新儒家从一开始就固执地认定"中国文化的精髓就是儒家文化"，"作为入世之学，儒家在人类文明史上无可匹敌"。他们在讨论中国文化时，将中国文化狭隘地理解为儒家文化，甚至有意拒斥其他的文化传统，这显然抹杀了中国文化的多样性，也是对其他文化(如诸子百家、各少数民族文化)的不尊重。与此同时，新儒家认定"儒家和中国可以画等号，儒家命运与中国命运完全一致"，"只有儒学才能救中国"，这显然夸大了儒家文化的历史功能，也落入了把各种问题简单化约为文化问题的思维定式当中。"儒家文化优越论""儒家文化偏至论"也使得儒家文化负荷过重，在客观上并不利于儒家文化的弘扬与复兴，甚至可能激起人们对儒家的反感，其结果只会事与愿违、背离初衷。

新儒家最大的造势活动当属"中华孔圣会"的成立。2015 年 11 月，新儒家在深圳成立了以"尊孔崇儒，弘扬传统，重建信仰，复兴中华"为宗旨的"中华孔圣会"。从性质上讲，"孔圣会"具有宗教和政治的双重特征。其一，该会在客观上是一个准宗教(儒教)组织。根据其章程，会员必须"有儒家文化信仰与情怀"。"中华孔圣会"的负责人明确表示其创会的目的就是要重建儒家的现代组织形式，重新塑造儒家的现代存在形态，使其成为中国人自己的民族信仰。他还称将在全国乃至全世界各地创建以传道为目的的"孔圣堂"，道场分为中心道场、社区道场、家庭道场三级，定期举行讲经、宣道、同契、礼仪、传道等活动。不难看出，其组织形式和传教方式均有意模仿了西方宗教。其二，该会具有明显的政治指向性。中国新儒家匆忙"创教"的初衷，既有抵御西方宗教渗透的考量，也有其政治诉求。除了严密的组织架构(该会下设教义部、礼乐部、宣教部、儒商部、外联部等 12 个机构)，"孔圣会"在现实层面的基本诉求，就是从事儒家文化的"三化"(生命化、生活化和社会化)、"四进"运动(进学校、进社区、进乡村、进企业)。显然，此举意在用孔孟之道教化民众，最终目的是把儒教确立为国教。

"儒家宪政主义"的虚幻性是显而易见的。新儒家破解了"民主完美迷信"，却又制造着新的"仁政"万能迷信；他们看到了西方民主自由主义的弊端，却忽视了传统儒学本质上是为专制皇权服务的道统；他们将当前的信仰危机、道德沦丧简单地、线性地归咎于百年来"西化"的结果，但是他们开出的"再中国化"却未必是重拾道德人心的不二处方；他们夸大了中国的政治合法性危机，忽视了合法性是一个变动不居的东西，任何合法性基础都不可能一朝拥有而万世无虞。当代中国文化保守主义强调文化反省的政治意识形态功能，但却主要是立足于政治层面来进行文化反省，反省革命与改良的问题，从而表现出了强烈的意识形态化倾向。他们或通过重建儒家意识形态来消解马克思主义在当代中国文化中的主流地位；或贬损"革命"，垂青"改良"，提出"告别革命"论；或通过精英文化与"大众文化"的联姻，来"消解"主流意识形态。这种过强的意识形态化企图给当代中国文化保守主义带来双重的负面影响。一方面，就文化保守主义的本性而言，与其凸显自身强烈的政治意识形态企图，不如更为专注于文化理念层面的开拓；另一方面，过强的意识形态企图也将冲淡文化保守主义的学理意义，并限制它在中国当代文化建设中所可能具有的积极作用。伴随着中华民族的复苏与兴盛，饱经沧桑的中国文化必然亦将在经历了"大开"之后走向"大合"，通过"综合创造"实现其现代复兴。儒学的确曾经是中国文化的主流，但在今天，它却不具备成为当代中国文化主流的现实可能性。如果儒学不能很好地与马克思主义、西方现代文化和谐相处，那除了人为制造儒学与其他两种文化资源之间的对立外，其实际的结果恐怕只能是使儒学隔绝于当代中国文化。这就势必不仅给中国文化的当代建设而且也给儒学的未来发展带来不利影响。

可以说，当代中国的文化保守主义者在对"传统""现代化""革命"这三个价值客体进行评价时，明显表现出"回归传统""反现代化"和"否定革命"的特征。也就是说，文化保守主义者对"传统"给予正面的评价，而对"现代化"和"革命"则总体上给予了负面的评价。一些论者一味反对激进，笼统否定革命，从批判文化激进主义走向声讨政治激进主义，锋芒直指五四运动以来的新文化运动和社会主义思潮，在社会上造成一定的思想混乱。在文化传承方面，文化保守主义在强调文化转型连续性（继承传统）的同时，却把现代化的基点全盘移到传统文化中，在看待文化的世界性和现代性方面失之片面，最终可能导致对现代化的反动。当然，当代儒学内部也存在一些相对平实公允的思考和努力。但这种"政治儒学"走的完全是偏颇、歧出的路线，我们对于其破坏性和危险性应该有所评估和防范。

3. 汲取精华有所批判才能创造性转化

文化保守主义是当前中国文化建设和社会发展中一股不容忽视的思潮。它不是一个新生事物，而是近代以来中国文化发展的一个连绵不断的支脉。它肇兴于洋务派的"中体西用"论，中经晚清国粹派的"国粹保存主义"、民初东方文化派的"中西文化调和论"、本位文化派的"中国本位"的文化建设论，再到新儒家的"返本开新"论，直至当前的新儒家等文化保守主义群体。它不仅在历史上，而且在当今中国都有其存在、发展的社会历史条件和现实土壤。厘清文化保守主义产生的国际国内背景、思想理论渊源、内在诉求和影响等，对中国的现代化建设具有重大理论和现实意义。

毫无疑问，儒学在我国历史上确实曾长期居于意识形态的主导地位，同时它也是一个极为复杂的文化现象，包括义理、制度和实践等不同层面，包括相互一致、相互支撑的内容，也包括一些内在的矛盾和冲突。站在今天的视角上来看，其中既有积极正面的内容，也有落后负面的部分；既有精彩细致的因素，也有粗糙肤浅的成分；既有核心、本质和关键，也有边缘、枝节和末端。可以说，儒学作为中华传统文化最重要的组成部分，始终作为一种现实力量存续于中国的社会、政治、文化生活之中。今天的中国人，即使过上了现代生活，但在民族心理、伦理结构、文化认同方面，都具有中国的属性，我们无法成为西方人，也不必成为西方人。事实上，我们党对此已有着越来越清晰的认识。中国共产党勇担民族复兴历史重任，致力推动中华优秀传统文化创造性转化，创新性发展。

从积极的意义上看，文化保守主义的复兴表明中华传统文化积淀着中华民族最深沉的精神追求，代表着中华民族独特的精神，是中华民族生生不息、发展壮大的丰厚滋养，是中国特色社会主义的文化沃土，是当代中国发展的突出优势。但并非所有传统都是优秀的，都是应该继承下来的，对儒家来说也一样。只有通过对传统进行批判的继承，找出传统文化中的精华，能和现代中国人的生活方式和心理结构相契合的内容，才能更好地实现中华传统文化的创造性转化。比如，儒家思想中的讲仁爱、重民本、守诚信、崇正义、尚和合、求大同等核心思想理念，自强不息、敬业乐群、扶危济困、见义勇为、孝老爱亲等道德要求，就是有利于促进社会和谐、鼓励人们向上向善的思想文化内容。

从传统文化和马克思主义的关系上来说，传承发展中华优秀传统文化必须坚持中国特色社会主义文化发展道路，立足于巩固马克思主义在意识形态领域的指导地位、巩固全党全国人民团结奋斗的共同思想基础。同时也应该指出，中华优秀传统文化是发展当代中国马克思主义的丰厚滋养，是建设中国特色社会主义事业的实践之需。我们应该在辩证唯物主义和历史唯物主义指导下，结合时代实践特点，科学地传承和发展中华优秀传统文化，抵制历史文化虚无主义，抵制复古主义。

从中华传统文化和西方文化的关系上来说，借鉴、吸收外来优秀文化要坚持交流互鉴、开放包容。以我为主、为我所用，取长补短、择善而从，既不简单拿来，也不盲目排外，吸收借鉴国外优秀文明成果，积极参与世界文化的对话交流，不断丰富和发展中华文化。也就是说，传承、发展中华优秀传统文化，要不忘本来、吸收外来、面向未来。

在思想内容方面，要对历史和传统的具体内容进行研究分析，弄清楚哪些内容已经过时，哪些因素还是有积极意义的，应该继承，在继承中应该如何发展、更新。只从理论上做出一些结论，或者从宏观上做出一些判断，是不够的，必须具体地回答批判什么，继承什么；怎么批判，怎样继承。这就是毛泽东在《新民主主义论》中提出的，从孔夫子到孙中山，都要给予科学的总结。

坚持创造性转化和创新性发展，使中华民族最基本的文化基因与当代文化相适应、与现代社会相协调。坚持"两创"方针，关键是要处理好继承和创新的关系，处理好传统文化与当今时代的关系，主要看能不能解决今天中国的问题，能不能回应时代的需求和挑战，能不能转化为民族复兴、国家富强、人民幸福的有益精神财富。要坚持辩证唯物主义和历史唯物主义，秉持客观、科学、礼敬的态度，取其精华、去其糟粕，扬弃继承、转化创新，不复古泥古，不简单否定，不断赋予中国传统文化以新的时代内涵和现代表达形式，不断补充、拓展、完善，使之成为有利于解决现实问题的文化，有利于助推社会发展的文化，有利于弘扬民族精神和时代精神的文化。① 要使广大群众都了解和接受传统文化中的精华，身体力行，引以为豪，使中华优秀传统文化转化为民众的思想行动，真正在社会生活中扎根，成为社会主义精神文化的一部分，成为物质文明建设的动力。

重要论述 4

然而，在考察历史进程时，如果把统治阶级的思想和统治阶级本身分割开来，使这些思想独立化，如果不顾生产这些思想的条件和它们的生产者而硬说该时代占统治地位的是这些或那些思想，也就是说，如果完全不考虑这些思想的基础——个人和历史环境，那就可以这样说：例如，在贵族统治时期占统治地位的概念是荣誉、忠诚，等等，而在资产阶级统治时期占统治地位的概念则是自由、平等，等等。一般说来，统治阶级总是自己为自己编造出诸如此类的幻想。所有的历史编纂学家，主要是 18 世纪以来的历史编纂学家所共有的这种历史观，必然会碰到这样一种现象：占统治地位的将是越来越抽象的思想，即越来越具有普遍性形式的思想。因为每一个企图取代旧统治阶级的新阶级，为了达到自己的目的不得不把自己的利益说成是社会全体成员的共同利益，就是说，这在观念上的表达就是：赋予自己的思想以普遍性的形式，把它们描绘成唯一合乎理性的、有普遍意义的思想。进行革命的阶级，仅就它对抗另一个**阶级**而言，从一开始就不是作为一个阶级，而是作为全社会的代表出现的；它以社会全体群众的姿态反对唯一的统治阶级。[马克思加了边注："(普遍性符合于：(1)与等级相对的阶级；(2)竞争、世界交往等等；(3)统治阶级的人数众多；(4)共同利益的幻想，起初这种幻想是真实的；(5)意识形态家的欺骗与分工)。"]它之所以能这样做，是因为它的利益在开始时的确同其余一切非统治阶级的共同利益还有更多的联系，在当时存在的那些关系的压力下还不能够发展为特殊阶级的特殊利益。因此，这一阶级的胜利对于其他未能争得统治地位的阶级中的许多个人来说也是有利的，但这只是就这种胜利使这些个人现在有可能升入统治阶级而言。当法国资产阶级推翻了贵族的统治之后，它使许多无产者有可能升到无产阶级之上，但是只有当他们变成资产者的时候才达到这一

---

① 参见中共中央办公厅、国务院办公厅：《关于实施中华优秀传统文化传承发展工程的意见》，载《人民日报》，2017-01-26。

点。由此可见，每一个新阶级赖以实现自己统治的基础，总比它以前的统治阶级所依赖的基础要宽广一些；可是后来，非统治阶级和正在进行统治的阶级之间的对立也发展得更尖锐和更深刻。这两种情况使得非统治阶级反对新统治阶级的斗争在否定旧社会制度方面，又要比起过去一切争得统治的阶级所作的斗争更加坚决、更加激进。

只要阶级的统治完全不再是社会制度的形式，也就是说，只要不再有必要把特殊利益说成是普遍利益，或者把"普遍的东西"说成是占统治地位的东西，那么，一定阶级的统治似乎只是某种思想的统治这整个假象当然就会自行消失。

——马克思、恩格斯：《德意志意识形态》，见《马克思恩格斯文集》第 1 卷，人民出版社 2009 年版，第 552～553 页。

这里不必再补充说，人们不能自由选择自己的生产力——这是他们的全部历史的基础，因为任何生产力都是一种既得的力量，是以往的活动的产物。可见，生产力是人们应用能力的结果，但是这种能力本身决定于人们所处的条件，决定于先前已经获得的生产力，决定于在他们以前已经存在、不是由他们创立而是由前一代人创立的社会形式。后来的每一代人都得到前一代人已经取得的生产力并当做原料来为自己新的生产服务，由于这一简单的事实，就形成人们的历史中的联系，就形成人类的历史，这个历史随着人们的生产力以及人们的社会关系的愈益发展而愈益成为人类的历史。由此就必然得出一个结论：人们的社会历史始终只是他们的个体发展的历史，而不管他们是否意识到这一点。他们的物质关系形成他们的一切关系的基础。这种物质关系不过是他们的物质的和个体的活动所借以实现的必然形式罢了。

——马克思：《马克思致帕维尔·瓦西里耶维奇·安年科夫》，见《马克思恩格斯文集》第 10 卷，人民出版社 2009 年版，第 43 页。

马克思主义要求我们一定要历史地来考察斗争形式的问题。脱离历史的具体环境来谈这个问题，就是不懂得辩证唯物主义的起码常识。在经济演进的不同时期，由于政治、民族文化、风俗习惯等等条件各不相同，也就有各种不同的斗争形式提到首位，成为主要的斗争形式，而各种次要的附带的斗争形式，也就随之发生变化。不详细考察某个运动在它的某一发展阶段的具体环境，要想对一定的斗争手段问题作肯定或否定的回答，就等于完全抛弃马克思主义的立脚点。

——列宁：《游击战争》，见《列宁专题文集·论马克思主义》，人民出版社 2009 年版，第 100 页。

但是工人们知道，而且各国社会党人也曾无数次承认，只要最好的印刷所和大量的纸张被资本家霸占，只要资本还保持着对报刊的控制(在世界各国，民主制度与共和制度愈发达，这种控制也就表现得愈明显，愈露骨，愈无耻，例如美国就是这样)，这种自由就是骗局。要为劳动者、为工人和农民争得真正的平等和真正的民主，首先必须剥夺资本雇用著作家、收买出版社和报纸的可能性，要做到这一点，就必须推翻资本的压迫，打倒剥削者，镇压他们的反抗。资本家总是把富人发横财的自由和工人饿死的自由叫作"自由"。资本家把富人收买报刊的自由、利用他们的财富假造所谓社会舆论的自由叫作出版自由。这些事实再次表明，维护"纯粹民主"实际上就是维护使富人能控制群众教育工具的最肮脏最腐败的制度，就是欺骗人民，用冠冕堂皇然而虚伪透顶的言辞诱使人民放弃把报刊从资本的束缚下解放出来的具体历史任务。真正的自由和平等，将是由共产主义者建立的制度，在这种制度下，不会有靠损害别人来发财致富的可能性，不会有直接或间接使报刊屈从于货币权力的客观可能性，不会有任何东西能阻碍每个劳动者(或大大小小的劳动者团体)享有并行使其使用公有印刷所及公有纸张的平等权利。

——列宁：《共产国际第一次代表大会文献》，见《列宁选集》第3卷，人民出版社1995年版，第695~696页。

应该越搞越中国化，而不是越搞越洋化。这样争论就可以统一了。要反对教条主义，反对保守主义，这两个东西对中国都是不利的。学外国不等于一切照搬。向古人学习是为了现在的活人，向外国人学习是为了今天的中国人。

中国的和外国的，两边都要学好。半瓶醋是不行的，要使两个半瓶醋变成两个一瓶醋。

这不是什么"中学为体，西学为用"。"学"是指基本理论，这是中外一致的，不应该分中西。

非驴非马也可以。骡子就是非驴非马。驴马结合是会改变形象的，不会完全不变。中国的面貌，无论是政治、经济、文化都不应该是旧的，都应该改变，但中国的特点要保存。应该是在中国的基础上面，吸取外国的东西。应该交配起来，有机地结合。

西洋的东西也是要变的。西洋的东西也不是什么都好，我们要拿它好的。我们应该在中国自己的基础上，批判地吸收西洋有用的成分。

吸收外国的东西，要把它改变，变成中国的。鲁迅的小说，既不同于外国的，也不同于中国古代的，它是中国现代的。

你们是学西洋的东西的，是"西医"，是宝贝，要重视你们，依靠你们。不要学西洋的东西的人办事，是不对的。要承认他们学的东西是进步的，要承认近代西洋前进了一步。不承认这一点，只说他们教条主义，不能服人。教条主义要整，但是要和风细雨地整。要重视他们，但是要说服他们重视民族的东西，不要全盘西化。应该学习外国的长处，来整理中国的，创造出中国自己的、有独特的民族风格的东西。这样道理才能讲通，也才不会丧失民族信心。

　　——毛泽东：《同音乐工作者的谈话》，见《毛泽东文集》第7卷，人民出版社1999年版，第82～83页。

　　人们提出这样一个问题，如果中国不搞社会主义，而走资本主义道路，中国人民是不是也能站起来，中国是不是也能翻身？让我们看看历史吧。国民党搞了二十几年，中国还是半殖民地半封建社会，证明资本主义道路在中国是不能成功的。中国共产党人坚持马克思主义，坚持把马克思主义同中国实际结合起来的毛泽东思想，走自己的道路，也就是农村包围城市的道路，把中国革命搞成功了。如果我们不是马克思主义者，没有对马克思主义的充分信仰，或者不是把马克思主义同中国自己的实际相结合，走自己的道路，中国革命就搞不成功，中国现在还会是四分五裂，没有独立，也没有统一。对马克思主义的信仰，是中国革命胜利的一种精神动力。建国以后，我们从旧中国接受下来的是一个烂摊子，工业几乎等于零，粮食也不够吃，通货恶性膨胀，经济十分混乱。我们解决吃饭问题，就业问题，稳定物价和财经统一问题，国民经济很快得到恢复，在这个基础上进行了大规模经济建设。靠的是什么？靠的是马克思主义，是社会主义。人们说，你们搞什么社会主义！我们说，中国搞资本主义不行，必须搞社会主义。如果不搞社会主义，而走资本主义道路，中国的混乱状态就不能结束，贫困落后的状态就不能改变。所以，我们多次重申，要坚持马克思主义，坚持走社会主义道路。但是，马克思主义必须是同中国实际相结合的马克思主义，社会主义必须是切合中国实际的有中国特色的社会主义。

　　——邓小平：《建设有中国特色的社会主义》，见《邓小平文选》第3卷，人民出版社1993年版，第62～63页。

　　要紧密结合我国社会主义改革和建设、国际形势发展变化的新实际，加强对马克思主义的研究和宣传，不断增强马克思主义理论的说服力和战斗力。加强和改进思想政治工作，最根本的是坚持和巩固马克思主义在我国意识形态领域的指导地位。这是保证全党全国人民加强团结、始终沿着正确方向前进的根本思想基础。只有坚持以马克思主义为指导,才能正确制定和宣传贯彻党的路线方针政策,才能发展先进思想、克服落后思想。如果放弃马克思主义的指导地位,在指导思想上搞多元化,势必导致人心大乱、天下大乱,给党和国家带来灾难。这是绝不允许的。任何一个社会的思想领域,总是由那个社会的统治阶级的思想占统治地位的。任何一个国家的统治阶级,为了巩固其政治统治,都要竭力维护和发展其占统治地位的意识形态。西方国家从来就不允许马克思主义在他们的意识形态中居于指导地位。西方国家都有一套系统的方法和手段,来对他们的官员、学生、群众、军队灌输资本主义的思想、价值观和政治信条。在这个问题上,他们也是抓得很紧的。

…………

要紧密结合干部群众在思想认识和工作生活中产生的新问题,突出加强理想信念教育,不断增强全体人民的凝聚力。理想信念教育,是党的思想政治工作的核心内容。只有在全党同志和全体人民中牢固确立正确的理想信念,才能不断增加凝聚力和战斗力,我们的事业才能不断取得成功。理想信念教育,必须紧密结合干部群众的思想实际,有的放矢,对症下药,不能照本宣科,空喊口号。比如,现在有的人对马克思主义科学真理产生了某种疑惑,对社会主义经过长期发展最终必然战胜资本主义的信念产生了动摇,对建设有中国特色社会主义事业缺乏信心,思想空虚,精神萎靡;有的人沉湎于花天酒地或到封建迷信活动中去寻找精神寄托;有的人在各种诱惑面前随波逐流,极少数党员、干部由于背离正确的理想信念堕落为腐败分子。加强理想信念教育,就要针对这些问题来进行,认真分析产生这些问题的原因,深入细致地开展工作。

——江泽民:《在中央思想政治工作会议上的讲话》,见《江泽民文选》第3卷,人民出版社2006年版,第86、89页。

必须清醒地看到,敌对势力同我们争夺下一代的斗争依然十分尖锐复杂,我们绝不能丧失警觉。在这种情况下,我们必须在大力提高大学生科学文化素质和健康素质的同时,下功夫提高大学生思想政治素质,引导大学生树立正确的理想信念,增强政治鉴别力,有效防范和抵御敌对势力的思想渗透。

在新的历史条件下,大学生思想政治教育工作面临着许多新情况新问题,还面临着与新形势新任务不相适应的问题,存在着不少薄弱环节。比如,如何更有效地用马克思主义理论武装大学生头脑,引导大学生树立正确的世界观、人生观、价值观;如何广泛深入地进行爱国主义、集体主义、社会主义教育,引导大学生坚定中国特色社会主义信念;如何针对大学生的思想特点提高思想政治理论课和哲学社会科学一些学科的针对性和实效性，增强这些课程和学科的吸引力、感染力、说服力；如何引导大学生既积极学习和正确吸收人类优秀文明成果，又自觉鉴别和抵御各种腐朽落后的思想文化；如何改进思想政治教育工作的方式、方法和手段，切实把思想政治教育工作做到大学生心坎上；如何引导大学生形成健康的心理素质，促进他们更好地应对人生和社会的各种问题和矛盾；如何积极主动地运用现代科技手段，使大学生能够通过现代信息传播渠道接受积极健康的思想文化；如何把思想政治教育工作贯穿于高校教育、管理和服务的全过程，形成大学生思想政治教育的有效机制；如何提高思想政治教育工作队伍的素质和能力，形成做好大学生思想政治教育工作的骨干力量；如何组织和协调社会有关方面的力量，形成全社会关心和支持大学生思想政治教育工作的整体合力，等等。这些都是大学生思想政治教育工作面临的新课题，也是大学生思想政治教育工作与新形势新任务不相适应的主要方面。解决好这些问题，对加强和改进大学生思想政治教育工作极为重要。对此，我们必须高度重视，深入研究，采取措施，不断推进。

——胡锦涛：《切实加强和改进大学生思想政治教育工作》，见《十六大以来重要文献选编》(中)，中央文献出版社 2006 年版，第 634～635 页。

学习马克思主义政治经济学，是为了更好指导我国经济发展实践，既要坚持其基本原理和方法论，更要同我国经济发展实际相结合，不断形成新的理论成果。要坚持以人民为中心的发展思想，这是马克思主义政治经济学的根本立场。要坚持把增进人民福祉、促进人的全面发展、朝着共同富裕方向稳步前进作为经济发展的出发点和落脚点，部署经济工作、制定经济政策、推动经济发展都要牢牢坚持这个根本立场。要坚持新的发展理念，创新、协调、绿色、开放、共享的发展理念是对我们在推动经济发展中获得的感性认识的升华，是对我们推动经济发展实践的理论总结，要坚持用新的发展理念来引领和推动我国经济发展，不断破解经济发展难题，开创经济发展新局面。

要坚持和完善社会主义基本经济制度，毫不动摇巩固和发展公有制经济，毫不动摇鼓励、支持、引导非公有制经济发展，推动各种所有制取长补短、相互促进、共同发展，同时公有制主体地位不能动摇，国有经济主导作用不能动摇，这是保证我国各族人民共享发展成果的制度性保证，也是巩固党的执政地位、坚持我国社会主义制度的重要保证。要坚持和完善社会主义基本分配制度，努力推动居民收入增长和经济增长同步、劳动报酬提高和劳动生产率提高同步，不断健全体制机制和具体政策，调整国民收入分配格局，持续增加城乡居民收入，不断缩小收入差距。

要坚持社会主义市场经济改革方向，坚持辩证法、两点论，继续在社会主义基本制度与市场经济的结合上下功夫，把两方面优势都发挥好。要坚持对外开放基本国策，善于统筹国内国际两个大局，利用好国际国内两个市场、两种资源，发展更高层次的开放型经济，积极参与全球经济治理，同时坚决维护我国发展利益，积极防范各种风险，确保国家经济安全。

——习近平在主持中共中央政治局第二十八次集体学习时的讲话，载《人民日报》，2015-11-25。

国内外各种敌对势力，总是企图让我们党改旗易帜、改名换姓，其要害就是企图让我们丢掉对马克思主义的信仰，丢掉对社会主义、共产主义的信念。而我们有些人甚至党内有的同志却没有看清这里面暗藏的玄机，认为西方"普世价值"经过了几百年，为什么不能认同？西方一些政治话语为什么不能借用？接受了我们也不会有什么大的损失，为什么非要拧着来？有的人奉西方理论、西方话语为金科玉律，不知不觉成了西方资本主义意识形态的吹鼓手。

"是非疑，则度之以远事，验之以近物。"冷战结束以来，在西方价值观念鼓捣下，一些国家被折腾得不成样子了，有的四分五裂，有的战火纷飞，有的整天乱哄哄的。伊拉克、叙利亚、利比亚这些国家就是典型！如果我们用西方资本主义价值体系来剪裁我们的实践，用西方资本主义评价体系来衡量我国发展，符合西方标准就行，不符合西方标准就是落后的陈旧的，就要批判、攻击，那后果不堪设想！最后要么就是跟在人家后面亦步亦趋，要么就是只有挨骂的份。

——习近平：《在全国党校工作会议上的讲话》，载《求是》，2016(9)。

马克思主义揭示了人类社会发展规律，是认识世界、改造世界的科学真理。同时，坚持和发展马克思主义，从理论到实践都需要全世界的马克思主义者进行极为艰巨、极具挑战性的努力。一百年来，党坚持把马克思主义写在自己的旗帜上，不断推进马克思主义中国化时代化，用博大胸怀吸收人类创造的一切优秀文明成果，用马克思主义中国化的科学理论引领伟大实践。马克思主义的科学性和真理性在中国得到充分检验，马克思主义的人民性和实践性在中国得到充分贯彻，马克思主义的开放性和时代性在中国得到充分彰显。马克思主义中国化时代化不断取得成功，使马克思主义以崭新形象展现在世界上，使世界范围内社会主义和资本主义两种意识形态、两种社会制度的历史演进及其较量发生了有利于社会主义的重大转变。

一百年来，党既为中国人民谋幸福、为中华民族谋复兴，也为人类谋进步、为世界谋大同，以自强不息的奋斗深刻改变了世界发展的趋势和格局。党领导人民成功走出中国式现代化道路，创造了人类文明新形态，拓展了发展中国家走向现代化的途径，给世界上那些既希望加快发展又希望保持自身独立性的国家和民族提供了全新选择。党推动构建人类命运共同体，为解决人类重大问题，建设持久和平、普遍安全、共同繁荣、开放包容、清洁美丽的世界贡献了中国智慧、中国方案、中国力量，成为推动人类发展进步的重要力量。

——《中共中央关于党的百年奋斗重大成就和历史经验的决议》，人民出版社 2021 年版，第 63～64 页。

第五章 主要社会思潮批判（下）

改革开放以来，中国社会表现出空前的活跃，在思想文化上也出现前所未有的多元思潮与观点。在你方唱罢我登场的纷纭思潮之中，有一些直接是因世界政治的变动从西方裹挟而来，被很多人认为曾经解决了某些国家政治民主化的问题，因而也被视为推动中国政治发展的良策；另一些则曾在近现代中国政治思想上昙花一现，但因时代主题切换而休眠、蛰伏、尘封于历史，今日又在类似现实问题的刺激下苏醒、抬头，甚至跃跃欲试；还有一些思潮则是内生于当下中国社会民众的精神状态，经由现实的经济、政治与社会的矛盾的激发，又借助新的技术手段与媒介方式，以全新形式表现出来，并带来社会管理和政治引导上的诸多挑战。这些思潮大都企图为当下中国发展遇到的新问题做诊断、开药方，其中一些甚至具有实践倾向，希望通过影响人的行动和社会的运动，按照其构造的理想模式改造中国社会和制度。本章介绍的"市民社会""宪政主义""环境中心主义"和"民粹主义"就是此类在政治层面出现的新思潮。"市民社会"和"环境中心主义"是从西方国家传入中国的外来思潮，"宪政主义"曾活跃于晚清、民国，而"民粹主义"则是近年来在中国社会出现贫富差距加大、阶层固化等尖锐问题时自发萌生的政治情绪与态度。由于这些思潮都在一定程度上对当下中国的社会舆论、民众心态等方面产生了各种各样的影响。所以，我们需要厘清它们的思想来源、具体主张，客观评价它们的现实影响，深入批判它们的片面与错误主张。

一、市民社会还是"人民社会"

20世纪80年代以来，市民社会思潮最先在东欧地区兴起，其影响随后扩展至欧洲、北美、拉美和部分世界其他地区，营造出全球公民社会崛起、政治民主转型的热闹景象。有人认为，促成东欧国家实现民主转型的主要力量来自这些国家久已存在的市民社会。在这些国家中，各种类型的民间协会、俱乐部、工会、教会等组织构成市民社会的主体，涉及文化教育、社会保障、宗教活动、慈善事业、环境保护、劳工保护等众多领域，其中既有大量与政治无关的组织，也有在追求政治独立与自治过程中逐渐提出政治要求的团体，它们发起的社会运动导致了东欧国家的政治动荡和民主化变革。尽管在民主转型之后，所谓的市民社会并没有带来有效、健康的民主政治生活，其自身也在新自由主义经济改革中渐渐失落和变异，但是东欧政治剧变浪潮凸显出来的市民社会与国家、市民社会与民主发展之间的重要关系，已经成为学者和民众关注的主题，从而使市民社会成为一股影响社会的、蔚为大观的社会思潮。无论是在发达国家，还是在发展中国家，市民社会思潮在一方面激发了人们思考国家与社会关系、民主建设、政府治理等问题的兴趣，也在另一个方面激发起追求民主和构建优良社会的各种社会与政治实践。

1. "市民社会"的概念及思想脉络

"市民社会"(civil society)至今仍旧是一个充满争议的名词，经常被翻译为"公民社会"或"民间社会"。"公民社会"的译法太过突出西方政治传统中共和主义的政治参与色彩，从而具有过强的政治性，弱化了其中非政治性的内容。相比之下，"民间社会"固然是接近中国语汇传统的译法，但却过度凸显了同国家疏离、冲突和对立的一面，片面地强调了社会的反权威性、反叛性，忽略了同国家进行合作、保持良性关系的可能。因此，基于原初的思想脉络，把 civil society 翻译为"市民社会"，是较为妥当的。对于市民社会的定义，不同的学术流派和政治立场有不同的界定与理解。然而，如果撇开各种定义之间的差异，人们还是可以从这些定义中找到一个共同理解。一般认为，市民社会是处于国家之外又相对独立于国家的社会领域，其中包括各类社会组织、文化团体、宗教组织及某些政治性社团。在市民社会思潮之中，经济领域和家庭领域一般不被划入市民社会领域。由于市民社会思潮来自西方，在更加具体地解释它之前，我们首先需要在西方思想传统中梳理市民社会概念的变迁。

在西方古代城邦时代(古希腊罗马时期)，不存在社会与国家的明显分离，因而也不存在与现代市民社会相似的政治思维。在古希腊政治思想中，城邦共同体具有第一位的重要性，其内部是缺少分化的同质团体和个人，界定城邦特质和公民品性的根本因素是城邦的政体。在这种小规模政治共同体中，城邦拥有至上权威，城邦政治力量对于社会领域的渗透和支配是无所不在的，个人和家庭缺少抵抗力量，处于相对从属的地位。即便是在罗马帝国时期，国家有了比古希腊城邦更为辽阔的疆域和庞大的臣属群体，但政治的重要性仍旧是第一位的，政治力量对于社会的影响也同样是强大的。然而，随着基督教的壮大和扩张，欧洲文明在政治思维和政治形态上产生了重大变化。首先，古典时代那种政治主宰社会或"城邦优先性"的世界观逐渐消失，政权机构和君主国家被认为只是更加庞大的社会之中的一类组织和团体，同其他社会组织和团体一样，从属于更加权威的宇宙秩序和自然秩序；其次，基督教会和政权组织的并立和斗争，逐渐形成了"世俗世界"和"精神世界"的区分、政治权威和精神权威的二元性和政权组织权力的有限性；最后，在中世纪晚期，封建采邑结构形成的契约、权利与责任意识为 18 世纪社会契约论以及 18—20 世纪自由主义中有关国家与社会关系学说的出现奠定了思想条件。到了近代早期，随着罗马教廷一统欧洲局面的结束、王权与民族国家的崛起、资本主义的发展以及城乡关系的变化，市民社会思想逐渐酝酿、形成。

面对扰乱国家和平的宗教战争、肆虐的专制王权，近代欧洲思想家力图为政治确立世俗基础和新的政治框架，相继提出社会契约论及其关于政府结构的学说，塑造出近代自由主义的"社会优先性"观念。洛克认为，人最初生活在前国家的自然状态之中，享有自我保存、财产权等自然权利，为了克服自然状态之中的诸种不足之处，基于所有人的"同意"，人们相互订立契约，创建市民社会，保留"生命、自由和财产"等自然权利，把执行自然法以维护自我保存的执行权转交给国家，并通过分割立法权和执行权，设置议会、法治原则等政治设计来确保国家保护公民权利。国家和政府除了保护公民权利之外并没有其他任何目的，而当国家和政府违背了这一目的时，公民则有权取消这个国家和政府，甚至有权利通过革命进行反抗。因而，国家在本质上是"工具性的"，市民社会则既在逻辑上先于国家存在，又在重要性上高于国家，国家权力是受到限制、约束的，宪法政府、有限政府是市民社会要求的政府形式。洛克等人的社会契约论及关于国家与市民社会的主张奠定了近现代自由主义学说的基础。自由主义得到传播，并成为现代国家的基础之后，"社会优先性"的观点随之占据主流，催生了市民社会思想。我们可以用潘恩的一句话来说明自由主义市民社会观："社会在各种情况下都是受欢迎的，可是政府呢，即使在其最好的情况下，也不过是一件免不了的祸害；在其最坏的情况下，就成了不可容忍的祸害。"①

在市民社会思想的发展过程中，与自由主义市民社会观相对立，且同样影响深远的是黑格尔的"国家优先论"。黑格尔重新诠释了市民社会(bürglischegesellschaft)与国家的关系，认为国家居于社会之上，并据此提出了"国家优先论"。黑格尔的"市民社会"不再同社会契约论中的"自然状态"相对立，而是处于自然家庭和政治国家之间的一个伦理生活领域，同时它不是由人设计、创建的，而是在历

---

① 《潘恩选集》，马清槐等译，商务印书馆 1981 年版，第 3 页。

史发展中逐渐形成的，是历史发展达到的伦理阶段。在黑格尔这里，市民社会由三个部分构成：市场经济、同业公会、警察和司法机构。具体而言，市民社会是个人、社会阶层、团体和机构形成的有序组合，其内部交往由民法调节，它并不直接依赖国家而存在。尽管与古希腊时期政体决定社会的"政治优先性"观念不同，黑格尔认为决定市民社会属性的不是政治结构，而是其中的经济领域——市场，但由于市场是人们攫取个人特殊利益的交换场所，不能自动自发地克服其内部利益冲突和矛盾而达成和谐、一致秩序，所以需要接受以关切"普遍利益"为目的的国家指导、引领甚或干预。对于黑格尔来说，市民社会的地位低于国家，需要国家的完善和帮助，而国家则是实现文明理想和普遍利益的任务的承担者。可以看出，黑格尔的市民社会观有可能会导致国家主义或强权国家合理性的结论。马克思后来在科学唯物史观和政治经济学批判基础上摆正了黑格尔颠倒的国家与市民社会的关系，提出了"市民社会决定国家"的观点，科学地证明了国家本身是由市民社会之中的资本主义生产关系来决定的，承担人类解放使命的不是国家，而是代表社会化大生产方式的无产阶级。马克思关于国家与市民社会关系的思想指导了 20 世纪以来的社会主义革命和运动。

总体上，在西方的各种市民社会思潮之中，无论是对学术思想，还是对社会政治实践，影响最大的还是自由主义的"社会优先论"。在十八九世纪的欧洲，自由主义的"社会优先论"有了更加深入的发展。面对法国的王权专制主义，孟德斯鸠把社会领域中具有政治活力的三级会议和贵族阶层作为抵御君主权力的组织，强调把社会领域的"中间组织"作为维护法治原则、政治自由，阻遏专制权力向社会领域渗透和扩张的重要因素。托克维尔认为，在民主社会的具体处境之中，应该把活跃的民间结社活动视作培养公共精神、增强社会力量以抗衡民主专制主义(democratic despotism)的重要方式。20 世纪以来的西方市民社会思潮，主要从以洛克为代表的古典自由主义，以及孟德斯鸠、托克维尔有关市民社会的思想之中汲取养分。

2."市民社会"思潮的理路及幻象

市民社会思潮在中国的兴起既有外部因素，又有内在原因。"冷战"时期，作为社会主义阵营的一员，中国虽然一直保持高度的政治自主性，并在社会主义建设上有相对独立的探索，但在 20 世纪 80 年代初世界社会主义国家普遍面临变革任务的时期，苏联和东欧社会主义国家的改革思潮和社会政治趋势仍然以各种方式影响着中国。市民社会概念最初作为一种民主发展和社会发展的理论传入中国学术界，一度成为中国学者摆脱有关中国现代化道路之思维困境的新视角；海外中国史学界中有关近代中国"市民社会"问题的讨论也回流至国内史学界，进一步影响了近代中国史研究领域中的学术研究取向，使人们开始关注中国近代史上的市民社会和公共空间的成长问题。到 21 世纪初，市民社会思潮经历了从备受热捧到遭受批评和被迫反省的过程。

作为后发现代化国家，中国在现代化进程中一直存在一个困境：一方面，由于传统中国社会内部缺乏自生自发的现代化因子，现代化进程必须由一个强大的政治权威通过自上而下的方式来启动，而且需要通过持续不断地加强权威，以遏制阻碍现代化的力量，维持社会秩序与稳定，贯彻工业化、城市化等建设规划；另一方面，为了保持政治权威的现代化取向，防止因其权力垄断和调用传统政治资源而向腐化与保守的方向蜕变，又需要通过某种民主机制与民主氛围对之进行制约和纠偏，使其执政活动不偏离现代化的良性方向。这一困境构成了近现代中国政治史的主题。在清末新政时期清王室加强集权与立宪运动的冲突之中，以及在民国初年袁世凯复辟帝制与反袁斗争对立之中，不难发现这种同时要求"权威"和"民主"导致的现代化的困境。相应地，这一困境也塑造了思考中国现代化问题的极端思维——"权威本位主义"和反权威的"民主本位主义"，从而使人们局限于以权威体现者"国家"为中心来寻找现代化的途径和方式，要么一味地强化国家权威，要么一味地限制国家权威。从根本上来说，"权威本位主义"和"民主本位主义"隐含的国家中心视角，忽略了现代化进程之中"社会"的重要作用，以及"国家"和"社会"之间的密切关系。如何更加全面地理解现代化，破解现代化的理论困境，同时打开更加开阔的思维空间和视野，一直是中国现代化理论的难题。

市民社会思潮传入中国之初，中国学者对之充满了过于天真幼稚的政治想象，片面地强调国家与社会的冲突和对立。然而，市民社会思潮特有的"国家与社会关系"的思考框架会不可避免地揭示出，国家并非独立或孤立的实体，而是时时刻刻地受到它与社会之间相互作用关系的影响。因而，随着研究的深入，中国学者开始全面考察国家与社会之间的多重结构与关系，加深他们对现代化进程的理解。"国家与社会关系"框架凸显出单一的"国家中心主义视角"的不足，表明现代国家在一定层次上是现代市民社会的产物，法治原则、契约原则、权利意识等政治基石无不源自社会领域之中市场经济及其利益主体的塑造。因而，在后发现代化国家之中，推动现代化的政治权威从根本上会受到社会领域之中渐进变化的牵制和影响，市民社会既为国家现代化创造了条件(公共领域的营造、多元利益格局、自我治理能力、妥协与谈判精神等)，其本身又是推动现代化变革的重要力量。同时，随着对国家与社会之间关系研究的深入，人们逐渐发现了国家与社会相互依赖、渗透与嵌入的深刻事实，意识到，为了保证社会的良性发展，应该确保国家与社会之间形成健康合作关系，既要增强市民社会的自我管理能力，避免国家机构与政府职能的膨胀和低效，又要适时地通过国家与政府的干预和介入来维系市民社会的秩序，弥补市民社会的软弱之处。

市民社会思潮一度流行的主要原因是，国家与社会关系在改革开放过程中经历了深刻变化，决策者和学者迫切需要新的理论和视角来把握、引导这一变化。可以看到，自 20 世纪 80 年代以来，以建立社会主义市场经济体制为核心内容的经济改革，从更为基础的经济层面变革了中国社会，让国家与社会之间的关系在新的经济运行规则之中重新得到界定和塑造，并产生了人们未曾预估的全新复杂问题。尤其是，为了培育市场经济的微观主体，在改革传统国有企业的产权结构和企业制度的过程中，国家通过"单位制度"掌控、吸纳社会的局面开始从根本上产生改变。国企减员与破产造成了大量体制外人口和单位外居民社区的出现，国企转型、混合所有制改革、民营经济的发展也在国家权力体制之外营造了一个具有相对独立性的经济领域，市场体制积聚的经济资源和经济力量也增强了这一领域的自主性。复杂经济社会活动带来的数量庞大的非营利性经济类、文化类中介组织和社会团体的增多，一度呈现出某些人想象中政治化"公民社会"的景观。不可否认，相对于改革开放之前国家与社会之间的关系，社会主义市场经济体制改革的确在国家体制外释放出一个复杂的"社会领域"，不少人也因此提出"权力的转移""市民社会的诞生"等说法。然而，随着改革开放逐步深入，"社会领域(包括经济领域)"新近出现的失序和陷阱反而迫切需要国家力量的介入，由国家力量进行监管、提供服务、培育组织、维护秩序、引导自治。面对这一新处境，那种来自西方的强调国家与社会对立性的"市民社会"理念在这一复杂状况之中随即失去了理论解释力、实践指导力，使人们很快认识到早先对"市民社会"概念简单化理解造成的种种幻象，促使人们在中国的特殊情境中探索国家与社会关系新的恰当概念。

3."人民社会"何以可能

在 20 世纪 80 年代初，市民社会是作为政治化"公民社会"被人们接受和传播的。然而，"公民社会"所蕴含的国家与社会对立的政治模式并不具有放之四海而皆准的适应性，同时有关"公民社会"的理论也因混乱不清而逐渐受到了人们的批判。自 20 世纪 90 年代以来，与"公民社会"相混杂的新自由主义政治经济方案在苏联、东欧国家、拉美国家的政治经济发展之中均遭遇失败，人们开始反省"公民社会"概念的缺陷，并尝试摆脱"公民社会"思考框架的束缚，基于近代中国政治发展的自身脉络、历史经验和国情，针对当下中国社会发展的实际问题和发展任务，发掘用以理解国家与社会关系、塑造未来社会形态的新概念。"人民社会"这一概念，便是人们在对"公民社会"概念不满的情况下提出的，并在近年来不断得到阐发和丰富，开始产生实践影响。

"人民"是今日中国人在日常生活中极为熟悉的政治文化词语。1948 年年初，在《关于目前党的政策中的几个重要问题》一文中，毛泽东曾经这样界定"人民"的内涵：

> 所谓人民大众，是包括工人阶级、农民阶级、城市小资产阶级、被帝国主义和国民党反动政权及其所代表的官僚资产阶级(大资产阶级)和地主阶级所压迫和损害的民族资产阶级，而以工人、公民(兵士主要是穿军服的农民)和其他劳动人民为主体。[1]

可以看出，人民主要是占社会主体的劳动人民，以及具有进步意义的小资产阶级和民族资产阶级。虽然在改革开放后，社会主义市场经济带来中国社会阶层结构的变化，但是"人民"依然是指从事物质资料生产工作的劳动大众，也包括一切拥护社会主义、爱国主义的人士。有学者认为，人民概念主要有这两个特点："第一，它由不同阶级组成，并不同质；第二，其主体是劳动大众，重点突出。"[2]对于中国人来说，同"市民"和"公民"概念相比，"人民"具有更加深厚的政治积淀，也具有更加切近的政治内涵。更重要的是，社会主义民主政治的本质和核心就是人民当家作主。

> 人民民主是社会主义的生命。没有民主就没有社会主义，就没有社会主义的现代化，就没有中华民族伟大复兴。我们必须坚持国家一切权力属于人民，坚持人民主体地位，支持和保证人民通过人民代表大会行使国家权力。要扩大人民民主，健全民主制度，丰富民主形式，拓宽民主渠道，从各层次各领域扩大公民有序政治参与，发展更加广泛、更加充分、更加健全的人民民主。国家各项工作都要贯彻党的群众路线，密切同人民群众的联系，倾听人民呼声，回应人民期待，不断解决好人民最关心最直接最

---

① 《毛泽东选集》第 4 卷，人民出版社 1991 年版，第 1272 页。

② 王绍光：《公民社会：新自由主义编造的粗糙神话》，载《人民论坛》，2013(22)。

*现实的利益问题，凝聚起最广大人民智慧和力量。*①

"人民"是工农大众统治主体的代名词，也是具有最高政治效力、宪法效力的政治价值和规范。同时，"人民"一词背后还有着马克思主义的坚实理论基础，反映出把人民群众看作历史推动力量的历史唯物主义观点。毛泽东指出，"人民，只有人民才是创造世界历史的动力。"②"我们国家的名称，我们各级国家机关的名称，都冠以'人民'的称号，这是我们对中国社会主义政权的基本定位。"③在政治价值层面，以及人类社会发展科学规律的层面，"人民"是中国社会主义最为根本的政治主体，而由人民主导的社会则被称为"人民社会"。无论是黑格尔市民社会理论中作为经济活动主体的资产者，还是自由主义政治哲学"公民社会"论述中基于个人主义假设的权利主体，其核心的社会主体都是以自我为中心的"占有主义个人"(possessive individual)。而在社会主义性质的"人民社会"之中，占主导地位的是生产资料公有制，居于统治地位的是作为集体存在的"人民"。"人民社会本质上是社会主义社会，即以人民为主体，保障人民福利，追求人民幸福，逐步实现全体人民共同富裕。人民社会的主体是全体人民，其建设主体仍然是全体人民，建设目标最终还是为了全体人民。"④"人民社会"追求的不是少数人的利益，而是在人人平等、人人共建、人人共享的过程中，改善"人民"的民生，追求"人民"的幸福。而且，同所谓市民社会和公民社会不同，人民社会的组织原则不是私有的、个体性的，而是基于群体的公有、公益，在尊重正当个人权利、私人利益的同时，把整体性的公利、公益放在更加重要的位置上。

在"人民社会"论者看来，人民社会同国家是一种和谐兼容、相互嵌入的关系，人民社会的良性运转只有通过国家才能得到维持，国家权力基础的巩固和政府施政只有在人民社会的支持下才能实现，而在国家与社会之间发挥联结作用的中介力量就是中国共产党。在政治上，"人民"不是自在、自发的政治主体，而是中国共产党在运用群众路线来影响、动员群众的过程中塑造出来的。

---

① 习近平：《在庆祝全国人民代表大会成立 60 周年大会上的讲话》，人民出版社 2014 年版，第 7 页。

② 《毛泽东选集》第 3 卷，人民出版社 1991 年版，第 1031 页。

③ 习近平：《在庆祝全国人民代表大会成立 60 周年大会上的讲话》，人民出版社 2014 年版，第 12～13 页。

④ 胡鞍钢、王洪川：《人民社会是"中国梦"最大动力》，载《人民论坛·学术前沿》，2013(13)。

通过群众路线，在"从群众中来，到群众中去"的相互作用过程中，普通群众被组织、教化和转化为"人民"，政党组织又在与群众的接触过程中改造自身、获取政治代表性而成为"人民政党"，经过这样循环往复的相互转化过程，人民的意志、愿望、利益最终通过人民政党的各级组织带入国家体系而得以贯彻、实施。人民社会同国家呈现出合作、互融的统一关系，而不是"市民社会"或"公民社会"设想的二元对立关系。"人民社会"不轻视保护公民权利、遵循法治等现代政治文明的普遍原则，而恰恰是要将它们作为自我组织的基本规则，同时要求政党组织、国家体系也都必须遵守这些规则，进而充分调动、发挥政党组织的政治能量，全面促进人民幸福目标的实现。我们可以从党的十六大以来关于社会建设的一系列举措中看出，构建和谐社会、实施民生工程、推进社会治理等，都是当代中国对于建设人民社会可能路径的深入探索。

二、"宪政"之争的实质

自晚清政府的"预备仿行立宪"以及晚清民间立宪运动以来，宪政思潮传入中国已经有百余年的历史。经过四十多年的改革开放，"宪政"思潮凭借其在近代中国政治思想脉络中的传统身份，并在国际背景中某些政治气候的呼应和影响下，再度成为中国社会思想争论的话题，而且这一思潮和与之相关的争论在一定程度上影响到了人们对于当下中国政治发展道路的理解和规划。由于"宪政"思潮中的具体主张纷繁复杂、参差不齐，既有贯通近代中国历史经验、切合当下中国政治生态的合理认识，也有脱离中国国情、盲目照搬西方宪政模式的错误见解，所以，对"宪政"思潮加以辨析与研判，是廓清人们政治思维框架、正确理解中国政治的重要任务。

1. 何谓"宪政"

"宪政"（constitutionalism，也可译为"立宪主义"）是一个用来指涉宪法政治的外来词语。一般认为，最早的宪法政治观念来自近代早期英国。宪法是一个国家关于权力来源、国家性质、公民权利与义务、政治结构、权力运行规则等重大问题之规定的基本文献，具有该国之内最高的法律效力、政治权威，不但是次一级法律法规的渊源，而且是政府运行、社会运转的基本规范。宪法不但包括成文宪法，还有体现为某种政治传统、政治习俗和政治惯例的不成文宪法。卢梭曾评价说，宪法的权威"不是刻在大理石上，也不是刻在铜表上，而是铭刻在公民的内心"。在具体的政治生活中，宪法权威通常是通过司法审查或宪法审查来得到保障的。如果有某项次级法律条文或政府施政行为违背了宪法，承担司法审查或宪法审查职责的法律机构会宣布它们无效，并采取措施终止违宪的条文或施政行为。所谓"宪政"是指一种基于宪法组织起来的国家政治体系，也指一种依据宪法、接受宪法约束的国家权力运行方式，有时也被认为是围绕着宪法而形成的一种政治生活方式。人们通常使用"宪政国家""宪法政府""法治社会"等词语来指涉"宪政"的具体内容。

"宪政"概念的核心意涵是以法律方式来规约统治权力的价值取向、实现方式和运行规则，其核心意图是结束"宪政时代"前的王权或其他基于传统的统治权力的专断性、任意性。英国宪政是在贵族阶层同国王的斗争过程中发展起来的。《大宪章》只是以中世纪晚期的封建法来限制王权，后来通过国王与议会近百年的斗争(17世纪40年代的英国革命以及50年代以来的政争)，英国才最终把初期法律条款与原则理念发展成为一套宪政结构与政治制度。《大宪章》之后，英国又出现了若干重要的宪政文献，如《权利请愿书》(1628年)、《大抗议书》(1641年)等。在这些文献中，限制王权、权力分立制约、议会主权、人民权利等新的价值理念和制度设计得到了形成和发展。在国王与议会的持续博弈以及现代资本主义与资产阶级的发展壮大过程中，前者逐渐从专横君主成为手无实权的象征性"虚君"，后者则成为权力的来源和日常政治的中心。

所谓"宪政"，在本质上只是一种统治机制、政治形式，并不能带来普遍性的自由、平等、正义。考察宪政史，我们可以看到，在"宪政"出现早期，与之关联的政治自由并不是所有人享有的普遍自由，而仅仅是作为宪政受益群体的少数人的自由。回顾《大宪章》订立的过程，我们可以发现，从约束王权的宪政机制之中获得自由的只是贵族阶层，由此形成的"宪政"自由也只是贵族自由。"宪政"只是掌握、分享权力的群体进行统治的一种形式，本身并不决定"由谁来统治"的问题，更没有现代民主观念之中人民主权的内涵。英国《大宪章》时期的"宪政"兼容于此时贵族与国王分享权力的寡头体制，就没有丝毫的民主色彩。如果说，国体决定谁来统治，政体决定如何来实现统治，那么"宪政"则处于"政体"的范畴之中，它的阶级性是鲜明的。

英国在实行宪政之初除了一些重要文献、大量法院判例和政治惯例之外，并没有一部成文的宪法，第一部成文宪法是美利坚合众国宪法。北美大陆英裔殖民者从英国继承了近代英国发展出来的政治理念和原则，且其因美国缺少封建传统的阻碍而得到了更为彻底的贯彻，在早期新英格兰地区形成了相对成熟的议会民主政治。1787年费城制宪只是继承和改造了殖民地民主政治传统。人们往往把"三权分立"或"权力制衡"看作美国宪法的精髓，不明就里、流于表面地把这些原则普遍化为所有宪政国家的立国之道。如果考察费城制宪之前的邦联处境、各州政治，并研读制宪时期相关文献，我们就可以发现，美国立宪实际上是一次相当保守的政治行为，它创造出共和主义政治史上少有的强大执行权（即行政权），并通过"分立制衡"原则用强大执行权限制了代表人民意志的议会立法权，从而节制、改造了民主原则，避免了各州出现的民粹主义政治在国家层面上重演。①

如果说，英美宪政历程是从革命和战争走向政治价值的制度化与政治秩序的安定，是较为成功的宪政案例，那么法国的宪政事业可谓一波三折，频繁陷入革命——无政府状态——专制主义的恶性循环。法国的宪政革命来自专制王朝一次失控与失败的改革。因介入美国独立战争导致国库空虚的路易十六，寄希望于召开三级会议征税来化解法国的经济困境，但却遭到贵族阶层的攻击，让三级会议变成了一次制定新宪法、建立新国家的制宪会议。随着各方政治力量的持续斗争，法国政治事态逐渐恶化，使王朝改革在 1793 年演变为一场针对国王与贵族以及革命领袖的屠杀，接踵而来的便是当时新近登场的新势力召开制宪会议、频繁颁布与修订宪法，造成更为激烈的政治动荡。1804 年，在革命中建立的法兰西第一共和国被拿破仑独裁的法兰西第一帝国取代，随后又相继被复辟王朝、七月王朝、法兰西第二共和国、法兰西第二帝国等所取代。在托克维尔看来，法国的政治动荡是这个专制主义传统深厚、民族尚未学会运用自由的国家以激进方式追求宪政革命的必然宿命。然而，人们也不能否认法国大革命在开启世界革命浪潮，宣扬自由、平等、博爱等先进政治理念方面对人类世界做出的巨大贡献。

宪政就是 constitutionalism。这个单词往往被翻译成"宪政"，实际上可以翻译成"立宪主义"或者"宪政主义"。它主要指的是要限制公共权力，保障个人权利和自由，这样的宪法政治才是宪政。西方这种思想的观念源流，可以追溯到 1789 年法国《人权宣言》……还可以追溯到孟德斯鸠《论法的精神》三权分立的思想，还有卢梭和洛克的主权主义的思想、保护自由的思想。《法国人权宣言》的影响非常大，不断被制度化、具体化，出现了

———————————

① 今日仍有美国学者如立宪时期的反联邦派那样认为美国宪法并不民主，因而探索修正美国宪法、改造美国政体的努力一直没有停止。〔美〕罗伯特·达尔：《美国宪法的民主批判》，钱镇译，中国人民大学出版社 2015 年版；〔美〕桑福德·列文森：《美国不民主的宪法》，时飞译，北京大学出版社 2010 年版。

一些国家设计。其中有一种国家设计注重三权分立，用三权分立来限制公共权力。还有一些国家用联邦制限制权力，特别是限制中央的权力。发展到现在，还出现多党制来限制公共权力，一个政党执政了，在野政党可以监督它。大家在选民面前互相竞逐、竞选，接受人民的选择和监督。这是一整套限制公共权力的制度。这样的做法，有成功的也有不成功的，真正成功的，为数不多。①

无论是英国、美国、法国的宪政经验，还是相对落后的德国与日本的宪政改革，都对近代中国的改革与革命产生过深刻影响。1905 年结束的日俄战争，被世人称为"立宪打败了专制"，遂在中国国内点燃了积蓄已久的宪政思潮。康有为、梁启超在维新变法运动时就宣传、汲取过西方宪政历史与思想，但只是在清末新政之中，清王朝才主动推行大规模宪政改革。考察过东西方主要国家的宪政及其方案之后，清政府选择了较为保守的日本宪法，将之视为化解立宪与革命运动压力、加强君权的方案。但是在深受美国、法国宪政思想影响的革命运动的冲击之下，清王朝最终还是在辛亥革命的浪潮中被推翻了，为中华民国宪政试验腾出了舞台。然而，这场宪政试验也很快在国内外危机中宣告失败，让中国陷入军阀割据的状态。国家独立、民族自强需要新的救国运动和领导力量。一直到中国共产党通过艰苦卓绝的新民主主义革命创建了新的中华人民共和国，颁布了新的宪法，在人民民主的基础之上建立了新中国的政治制度，中华民族复兴才出现了重大的转机。

2. 自由主义宪政 vs 社会主义宪政

当下中国的自由主义宪政思潮植根于近代中国西学东渐而来的自由主义思想脉络。作为自由主义基本价值与理念在实践层面的设想和方案，每在国家政治遇到变动与选择的时候，自由主义宪政思潮都会以这种或那种具体形式涌现出来，凭借其对普遍主义的声称，力图影响公共舆论、争夺话语权力。然而，尽管作为众多政治思潮中的一股，自由主义宪政思潮直接同人们如何理解、面对和实践现实政治生活有关，具有毋庸置疑的行动相关性，然而相较于人们对"自由主义宪政"及其口号的浅薄主张，有关"自由主义宪政"本身的思想问题其实并没有得到严肃辨析。

自由主义宪政思潮的基本内容来自西方自由主义政治思想传统。自由主义

---

① 　林来梵：《宪法学讲义》，法律出版社 2015 年版，第 45 页。

在近代欧洲的诞生，主要有两个特殊历史根源和思想催化因素：（1）神学政治问题。近代早期欧洲国家频繁陷入宗教冲突，所引发的战争、内乱和迫害促使欧洲思想家思考重建政治秩序，以便让国家和政治摆脱关于"何者为最高善"的争论，专心于维持社会生活赖以展开的和平、秩序和法律。为此，他们力图到前政治"自然状态"下"自然人"的秉性中寻找政治秩序、国家的起源。（2）自然科学发展。数学物理学的发展使欧洲思想家力图深入由人的行动构成的社会中寻找摆脱主观意志的确定性、精确性，以数学物理学方式把人抽象成类似自然物体的可概括、可定义对象，并把政治秩序与国家的大厦建构在作为抽象个体的人的性质上，让人类政治生活获得世俗基础，从而避免道德与宗教争辩干扰政治世界。古典自由主义思想家(如霍布斯、洛克等人)都把国家看成自然人为寻求更好地"自我保存"而人为设计的产物。人们通过订立契约组成公民社会，将全部或部分自然权利转让给公民社会来获得公民权利，公民社会或国家目的就是保护公民权利，维持和平、法律和秩序。为避免国家给公民带来伤害，人们不得不通过制定宪法、分权制衡来限制、约束国家行为。如此形成的宪法与政权机关，便被称为"宪政国家"。

在当下中国，自由主义宪政主张的基本内容同样来自近代欧洲自由主义的政治思想，但不同的人所持有的具体主张是千差万别的。一些人受到了 20 世纪后半期以哈耶克、弗里德曼等人为代表的新自由主义经济学说的影响，另外一些人受到民主社会主义思潮的影响，甚至一些人挖掘中国儒家礼俗传统，试图从中寻找可供转化的自由因素与宪制传统。无论自由主义宪政论者的主张在细节上有多大差异，但大都在骨子里受到第三波民主化政治潮流以及欧美主要宪政国家政治模式的深刻影响，以至于他们的政治诉求与政体设想都是雷同的。首先，他们认为通过在国家层面与地方层面实施三权分立或权力分割就能够把司法权、立法权同行政权分离开来，从而确立司法权、立法权以及与之直接相关的宪法权威；其次，他们认为只有实行多党制才能够产生多元的政治竞争，应该利用各政党之间的政治斗争来监督、限制执掌国家权力的政党，确保其能遵守国家宪法和法律，促使其执政行为以人民利益为目标；再次，他们认为只有充分确保公民在思想、言论、集会方面的自由以及新闻自由，为社会和公民增强自身力量提供多样方式和渠道，才能维护社会领域之中的公平正义；最后，他们认为宪法权威同中国共产党的领导是截然对立的，需要通过模仿西方政治模式的政治体制改革，限制或取消中国共产党的领导地位，方能促进宪政的实现。要之，自由主义宪政论者往往只通过既有的西方宪政国家政治模式来狭隘地理解宪政，基于抽象的自由主义原理来规划政治框架，借助"普世价值"的名义，批判甚至否定当下中国的政治制度，具有相当的迷惑性和危害性。虽有些人宣扬所谓"自由主义左派""儒家宪政"等调和论，在表面上显得没有那么激进，但是他们的根本主张仍旧是反对中国共产党的领导和当下中国的政治制度。

同自由主义宪政论相比，马克思主义对宪政问题的看法更值得关注。马克思揭示了宪政的阶级性，既批判了为少数统治者利益服务的封建阶级与资产阶级宪政制度的虚伪性，同时又在工具意义上肯定了宪政制度与机制的某些功能，考虑将其作为以"人民民主"为核心的无产阶级专政国家的制度资源。在马克思、恩格斯生活的时代，所谓宪政最初是指英国的君主立宪政体，宪政主义代表的则是君主立宪派的政治要求与主张。恩格斯在《关于雅科比提案的辩论（续完）》一文中，揭露了君主立宪派议员的阴谋，批评君主立宪制度是一种落后于共和派、力图保留封建特权的制度；恩格斯在1884年3月致伯恩施坦的信中指出，在资本主义发展初期，自由主义君主立宪政体是统治的适当形式，而在资本主义发展要求脱离封建主义束缚、建立资产阶级统治时，民主共和国而非君主立宪制度才是适合资本主义发展的政治形式。马克思在《路易·波拿巴的雾月十八日》一文中，深入批判了资产阶级宪法对自由的规定与实施的虚伪性和片面性，认为"资产阶级可以不受其他阶级的同等权利的任何妨碍而享受这些自由。至于资产阶级完全禁止'他人'享受这些自由，或是允许'他人'在某些条件（这些条件都是警察的陷阱）下享受这些自由，那么这都是仅仅为了保证'公共安全'，也就是为了保证资产阶级的安全，宪法就是这样写的"[①]。马克思认为，尽管存在宪政制度，但在资产阶级掌握统治权的国家，无产阶级不会有真正的自由、平等，因为他们的公民权利无法在经济社会层面得到真正保障。马克思主义批判宪政制度，不是为了完全否定宪政制度的意义，而是要将其改造为促进人民解放、实现人民统治的合理工具。在《1848年至1850年的法兰西阶级斗争》《路易·波拿巴的雾月十八日》这两篇历史性文献中，马克思全面剖析了宪政制度的诸种政治机制，认为真正落实了普选权、形成人民意志的宪法才是真正的宪法，由此形成的"人民代议机关"才能够贯彻、落实人民意志，实现无产阶级解放。马克思还在《关于现代国家的著作的计划草稿》中，细致地分析了立法权力、选举权、代议制、司法独立等宪政制度在无产阶级专政国家中用来保障人民自由、实现人民主权的积极意义。所以，马克思主义并没有否定宪政制度，它对待宪政制度的态度，取决于在这个制度之中是否由人民

---

① 《马克思恩格斯文集》第2卷，人民出版社2009年版，第484页。

占据统治地位。

　　容易同"社会主义宪政论"混淆，且打着社会主义旗帜的另一种宪政思潮是"宪政社会主义论"。持有这一主张的人认为，曾经受到斯大林模式深刻影响的社会主义国家往往会走向集权的政治经济模式，从而导致了社会主义运动的曲折与错误；所以，应该挖掘马克思对"社会共和国"的论述中由社会来约束、控制国家权力的思想，同时辅以自由主义宪政传统中政治自由、民主参与、法治、人权、权力制衡的思想，大力发展宪政法治、培育公民社会，促进宪政民主化、国家社会化、社会自治化、主体自由化。为了实现这一目标，他们还为当下中国政治改革描绘了具体蓝图：中国共产党是"公意性的政党"，各个民主党派是"众意性的政党"，它们结合形成社会主义多党宪政合作制度；作为"公意性的政党"，中国共产党通过政策讨论、政策竞争，选出两个政策团队到全国人民代表大会上进行公共政策、国务院的行政治权竞争，实现以政策竞争来代替政党竞争，以及"治权为民所赋"的民主授权过程。而作为"众意性的政党"，各个民主党派通过适度竞争代表"众意"的政协议席，并实施政协的民主审议权力。在这套政党合作体制下，执政党领导地位既得到了保证，各利益集团与阶层的有序政治参与也能得到实现，同时扬弃了转型国家中多党竞争性民主政治的不稳定与高成本。"宪政社会主义论"力图把自由主义宪政模式中的诸多因素调和进社会主义国家政治生活中，并以马克思主义有关宪政的某些论述来增强其主张的政治正当性。但是，它一方面把诸多貌似最好的因素混杂、糅合在一起，但根本未考虑到这些因素各自的内在逻辑和相互之间的张力，从而以理论表面的调和性、温和性掩盖了其内在的矛盾性与不可行性；另一方面脱离近现代中国政治变迁的历史惯性与历史遗产，无视中国共产党领导现代化建设与经济社会发展时面临的复杂问题，简单地、抽象地从政治制度、法治机制层面来设计与建构宏大政治方案，忽略了现实政治发展的渐进自发性与经验叠加性，从而犯下了政治的"工程理性主义思维"谬误。在了解"社会主义宪政论"之前，人们首先需要鉴别的，就是这种"宪政社会主义论"。

　　"社会主义宪政论"同其他外在于中华人民共和国历史与既有法政资源的宪政思潮不同，是一种基于现行中国宪法、政治制度和国家指导思想的主张，承认中国共产党的领导地位，坚持人民主权、人民民主的核心地位以及经济社会体制的社会主义性质，要求任何完善中国宪法政治与政治体制的努力，都应立足于当下中国政治与行政的实际问题，从自身资源中寻找解决问题的办法，围绕着增强人民民主、改善中国共产党的领导，将民主参与、法治政治发展的经验切实转化、落实为中国宪政实践的惯习与传统。在"社会主义宪政论"名下，除了有来自马克思主义以及中国化马克思主义的主流观点，还有与其共享基本观点，但又力图对之加以补充的两种新论述：一是"群众民主论"，二是"政党国家宪制体系论"。"群众民主论"认为，在全球政治面临"去政治化"，并因此导致代议制与政党的"代表性"持续弱化的普遍处境之中，执着于通过政体的宪政变革来促使政府与政党担当民意"代表性"的方案都是无效的，当下中国已经形成一套宪政框架，为了增强政府与执政党的"代表性"，无须模仿西方模式的宪政改革，而应到中国共产党实践"群众路线"的历史经验中寻找资源，用基于"从群众中来"的劳动政治、群众参与来扩大执政党的群众基础，探索基于党的领导、结合群众参与的"社会主义宪政体系"；"政党国家宪制体系论"基于对"冷战"后国际政治中以西方成文宪法为模式的"西方中心论"的反思，批驳了"中国有宪法而无宪政"的片面观点，认为如果采用法律多元主义的观点开阔人们的视野，就可以发现中华人民共和国已经形成了由《党章》、《宪法》、宪法性法律构成的国家宪制体系，确保了中国共产党作为"人民主权"的化身拥有领导国家的宪法地位，且同时又作为日常生活中的"民意代表"而必须在宪法和法律之下活动。总体上，相较受缚于西方宪政模式教条、从当下中国政法经验与思想资源之外寻找方案的"自由主义宪政论"和"宪政社会主义论"，"社会主义宪政论"则是基于内部视角、建设性态度，从自身资源出发，寻求理解、改进、规范和完善当下中国宪政体系的方法，而"群众民主论"和"政党国家宪制体系论"则从学理的角度为这一探索提供了新的理论支持。

3. 依宪执政与中国政治发展

确立宪法崇高地位、制定《中华人民共和国宪法》的中国特色依宪治国、依宪行政活动，虽然遭遇到若干失败和挫折，但始终把树立宪法权威、建设法治国家作为中国政治发展的重要目标。党的十一届三中全会公报指出："为了保障人民民主，必须加强社会主义法制，使民主制度化、法律化，使这种制度和法律具有稳定性、连续性和极大的权威。""要保证人民在自己的法律面前人人平等，不允许任何人有超越法律之上的特权。""做到有法可依，有法必依，执法必严，违法必究。"在党的十一届六中全会上通过的《关于建国以来党的若干历史问题的决议》进一步强调："必须巩固人民民主专政，完善国家的宪法和法律，并使之成为任何人都必须严格遵守的不可侵犯的力量，使社会主义法制成为维护人民权利，保障生产秩序、工作秩序、生活秩序，制裁犯罪行为，打击阶级敌人破坏活动的武器。绝不能让类似'文化大革命'的混乱局面在任何范围内重演。"

改革开放初期，党就把建设完善的宪法体系作为重要工作。随着对宪法政治认识的深入，党组织遵守宪法权威被视作领导国家建设的重要原则。1982年，中国共产党第十二次全国代表大会报告指出："新党章关于'党必须在宪法和法律的范围内活动'的规定，是一项极其重要的原则。从中央到基层，一切党组织和党员的活动都不能同国家的宪法和法律相抵触。党是人民的一部分。党领导人民制定宪法和法律，一经国家权力机关通过，全党必须严格遵守。"同年召开的第五届全国人大五次会议通过并公布实施经全面修改后的《中华人民共和国宪法》："本宪法以法律的形式确认了中国各族人民奋斗的成果，规定了国家的根本制度和根本任务，是国家的根本法，具有最高的法律效力。……一切国家机关和武装力量、各政党和社会团体、各企业事业组织，都必须遵守宪法和法律，一切违反宪法和法律的行为，必须予以追究。……任何组织或者个人都不得有超越宪法和法律的特权。"无论是党章，还是宪法，都对宪法的最高权威做出了明确规定，并使之成为中国政治发展的一项基本原则。

党的十五大标志着社会主义法治体系建设的一次重大进步。在这次大会上，"依法治国"作为中国共产党领导人民治理国家的基本方略被写入大会的报告中，并且大会明确提出了"建设社会主义法治国家"。在这一变化背后，蕴含了国家建设一次非常重要的时代精神转变与思想突破。以往，人们提到更多的是"法制(rule by law)"，而这次大会基于改革开放以来党内外思想认识的推进，明确使用了"法治(rule of law)"，并把过去使用的"建设社会主义法制国家"更改为"建设社会主义法治国家"，进一步表明社会主义法治体系将成为国家、政府和政党运行的基本规范。1999年，"依法治国，建设社会主义法治国家"被载入宪法，用宪法权威规定了中国共产党治理国家的合法性。

党的十八届四中全会通过的《中共中央关于全面推进依法治国若干重大问题的决定》强调："依法治国，是坚持和发展中国特色社会主义的本质要求和重要保障，是实现国家治理体系和治理能力现代化的必然要求，事关我们党执政兴国，事关人民幸福安康，事关党和国家长治久安。"建设中国特色社会主义法治体系，首要的就是完善以宪法为核心的法律体系，并进一步提出了社会主义法治体系运行的顶层设计。在"依法治国"的总体思路之下，把遵守宪法、依靠宪法前所未有地提高到了中国共产党治国理政方针的重要位置，对"依宪治国""依宪执政"做出了丰富、细致的规定与说明。

　　宪法是国家的根本大法。坚持依法治国首先要坚持依宪治国，坚持依法执政首先要坚持依宪执政。坚持依宪治国、依宪执政，就是要坚持宪法确定的中国共产党领导地位不动摇，坚持宪法确定的人民民主专政的国体和人民代表大会制度的政体不动摇。必须明确，我们坚持的依宪治国、依宪执政，与西方所谓的"宪政"本质上是不同的，不能用所谓"宪政"架空中国共产党的领导。要依据宪法治国理政，坚决纠正一切违反宪法的行为。要按照有法必依、执法必严、违法必究的要求，加快建设执法、司法、守法等方面的体制机制，坚持依法行政和公正司法，增强全民法治观念，确保法律的全面有效实施。①

习近平总书记在党的二十大报告中进一步指出：

全面依法治国是国家治理的一场深刻革命，关系党执政兴国，关系人民幸福安康，关系党和国家长治久安。必须更好发挥法治固根本、稳预期、利长远的保障作用，在法治轨道上全面建设社会主义现代化国家。

我们要坚持走中国特色社会主义法治道路，建设中国特色社会主义法治体系、建设社会主义法治国家，围绕保障和促进社会公平正义，坚持依法治国、依法执政、依法行政共同推进，坚持法治国家、法治政府、法治社会一体建设，全面推进科学立法、严格执法、公正司法、全民守法，全面推进国家各方面工作法治化。②

我们从中可以清楚地看到，在社会主义法治体系中，宪法自身的权威，加之党章通过约束、规范党组织和党员提供的支撑，使得依宪治国拥有两大支柱。党的领导和宪法权威相得益彰、相互支撑，共同维系中国特色社会主义制度的生命力与活力。中国共产党是中国各项事业的领导核心，无论是在政治上，还是法律上，都是法治体系运作的政治主体。在这一体系之下，中国共产党的自我要求必定是"依宪治国""依宪执政"，其他团体、组织和人员也无一例外。

坚持依法治国首先要坚持依宪治国，坚持依法执政首先要坚持依宪执政。全国各族人民、一切国家机关和武装力量、各政党和各社会团体、各企业事业组织，都必须以宪法为根本的活动准则，并且负有维护宪法尊

---

① 《习近平总书记系列重要讲话读本》，学习出版社、人民出版社 2016 年版，第 92 页。

② 习近平：《高举中国特色社会主义伟大旗帜　为全面建设社会主义现代化国家而团结奋斗——在中国共产党第二十次全国代表大会上的报告》，人民出版社 2022 年版，第 40 页。

严、保证宪法实施的职责。一切违反宪法的行为都必须予以追究和纠正。①

三、生态中心主义思潮

环境议题自 20 世纪 60 年代提出,半个多世纪来一直热闹非凡。环境左派对现代工业造成的自然退化和生态危机从来没有停止过激烈的批判。被封为现代环境运动圣经的蕾切尔·卡逊(Rachel Carson)的《寂静的春天》发出了反对人类中心主义的呐喊,并由此开启了环境运动的第一个浪潮。生态中心主义不仅强调自然的内在价值,并将社会道德和行为规范按照生态共同体的价值来加以安排,而且将现代性的社会发展模式和伦理秩序视为最大的敌人。有些生态中心主义者也把马克思主义的社会发展方案作为批判对象之一。在他们看来,马克思关于生产的问题已经被资本主义的现代工业所解决,因而,社会主义的经济形态无须考虑资源的稀缺性问题,马克思意识形态中就不存在某种具有生态意识的社会道德需求。生态中心论的兴起从价值观和方法论上从属于后现代主义思潮的脉络,后现代主义对于主体和同一性原则的解构,消解了人类在生态系统中的神圣地位,例如,深生态学(Deep Ecology,相对于浅生态学)就提出要建构"生态智慧",争取人与自然的"最大化共生",宣扬以"生命平等"为核心的生态中心主义理论。但也正是哲学基础上强调对"中心"的解构和拒斥,造成了其在理论和实践上难以避免的困境。

1."人类中心主义"批判

现代社会环境问题的产生不仅向人类提出了有关经济发展瓶颈的迫切问题,而且也向我们提出了深刻的哲学和伦理学问题。近代西方知识分子重新确立了人的尊严及其在世界上的中心地位,但是启蒙以来的理性主义和资本主义大工业生产却以贬抑自然的方式宣告了人类的至高权力,走向了绝对人类中心主义。

就其一般意义而言,人类中心主义将具有自我意识的人类及其利益和需求视为人类与自然和宇宙关系的核心原则,是人类不同文明形态和民族国家的普遍意识形态。传统社会的人类中心主义具有伦理和神学特征,尽管将人类视为

① 《中共中央关于全面推进依法治国若干重大问题的决定》,载《人民日报》,2014-10-28。

自然和宇宙的至高造物，但是并不以占有和索取自然为唯一目的，自然的内在价值与人类的主体价值实现并不冲突。在西方传统的宗教世界观中，尽管上帝具有至高无上的地位，但是基督教的神学目的论同样为人类保留了一个中心位置，中国传统的自然观也将天人感应作为人类社会生活的一个重要原则，人的自由活动应该被限定在敬畏自然这一道德情感之下。从这个意义上说，传统人类中心主义并不直接为现代环境问题负责。

真正导致环境问题和生态危机的意识形态是现代人类中心主义，其使得人的主体价值实现超出了自然、神学和伦理的约束，以技术理性和工业资本作为向自然无限索取的工具，以经济利益为唯一尺度，并以生产和消费的无限扩张作为通向人类幸福的唯一途径。现代人类中心主义已经丧失了传统人类中心主义内在的主体价值和自然内在价值的辩证统一。对现代人类中心主义的正义批判集中体现在以下几个方面。

生态伦理学的批判

生态伦理学强调现代人类中心主义在哲学上的肤浅，认为其仅仅考虑了人类主体对自然界的主宰和两者之间的对立，而科学家已经证明，人类与自然界其他物种的差别并不大。人为自然立法的近代启蒙理性所确立的理性中心主义在哲学上排除了人与自然的原始和谐关系，并导致了当代人与自然的双重生存危机。价值观的片面性也造成了现代人类中心主义的根本缺陷，既然理性是宇宙的至上准则，那么具有科学理性的人类才有资格主张其发展和生存价值，自然界对人类来说只具有实现人类主体价值的工具价值。但是，尽管自然没有自由意志，不能成为价值主体，但是生态伦理学主张自然的内在价值实质是人对人承担的生态义务。通过作为中介的环境和自然，当代社会各个阶层、不同国家乃至不同代际之间应该按照正义或者非正义的原则分配环境资源，正如阿尔伯特·史怀泽（Albert Schweitzer）所言，只有当人认为所有生命，包括人的生命和其他一切生命都是神圣的，他才是伦理的，有道德的人不打碎阳光下的冰晶，不摘树上的绿叶，不折断花枝，走路时小心谨慎以免踩死昆虫。对现代人类中心主义的批判，意味着对其所缺乏的生态责任的批判。道德观上的欠缺已经导致了现代人类主义的困境，在生产领域，工业不顾生态极限无限制地扩大生产规模；在消费领域，消费者追求无限制的物欲的满足；在文化领域，泛娱乐化的文化产业消解了人们对哲学和道德问题的思考能力；在国际关系领域，发达国家以邻为壑，以牺牲发展中国家的环境利益和生存权利作为代价来获得经济增长和社会稳定。

环境正义运动的批判

环境正义运动着眼于现代人类中心主义意识形态的社会机制，批判现代人类中心主义不仅仅造成了对自然的奴役和控制，而且强调当代资本主义社会对自然的支配与其对劳动的压迫和剥削是具有同构性的。现代人类中心主义是以资本和理性为中心在社会中呈现出来的，消除现代人类中心主义的全面危机必然需要通过社会运动来改变现有社会关系和环境正义状况。因此，自然的解放和劳动的解放是同一个历史过程，而只有通过劳动的解放才能根本实现自然的解放。我们经常看到环境正义运动对技术生态改良论的批判，也就是说，通过技术和地方性环境法律的方式来缓解生态议题的紧迫性，还不足以解决环境的问题，资本主义生产体制对技术的不可靠的利用已经成为环境危机的另一个推手。巴里·康芒纳(Barry Commoner)援引污水处理的例子，来证明美国人对技术的崇拜是如何遭受挫折的。

> 处理过的污水有丰富的蜕变无机物残余——二氧化碳、氮和磷酸盐，它们在自然领域里，是水藻赖以生长的物质。由于有了大量的肥料，水藻生长，然后又很快死亡，放出有机物质，这些有机物质又产生了污水曾经除掉的污物。技术专家们的胜利被破坏了。这个失败的原因是很清楚的：技术人员把他们要解决的问题范围确定得过于狭窄，在他理解的视野中所看到的仅仅是自然界中的一部分，而在自然中存在的是一个无穷尽的圈子，如果在任何一点上有压力，它都将崩溃。这同一错误也是每一种现代技术在生态上的失败的隐患：仅注意了在自然界里一个复杂整体中的一个单独的部分。①

对现代人类中心主义的批判并不意味着抛弃技术，技术社会要建构的一种意识形态是技术的自然—社会的总体化应用，换句话说，技术发展的逐利性和碎片化应当被另一种技术发展系统所取代，即与科学、社会和自然的发展连接起来，由此改变现代人类中心主义的不合理性。

深生态学的批判

深生态学在对现代人类中心主义的批判方向上走得更远，尽管现代国际性环保组织正在努力寻求恢复生态平衡和实现环境友好发展，但是深生态学仍然认为这些国际环保组织的结构和行为在与现代国家行政组织交往互动的过程中越来越倾向于官僚化，在实践策略上仅仅寻求政府治理行为在政策框架内的改

---

① 〔美〕巴里·康芒纳：《封闭的循环：自然、人和技术》，侯文蕙译，吉林人民出版社 1997 版，第 145 页。

变，而不去积极寻求现代经济增长迷思的真正的意识形态根源。深生态学对现代人类中心主义的批判意味着它试图从哲学根基处批判改良与行政框架妥协的"浅层"环境主义和陈旧的工业人类中心主义。

在深生态学看来，人类相对于自然而言，并没有道德特殊性，深生态学批判动物解放主义者的生态伦理观点，尽管看起来动物解放主义者将包括人类在内的整个动物界都包含在自己的伦理关注范围内，但是深生态学并不这么认为，因为动物解放主义者只是"为某种生态伦理实践如素食主义等提供了一种实用主义的论证，也就是说，将人类对痛苦和死亡的感受推广到了同样具有感知能力的动物那里，而这种实用主义的推广是武断的，因为它仍然是以人类的道德情感为中心的一种僭越"①。事实上，在动物解放主义的政治实践中，它以一种众生皆能感知痛苦的"普适伦理"道德悲情一方面将自己拉升到一个道德制高点，另一方面加深了对于不同道德立场的其他派别的哲学偏见。深生态学则认为，将人类感知推广到动物的道德哲学仍然是一种"物种歧视"(speciesism)，因为它仍然将人视为特殊的道德主体，以某种"同情"的伦理建构生态伦理基本原则，而深生态学的生态伦理则认为人类在生态系统中并没有特殊性，它将包括人类在内的一切存在物(空气、河流乃至土壤)视为具有同等的内在价值的对等主体。

生态社会主义的批判

生态社会主义并不反对人类中心主义，因为导致生态危机的并非人类以主体价值为中心的实践活动，因而无须对科技进步和科学理性采取敌对态度。生态社会主义仍然站在人类中心主义的立场之上，不同的是，它反对现代人类中心主义的异化劳动和科学理性中渗透的资本逻辑。为了实现人类的普遍解放和自由，生态社会主义认为生产力的发展和经济的增长不可避免，问题的核心不是要不要增长，而是按照什么原则来实现生产力的增长。生态社会主义要摒弃的是现代人类中心主义中基于效益计算的经济增长方式，抛弃与具体事物相脱离的抽象经济学，回归生活和社会的具体的经济学，而后者则将使用价值的满足置于交换价值的满足之上，也就是生态化的经济发展模式将是"生产满足需求"而不是"生产满足欲望"。生态社会主义追求一种稳态经济，工农业生产的增长部分将用于满足公民获得自由发展的基本需求，用于社会发展事业，而不是用于积累，积累的冲动在生态化的稳态经济模式中将被大大削弱。这是一项

---

① Arne Naess, "The Shallow and the Deep, Long-range Ecological Movements: A Summary," in *Inquiry*, 16, 1973, p. 96.

被重新定义的人类"发展"事业，经济增长是从属于人性自由发展的需要的。"增长意味着量的增加，体现在经济中物质维度的规模层面，发展意味着质的提高，体现在财富的物质储存结构、设计和构成方面，来源于技术和应用方面更广博的知识。一个增长的经济会变得越来越大，而一个发展的经济则会变得越来越好。因此，经济可以是没有增长的发展。"这是向社会主义经济的进化，也是人类社会复归自然的新进化路径。

2. 环境运动与"生态中心主义"兴起

生态中心主义作为现代人类中心主义的对立面，早在 20 世纪 30 年代就已经出现了，其典型代表美国环境哲学家奥尔多·利奥波德（Aldo Leopold）主张把道德义务和责任扩大到与自然相关的领域。生态中心主义否认人类在生态共同体中占据着征服者和支配者的地位，"大地伦理就是要把人类在共同体中以征服者的面目出现的角色，变成这个共同体中平等的一员和公民"①。生态中心主义与西方环境运动形成了共生关系，例如，美国地球优先组织（Earth First!）相信地球上任何形态的生命都应当受到同等的尊重，人类并不比其他形态的生命具有更高的内在价值。地球优先组织领袖朱迪·巴里（Judith Bari）相信团结和行动的力量，她试图以行动来反抗资本主义的所谓"作为财产关系的土地及其附属资源"观念。某些激进分子甚至采取了暴力损害体制内财产的极端措施，如袭击核电站，对开发荒野和森林的企业和公司的设备、厂房和其他生产工具进行破坏。

生态中心主义在环境运动的背景下大致经历了以下几个阶段：

以利奥波德为代表的大地伦理学是生态中心主义的第一阶段。这种伦理学扩大了道德义务的边界，认为人不仅应当对彼此负有道德义务，而且对自然界的一切生物形式都应当承担道德责任。所谓无生命的自然只是现代理性主义的一种迷思，尽管土壤、阳光和空气，动物和植物等没有自我意识，无法提出价值问题，但是从有机体的观念来看，自然界中的每一个要素都在生态系统中具有活力，它是自己生存和发展的理由，同时也是其他生物乃至无机物存在和发展的理由。生态中心主义的大地伦理学阶段实质上是要求从现代形而上学和工具理性的意识形态中恢复自然的神性和人类的灵性。生态中心主义的思想根据具有后现代主义的特质，它不诉诸理性和逻辑的解决方案，而是强调神性、直觉和情感。大地伦理学者声称现代人类中心主义没有对土地和森林的热爱和敬

---

① 参见〔美〕利奥波德：《沙乡年鉴》，侯文蕙译，吉林人民出版社 1997 年版。

畏，也缺乏对自然物的尊重和感恩，因此它根本上无法产生出对大地的道德情感。"许多有洞察力的思想已经认识到所谓的'无生命的自然'实际上是活的东西。我们已直觉地感知到在人与土地之间存在着很密切而深刻的关系……'死'的土地其实是个有机体，拥有某种程度的生命，从直觉上看我们应当尊重它。"①利奥波德提出的生物权利概念成为这一时期环境运动的思想武器，作为一种整体主义生态伦理观，大地伦理重视自然与社会、有机物与无机物的相互关联和平衡原则，因此，人类的行为应该从维护生态整体平衡的角度出发来进行自我约束，人类社会的所谓"发展正义"应当被整体主义的"生态正义"所取代。

从更新人类世界观的生态维度来看，生态中心主义的第一阶段具有开拓性意义，为现代生物权利保护者提供了充分的理论和道德依据，而大地共同体的概念则进一步为人类进展到新的社会形态提出了大胆的设想。例如，现代环保组织"海洋守护者协会"采取实际行动贯彻生物权利理念，由于海洋守护者协会的行动，日本每年的捕鲸活动都受到极大阻碍，同时在环保议题和海洋问题上，由于该组织的监督和抗议，日本等海洋国家也遭受着来自国际舆论的压力。

以霍尔姆斯·罗尔斯顿(Holmes Rolston)为代表的自然价值论是生态中心主义的第二阶段。罗尔斯顿推进了大地伦理的生态整体主义，提出了自然的内在价值理论。他明确反对康德划分道德义务的"目的"和"手段"方法，认为自然作为人类行动的手段和对象不具有道德特征，不应被纳入道德共同体的考量范畴。罗尔斯顿反对的理由并非出于一种由对自然的神秘主义的敬畏而生成的道德情感，而是由于自然及其生物本身客观具有"内在价值"，也就是说，自然物被主体所赋予的不仅仅是操作性的工具价值，更重要的是，它具有与人类主体价值同等重要的、以自身幸福为目的的内在价值。无论动物和植物，还是具有自我意识的人类，都天然具有趋利避害、以快乐和满足为目的的生存本性。生物对痛苦和死亡同样有着恐惧和感知能力，会通过躲避、攻击和进化等生物行为来主动适应环境，以达到生存和发展的目的。在生物系统中，动物和植物之间相互依赖、合作共生的协同进化构成了完整的生态系统，而人类也从古至今一直受益于这个生态系统。因此，自然物具有客观的内在价值，作为人类应当充分尊重自然的内在价值。"在评价大自然时，确实需要加入个人经验的内容，

---

① A. Leopold，"Some Fundamentals of Conservation in Southwest,"in *Environmental Ethic*，1999，pp. 131-141.

但是，如果认为自然事物所承载的价值完全是我们的主观投射，那就陷入了一种价值上的唯我论。价值体现在真实的事物并且常常是在自然事物之中。"①自然内在价值论为生态伦理学提供了一个更为坚实的哲学基础，从总体上提出了一种与现代人类中心主义不同的伦理架构，在生态伦理实践上则从控制和支配自然的人类中心主义伦理观走向了一种顺应自然、尊重自然价值的自然主义伦理观。

以阿恩·纳斯(Arne Naess)为代表的深生态学是生态中心主义的第三阶段。深生态学试图实现生态中心主义的综合，要求把生态中心的理念推进到一个更宏大的层面。从整体主义的角度，深生态学将全部自然界的要素作为一个有机体纳入哲学、政治、艺术和社会的讨论之内，作为人类社会的道德关注对象之一，深生态学将价值观的塑造、生活方式的转变乃至社会秩序和生产关系的重建都建立在新的环境价值理念之上。深生态学划分了其与浅生态学的关键区别：(1)浅生态学在对生态危机的批判性思考中所采取的思维方式仍然是孤立的和形而上学的，其基本立足点和归宿仍然是如何使人类社会更好地、可持续地运行下去，深生态学则采取一种辩证的自然观来看待自然和社会，提出一种自然和社会发展权利的整体主义解决方案，最终的归宿是实现自然和社会的协同发展。(2)浅生态学的社会性焦虑直接来源于自然资源的不可再生，以及对人类社会需要无法满足的未来预期，也就是说，物种和资源的价值根本上仍然离不开人类主体的定义；而深生态学则宣布所有的物种乃至无机物都有其存在的权利和独立于主体的内在价值。(3)浅生态学的生态解决方案往往是技术中心主义的，相信技术的进化能够实现现代工业社会体制的转变；深生态学则认为人类应当放弃现代生产和消费模式，走向一种自然的道德观念，对工业增长和消费欲望进行有效的节制，从生产性社会走向生活性社会。

3."生态中心主义"的困境

必须承认，生态中心主义作为现代人类中心主义的反对者，唤醒了人类的环境意识，重新塑造了自然观，更重要的是，生态中心主义提出的根本性的社会解决方案也提示了资本主义社会中的左派力量，社会的解放与自然的解放必然是同一个过程。但是，生态中心主义在强调整体主义价值观的时候，也在某种程度上以反对人类主体价值和现代工业增长模式为代价，这使其在理论前景

---

① 〔美〕霍尔姆斯·罗尔斯顿：《环境伦理学》，杨通进译，中国社会科学出版社 2000 年版，第 36 页。

和实践可能性上面临着巨大的困境。

关于人的主体性

生态中心主义在哲学世界观和方法论上与后现代主义思潮具有相似之处，无论是动物权利论还是深生态学都强调生命的知觉和经验，没有自我意识的人类婴儿无论在知觉和理性方面都更接近动物，而不是完整意义上的人，如果人类婴儿享有生存权利，父母对婴儿负有道德责任，那么有什么理由否认动物有独立和平等的生存权利和发展权利呢？按照生态中心主义的反主体价值立场推理，人的主体性就将面临瓦解。然而，生态中心主义所主张的整体主义伦理学和系统方法事实上也正是人类主体的理性主张和价值追寻，本质上并没有脱离人类价值诉求的主体解释权，而在主体性和主体价值被消解的状况之下，生态中心主义如何证明其价值主张的合法性呢？当然，一种生态中心主义系统的解决方法是将主体概念泛化，即将自然界的系统作为一个主体单位，而不是以个体作为主体的最小单位，也就是说，生物系统存在先天的目的性，其生物学目的在于维持物种的存在、发展和繁衍，并且其在生态系统中具有自我修复的能力，其最高目的在于朝向生物和系统价值的最高完善而不断发展。

价值边界扩大的困境

生态中心主义以自然的独立的"内在价值"理论扩大了社会价值的边界。价值概念的经典意义是以人的主体评价为核心的，评价的是客体满足主体需要的程度，而"内在价值"论显然在经典价值概念的前提方面消解了人作为主体评价的裁判权，而且，价值评判也不仅仅以有用性和能够满足人类需要作为唯一评判标准，在扩大了的价值边界上，动物和植物，乃至空气、阳光和水都在整体的生态系统中发生着相互的价值依赖关系。"难道不是由于地球本身就是有价值的人们才认为它有价值（而不是相反）吗？……在自然的演化过程中，人类的出现也许是一个最有价值的事件，但如果以为是我们的出现才使得其他事物变得有价值，那就未免对生态学太无知且太狭隘了……"①对自然的保护，就是对人本身的生存发展权利的保护，对大地的伦理就是对男人和女人的身体的伦理。但事实上，生态中心主义的自然泛价值论固然承认了在人以外的自然界的存在权利和发展权利，但也在某种程度上造成了混乱，其价值边界的扩张仍然具有难以克服的障碍：一方面，期望自然物享有与人同样的权利本身就是一种人所主张的价值评价，推己及物的泛道德主义本身就是一种前现代

---

① 〔美〕霍尔姆斯·罗尔斯顿：《环境伦理学》，杨通进译，中国社会科学出版社2000年版，第5页。

自然主义思想的现代返祖；另一方面，在政治实践领域，我们无法将现代民主推广到自然物，无论如何，自然物不具有自由意志，无法自我主张自身权利，本质上来说，"生物中心主义的平等"和价值边界扩大是对民主抽象化的乌托邦想象。

生态中心主义反对人类中心主义

生态中心主义所反对的人类中心主义也在发生着变化，如前所述，现代人类中心主义以生产规模扩大和工业增长以及资本增殖为核心，而如今它正在调整这一姿态，在世界观和方法论上逐渐接近一种后现代主义的立场，从某种意义上说，生态中心主义攻击的靶子正在发生后现代转型。

> 生态问题首先而且最主要地被简化为一个价值问题，而理解人类和自然之间不断进化的物质关系(马克思称之为"新陈代谢关系")这个更加困难的问题也因此就被完全忽略了。从一贯的唯物主义立场出发，这个问题不是一个人类中心主义与生态中心主义相对立的问题——实际上，这种二元对立的思想对于我们理解人类在生物圈中存在的、真实的、不断变化的物质条件并无裨益——而是一个两者共同进化的问题。仅仅关注生态价值的各种做法，在更加普遍的意义上讲，就像哲学上的唯心主义和唯灵论，都无益于理解这些复杂的关系。①

马克思主义尽管被许多生态中心主义者批评为是一个反生态的理论，但事实上，马克思并不缺乏生态伦理关怀，因为在他看来，对人的解放就是对自然的解放，而在资本主义条件下，工业和生产只能采取压抑和剥夺自然和人的不道德形式。在马克思那里，生态伦理体现为更加广大的政治和经济变革的成果之一。生态中心论将自然的权利普遍化，但是没有回答既然人类与自然的生态权利是平等的，那么生态中心主义应该如何保证人类的生存权和发展权这一问题。一个可持续发展的生态伦理必然需要解决这个悖论。

尽管如此，生态中心主义在 20 世纪 30 年代以来的数十年中，为我们展现了一种新的可能性，激励我们追寻更加正义和和谐的生存方式，对生态中心主义思潮来说，一百年仍然是一段短暂的历史时期，它在 21 世纪会如何表现？这需要我们在实践中进一步观察。正如罗德里克·纳什所言，"我将不怎么关

---

① 〔美〕约翰·贝拉米·福斯特：《马克思的生态学——唯物主义与自然》，刘仁胜、肖峰译，高等教育出版社 2006 年版，第 12～13 页。

心一个伦理学观点在政治上是否合适、在哲学上是否正确或在科学上是否有据，而是着眼于它的产生，着眼于产生的背景以及它对后来的思想和行为的影响。……总之，最重要的不是一个观念的得与失，而是它在历史上是如何发生影响的"①。

事实上，更重要的是超越所谓"中心"之争，以更积极的态度建设生态文明。我们党提出全面建设小康社会的目标就包括了"推动整个社会走上生产发展、生活富裕、生态良好的文明发展道路"的内容；后来又增加了建设生态文明的新要求，特别提及"在全社会牢固树立生态文明观念"。党的十八大专门列出"大力推进生态文明建设"一部分，明确提出要把生态文明建设放在突出地位，使其融入经济建设、政治建设、文化建设、社会建设各方面和全过程，努力建设美丽中国，实现中华民族永续发展。包括生态文明建设的"五位一体"建设是总揽国内外大局、贯彻落实新发展理念的总体布局，也是面对资源约束趋紧、环境污染严重、生态系统退化严峻形势的重要举措。

生态文明理念是对传统文明形态，特别是工业文明进行深刻反思基础上形成的认识成果，也是在建设物质文明过程中保护和改善生态环境的实践遵循。这就要求我们在对待自然的态度方面应该更加重视顺应性，这个顺应不是被动的服从，而是积极遵循、契合，只有尊重自然及其规律，才可能去遵循它、契合它；也只有顺应自然遵循、契合自然规律，才能有效地保护自然和生态环境。从这个意义上说，顺应自然是衔接尊重自然和保护自然的必要环节，进而使我们耳熟能详的尊重自然、保护自然进一步提炼为尊重、顺应和保护自然的生态文明理念。这个理念意识到自然环境恶化终将有损于人类利益和价值的实现，并促使人类反思自己的行为，借助文明手段和道德观念来改变这种状况。马克思认为，人只是土地（可延伸到自然）的占有者、利用者，"他们应当作为好家长把经过改良的土地传给后代"②。生态文明建设不是简单地否定工业文明，而是强调先进的文明应该实现人与自然的和谐，使人们在享有现代物质文明成果的同时，保持和享有良好的生态文明成果；致力于形成节约生态资源和保护生态环境的产业结构、增长方式、消费模式，努力打造资源节约型、环境友好型社会。

---

① 〔英〕罗德里克·纳什：《大自然的权利》，杨通进译，青岛出版社 2005 年版，第 2 页。

② 马克思：《资本论》第 3 卷，人民出版社 2004 年版，第 878 页。

四、互联网时代的民粹主义

民粹主义是现代政治生活中的一种重要现象。虽然人们也可以在古希腊雅典城邦的民主政治中发现民粹主义的元素，但只有到了民主观念深入人心、大众成为左右政治方向的重要力量之时，民粹主义才成为政治生活中的惯常内容。民粹主义既能够成为积极调动民众力量的口号，又能够成为破坏政治常态、引发混乱的因素。尤其在政治参与和政治表达变得极为便利的互联网时代，民粹主义的多歧性更是为现代政治生活带来了诸多不确定的因素。网络以其即时便捷的广泛传播性成为普通民众对公共事务发表意见的捷径，不管承认与否，网络民意事实上已经或正在成为影响某些社会热点事件走向的重要因素，汹涌澎湃的网络民意形成了不可忽视的舆论压力，网络参与既为公众提供了新的表达渠道，也滋生了愈演愈烈的极端倾向。

1."民粹主义"的复杂面相

从字面上看，"民粹主义"中的"民"，很容易让人联想起"人民万岁""民众至上""人民高于一切"等政治立场，而这被人们认为是民主时代中最为正当、合理和正确的价值与理念。但是"粹"所蕴含的"绝对""唯一"和"简化"的意义，则又使人们感到某种不容争辩、极端乃至专横的凌厉之风，从而为"民"的价值与理念增添了复杂特性。而且，无论是在左翼还是右翼的政治运动中，人们都可以看到民粹主义的影子，它似乎并没有独立、明确、深刻的实质内容，因而它似乎可以作为一种普遍形式被包裹在任何政治动机与政治行为之中。

民粹主义指涉的范围也极为宽泛、模糊，很难为它确定清晰、明确的边界。民粹主义常被人们用来描述某些理论观点与政治主张。它有时又被用来形容某些政治现象的特征，比如，在革命时期或民主竞选期间迸发出的大众参与激情和热潮。甚至，人们也用民粹主义来形容某些文化领域之中的现象，如反抗精英文化、张扬大众趣味的文学、影视和艺术潮流。在诸多领域之中，我们都可以看见民粹主义若隐若现的存在。所以，一般认为民粹主义是"多面的""不确定的"。无论学者是尝试从经验案例中归纳、总结民粹主义的诸种特征，还是力图在历史处境中梳理和解读民粹主义的具体展现，抑或通过所谓"症候阅读"(symptomatic reading)阐释民粹主义的哲学内涵，都无法对民粹主义给出一个精准的共识。英国学者保罗·塔格特(Paul Taggart)曾说："民粹主义实质上是一个破碎断裂的概念。"①人们只能根据某种语境和论述需要简要说明民粹主义的基本含义及主要特点。

一般认为，民粹主义是指以人民意志、人民情绪为吁求、诉诸的对象，通过赞美人民的智慧与德性、宣扬人民利益至上，进行政治动员，调动与集结人民力量，发起社会运动、提出政治要求和改变政治现状的一种政治行动、言论和策略。我们从这一定义中可以看出民粹主义的几方面特征：第一，以"人民"为中心，民主性是其表象形式；第二，"工具性"，其最终目标是改变政治议程和政治现状；第三，"空洞化"，其中缺少类似"自由""平等"和"民主"等理念之中的实质或价值。正是这几个方面让民粹主义有了复杂多变的样态。

民粹主义的早先样态发端于19世纪中期。克里米亚战争失败暴露出俄罗斯农奴制度和政治经济制度的落后，沙皇亚历山大二世决意施行废除农奴制的改革。然而改革之后，农民虽然获得了人身自由、经济权利和政治权利，但没有获得赖以生存的土地，仍旧需要通过为地主服劳役来赎取份地，且受缚于贵族把持的村社制度。不彻底的改革没有从根本上改变农民的命运，反而使他们的生存环境在封建制度残余和资本主义剥削的双重重压之下日益恶化。深受欧洲启蒙运动和社会主义思潮影响的俄国知识分子想要改变农民的悲惨命运，并在俄国实现社会主义理想。他们在农民身上看到了俄国精神，在村社共同体中看到了社会主义因素，为避免资本主义发展的弊端，他们希望在俄国村社制度的基础上不经过资本主义发展直接进入社会主义。俄罗斯民粹主义代表人物赫尔岑提出了著名的口号"到人民中去，到人民中去——那儿有你的位置，从知识的宝座上流放自己，你将成为代表俄国人民的勇士"。1874年，在巴枯宁等人"到民间去"的呼吁之下，上千名知识青年深入农村，力图向农民宣传反沙皇、反宗教、通过革命建立社会主义的思想，但是保守的、对学生充满怀疑、对沙皇仍旧忠诚的农民让知识青年深感受挫、失望。在"到民间去"的运动失败之后，民粹主义知识青年逐渐激进化，力图通过秘密组织和恐怖刺杀来实现其革命主张，最终使民粹主义运动终结于沙俄政府的镇压之下。俄国民粹主义对底层农民的同情心，他们的行动勇气和对俄国式社会主义过渡道路的探索，都很值得肯定，但是他们对农民或"人民"的看法过于浪漫，而且对无产阶级革命和社会主义建设的认识仍旧是不成熟的。普列汉诺夫和列宁都曾肯定俄国民粹主义运动的积极方面，但同时又严厉批评了他们急于向社会主义"直接过渡"的

---

① 〔英〕保罗·塔格特：《民粹主义》，袁明旭译，吉林人民出版社2005年版，第30页。

片面主张。

如果说,俄罗斯民粹主义思潮和运动主要是由普罗大众之外的知识分子所推动的话,那么 19 世纪末期的美国民粹主义则更多来自在资本主义快速发展进程中利益受损的中西部、南部地区的广大农民。他们在交通运输方面同铁路公司、在金融信贷方面同银行等垄断资本之间的冲突直接引发了这场民粹主义运动。1872 年成立的农场主联盟是这场运动的最初推动者,它试图通过立法运动和自主合作运动来同铁路公司、交易中介者和银行等垄断资本进行斗争。尽管农场主联盟的努力失败了,但是这场运动使他们反对"东部精英"的斗争从经济走向政治,并提出铁路与通信行业国有化、改革国家货币政策和金融政策的要求,最终促成了"人民党"的诞生。1892 年,人民党召开第一次全国代表大会,推举了第一位总统候选人,并提出了日后成为民粹主义经典的"奥马哈纲领"(Omaha Platform)。后来在民主党与共和党的打击、分化和吸纳下,人民党虽然没有在总统竞选中取胜,但它提出的很多要求被两党吸收,成为美国政府的政策。可以看到,美国民粹主义运动最初是中西部和南部农民反抗北方经济精英的自发运动,然后在不断受挫的运动中出现了人民党,再经由人民党的政治行动挑战了美国两党制,改变了美国政府的相关政策。由此可见,美国的民粹主义运动是一场农民群体自发的、自下而上的运动。

20 世纪中后期,民粹主义运动主要发生在拉美国家。巴西的热图利奥·瓦加西(Getulio Vargas)、阿根廷的胡安·庇隆(Juan Perón)、委内瑞拉的查韦斯(Hugo Chávez)等人都是通过民粹主义的主张和策略登上总统宝座的。这是一种与俄美民粹主义不同的以某个领导人为中心的民粹主义。这种民粹主义更像是一种不完善民主体制下的政治策略,其中有利于中下层民众的主张也会在施政过程中得到实现。拉美国家之所以出现这种情况,最主要的原因是依附性经济结构、寡头垄断资本、新自由主义经济政策等因素造成了国内严重的经济社会不平等,而且缺乏有效政治参与渠道,使工业化初期涌入城市的新工人等阶层寄希望于通过拥护一位代表其利益的强势领导人执政,来改变他们的命运。而对于领导人来说,他们可以提出表达工农阶层利益的、具有民粹主义色彩的经济社会政策来进行政治动员,集结中下层民众的政治力量来赢得选举,并通过民粹主义的施政策略来进行集权、持续执政。所以在拉美国家中,与民粹主义政治相伴随的恰恰是领导人具有威权色彩的执政风格。

人们注意到:"民粹主义的目标是创建一种简单化政治。政治应该体现普通人民的智慧，因此它自身应该是直接的和简单的。通过恰当地表达这种要求，它已经取得部分的成功。在面对民粹主义者的要求和效仿民粹主义简单化模式的压力下，其他政党或运动被迫重新确立他们的立场。因此，民粹主义的存在对使复杂化或者技术性政策失去合法性和主动性方面具有一些影响。"①20世纪末至21世纪初，随着官僚化福利国家弊端的暴露，大量移民的涌入造成的就业竞争、文化冲突等社会问题的出现，以及持续多年执政的中左翼政党无力改变现状等原因，欧美国家也出现了新的民粹主义现象。以往人们的印象中，民粹主义似乎与左翼有不解之缘，而这些新的民粹主义却往往与新右翼甚至新纳粹政党有紧密关系，它们迎合了民众的不满情绪，具有非常强烈的民族主义色彩，反对福利国家、反对移民、反对多元文化主义等。

2. 异常活跃的网络民粹主义

互联网技术为人类社会的信息传播、公共舆论和政治生活带来了重大变化。个人电脑终端及其相互间的互联网络形成了一个超越地区、超越国界的广阔空间，言论表达、信息流动前所未有地从传统媒介与传播方式中解放出来，获得了开阔、自由和便捷的渠道。在互联网虚拟空间中，政府、政党、大公司和传统媒体丧失了在现实生活中的力量，而以往微不足道的网络技术使用者成为新的主体，集聚、施展在线下不具有的力量。相对而言，网络虚拟空间的平等化、分散化、分权化，能够制约、摆脱传统力量对于信息的垄断和解释，为公民个体提供更多参与、表达和发挥影响力的机会，体现出相当的民主性，因此为民主生活开辟了新的空间。对互联网民主效应持乐观态度的人认为，互联网能够避开传统媒体和政府对议题设置的垄断，自下而上地激发和释放公民的政治活力，因此是一个促进和改良民主生活的工具。人们在社交工具上的各种交流能够加强公民表达，打破官僚体系与程序主义的怠惰，可以使公民更深入、充分地介入公共政策的讨论与制定乃至政府的治理活动中去。有学者期待互联网能培育出理性、平等的公共空间，以便为民主政治生活提供更加完善的补充。

总体上，在塑造舆论、形成思潮方面，互联网技术会带来以下这样一些效应。（1）去中心化：尽管线下强势的主流话语和媒体可以在互联网上发挥有力作用，但是它们不再具有线下垄断地位所带来的权威性和主导性，而是与数量

---

① 〔英〕保罗·塔格特：《民粹主义》，袁明旭译，吉林人民出版社2005年版，第151~152页。

庞大的网络用户处于竞争状态之中，并且因网络的开放性、自由性而无法完全掌控后者的言论、态度和倾向，而能够发挥主导作用的，就是由数量众多、相对一致的网络用户发出的声音。(2)匿名性：虽然网络用户的言论和踪迹是可被追踪的，但由于他们的生活状况和真实身份可以隐没于网名之后，因而其网络言行往往毫无顾忌，能够展现在线下被抑制的观点，而且在论坛、微博等互动平台上，吸引人们关注的因素已从人们的现实身份转移到言论本身的感染力、新奇和大胆。(3)非理性化：由于网络言论的低成本、各色网民的汇聚、相关信息及其必要验证程序的缺乏、群体情绪的碰撞，互联网交互平台上的交流、讨论往往会背离澄清事实、辨明道理的基本要求，沦为情绪宣泄、意见对抗、立场站队甚至相互谩骂，进而造成轻信、激进、偏执的后果。(4)引发社会动员：由于互联网平台的开放性、互动交流的密集、网民群体的庞大、传播速度的迅捷，线下的相关消息往往会在短时间内得到广泛传播、关注，使相关信息迅速成为公共事件，引发人们的讨论或行动。所以，由于互联网技术如此复杂的传播效应，人们在互联网出生之际对其在政治上抱有的良好期待往往会落空，互联网上的网络舆论和思潮通常会走向温和、理性的反面——互联网民粹主义。

民粹主义有三个标志性的特征，即草根性、非理性和批判性。其核心是极端强调平民群众的价值和理想，把平民化和大众化作为所有政治运动和政治制度合法性的最终来源。民粹主义者往往认为统治团体既腐化又堕落，因此宁愿要人民相信自己，也不愿相信这套制度，所以民粹主要的特质就是对政府的反对与不信任。可以说，民粹是一种人民不满现状的社会心理。网络民粹主义思潮是对现实中民粹主义思潮的延伸。在中国，网络民粹主义思潮兴起于21世纪互联网的普及。相较于传统的民粹主义，网络民粹主义思潮也衍生出自身的新特点：第一，网络民粹主义思潮无体系、无纲领；第二，网络民粹主义比传统的民粹主义表现出更大的影响力；第三，网络民粹主义思潮由于所依托传播工具的优势，具有更大的不确定性和潜在危险性。[①]

网络民粹主义同样是在"人民利益""人民至上"的名义下，在"人民"与其

---

① 赵若含、张红茹：《网络民粹主义形成机制与社会威胁》，载《今传媒》，2014(1)。引用时有修改。

"敌人"的二元对立视野下，力图通过吸引、诉诸民众的意志、关注和判断，并以人数为基础来塑造、形成所谓的"公共舆论"或"民意"，实现某种线下持有但却无法实现的诉求、目标。它在本质上同一般意义上的民粹主义情绪、思潮和运动没有根本差异。但是，在形成方式、外在表现和社会政治后果方面，网络民粹主义有不少独有特征。传统民粹主义的形成主要依赖纸质媒介、人际交往，而互联网民粹主义则通过论坛、博客、微博、微信等媒介。传统民粹主义（如俄美民粹主义）多多少少是一种经过持续酝酿、逐渐形成、具有章法的思想和运动，而互联网民粹主义的认知框架往往具有非此即彼、非黑即白的简化特征，而且时常表现为一种广泛流行的社会情绪、态度和定见。由于互联网技术的特征，网络民粹主义的发酵、产生、形成更加直接、便捷、迅速，而且能够超越职业、阶层、行业、国界的传统界限，波及更加广泛的人群，吸引更多人群的注意力，进而产生更加深远的社会影响。同时，由于网络舆论场域的局限性，相关信息往往在难以验证、澄清的情况下，就被纳入网民先入为主的思维框架中，而且在网民相互之间某些既有情绪的传染之下，网民往往会对信息涉及的事件做出误判，并使之得到迅速传播，引发带来破坏性效果的谣言，乃至造成原本没有必要产生的公共事件。

人们不应该贬低和否定互联网舆论在表达网民呼声、力求伸张正义方面的作用，但也应该看到，网络民粹主义在一定情况下会走上偏执、激进的方向，一味着意于情绪的宣泄，抛弃社会正常运转所需要的法律、程序和规则。

3. 探究根源和理性应对

网络民粹主义的产生有其特定根源，而且它所带来的影响也并不全然是消极的，需要进行全面的辩证分析。如同现代民粹主义的产生背后有着一整套的民主意识和民主观念做铺垫一样，网络民粹主义也是民主意识带来的不可避免的后果，在一定程度上表达了民众的心理、意志和诉求，由此可以成为了解民意变化的晴雨表。网络民粹主义之所以会形成，就是因为人们的呼声、主张在现实社会生活中得不到积极重视和回应，转而在网络平台中进行表达，而且它所形成的舆论力量，能够对政府机构、公职人员等权威发挥批评、监督和约束的作用，从而在某种程度上成为社会民主建设的推动力量。网络民粹主义是民众以集体方式表达和倾诉线下生活遭遇的一个结果，它本身能够疏导和宣泄社会生活之中产生的各种情绪，在一定程度上起到了社会安全阀的作用。

当然，在肯定网络民粹主义有积极作用的同时，我们也必须正视它带来的消极后果。它缺少自我反思、自我纠错的能力，往往会在强烈情绪和冲动主导之下，爆发出非理性的破坏力量，从而从一个希求公正、民主的力量蜕变为破坏公正、民主的压迫性力量。尤其是，互联网民粹主义激起的社会情绪和认知，具有社会动员的能力，它的极端化发展往往会激化社会矛盾和冲突，危及社会的安定团结和秩序，不利于社会长远、平稳发展。虽然网络民粹主义往往会有高扬人民至上的表面，但它背后的民众并不一定是普遍意义上的人民，而只是其中的部分团体，它所致力的也通常只是这个团体的利益。甚至，由于网络民粹主义能够积聚巨大的社会能量，而且它不具有深刻的辨识能力，很容易受到外部力量的操弄，所以往往会沦为阴谋者或资本集团获取利益的工具，而真正的人民利益却往往在这种民粹主义的盛大狂欢之中遭到绑架或遗忘。我们一定要冷静地看待网络民粹主义的复杂性，对其积极的、消极的方面都不应该回避、忽视。

网络民粹主义并非无源之水、无本之木，虽然它有着自身的机理与运行逻辑，但它在根本上是现实社会冲突与矛盾在思想、舆论和心理上的表现和发展。如果说，俄罗斯民粹主义的根源是旧沙俄时代社会改革的不彻底、农民悲惨的生存境遇，美国早期民粹主义的根源是广大中小农场主同铁路公司、金融资本、寡头政党的冲突，那么当下中国网络民粹主义也肯定有其得以产生的现实经济社会根源，是中国现代化进程中社会变迁、利益调整、阶层冲突和制度不完善的结果。

我国网络民粹主义思潮产生的原因主要来自以下几个方面。(1)互联网普及率高。截至 2017 年年底，我国网民规模超过 7.7 亿，其中，手机网民超过 7.5 亿。互联网对个人与社会生活的影响不断深入、扩大，使具有庞大规模用户群体的论坛、博客、微博和微信互动平台成为社会思潮和情绪的发源地，并持续向外扩散其强劲影响。(2)贫富差距扩大。随着经济改革过程中收入分配差距的持续拉大，社会阶层分化日益明显，逐渐促使人们相互凝聚和依赖的共同性和纽带发生断裂，根源于政治、经济关系的冲突与摩擦难以得到缓冲和弱化。(3)利益表达渠道不够。尽管我国的政治和司法体制为公民提供了诸多政治参与的机制和方式，但普通公民的利益表达与司法诉求的有效性有待提高，民众的利益要求在线下一时无法满足，会转而在互联网络寻找关注力量或制造公众舆论，以引发政府部门和司法机构的重视和自我纠正。(4)线下公共舆论限制过多。人们之所以会受到互联网舆论的强烈影响，就是因为线下媒体在调查、揭示和分析相关事件，传播相关信息方面存在诸多限制，无法为公众提供充足全面、角度多样的信息，并引导公众的思考和观点。综上所述，网络民粹主义固然有很多偏颇之处，但若要真正解决其问题，还是需要从社会与政治领域入手。

未来相当长一段时期，改革开放仍将处在进行时，利益分化和利益调整带来的社会冲突与矛盾仍将长期存在，而且由于完善社会主义制度需要一段较长时期，所以网络民粹主义将在一定程度上难以避免。面对网络民粹主义，人们需要做的是理性应对，尽可能地发挥其有益方面，防范、遏制其潜在危险。

舆论引导

网络空间是一个各种声音和观点相互争鸣、相互竞争的场所，由于线下媒体或线下话语的优势和权威不可能自然而然地施展到网络空间中来，若要使网民亲近、信服，就必须要具备勇于竞争的意识，放下身段、改变话语形式和思考逻辑，利用网络舆论自身的机理来抓住网民的心，在化解民粹主义情绪的同时，引导网民走到温和、理性、慎重的方向上来。

构建良性公共舆论空间

网络民粹主义产生的一个重要原因就是线下媒体和公共舆论的空间有限，没有充分表达出民众呼声及其潜在想法，也难以及时、自主、自由地为某些公共事件提供多角度的第一手追踪、报道和剖析，从而使网民从互联网平台获取来源并不可靠的信息，并让他们暴露于相关错误解读与判断的影响之下。所以，要在国家法律和法规许可的范围内，增强线下媒体的自由性、灵活性，塑造多元、自由和宽容的良性公共舆论空间，确立起线下媒体在民众中的公信力与权威性。

培育公共理性

网民欠缺公共理性与相关知识素养，对网络舆论机理与特征极为生疏，这也是互联网民粹主义出现的重要原因。由此，我们需要培养网民的公共理性，提高他们的知识素养，掌握网络舆论的基本问题，才能有效地缓和、弱化民粹主义情绪和态度。

建设优良社会

网络民粹主义产生的根源，往往都在现代化进程中的社会冲突与矛盾之中，最终解决网络民粹主义问题的办法就是建设维护公民权利、政治清明、司法公正、收入分配合理的优良社会生活。只有社会本身的重大问题得到有效处理和解决，社会成员之间的关系得到良好调节和维系，网络民粹主义的影响才会大幅度减弱乃至消失。

重要论述 5

政治国家的建立和市民社会分解为独立的**个体**——这些个体的关系通过**法制**表现出来，正像等级制度中和行帮制度中的人的关系通过**特权**表现出来一样——是通过**同一种行为**实现的。但是，人，作为市民社会的成员，即非政治的人，必然表现为**自然人**。*Droits de l'homme*[人权]表现为 *droits naturels*[**自然权利**]，因为**有自我意识的活动**集中于**政治行为**。利己的人是已经解体的社会的**消极的、现成的**结果，是有**直接确定性**的对象，因而也是**自然的**对象。**政治革命**把市民生活分解成几个组成部分，但没有**变革**这些组成部分本身，没有加以批判。它把市民社会，也就是把需要、劳动、私人利益和私人权利等领域看做**自己持续存在的基础**，看做无须进一步论证的**前提**，从而看做自己的**自然基础**。最后，人，正像他是市民社会的成员一样，被认为是**本来意义上的人**，与 *citoyen*[**公民**]不同的 *homme*[**人**]，因为他是具有感性的、单个的、**直接存在**的人，而**政治人**只是抽象的、人为的人，**寓意的人**，**法人**。现实的人只有以**利己的**个体形式出现才可予以承认，**真正的人**只有以**抽象的** *citoyen*[**公民**]形式出现才可予以承认。

············

任何解放都是使人的世界即各种关系**回归于人自身**。

政治解放一方面把人归结为市民社会的成员，归结为**利己的、独立的**个体，另一方面把人归结为**公民**，归结为法人。

只有当现实的个人把抽象的公民复归于自身，并且作为个人，在自己的经验生活、自己的个体劳动、自己的个体关系中间，成为**类存在物**的时候，只有当人认识到自身"固有的力量"是**社会**力量，并把这种力量组织起来因而不再把社会力量以**政治力量**的形式同自身分离的时候，只有到了那个时候，人的解放才能完成。

——马克思：《论犹太人问题》，见《马克思恩格斯文集》第 1 卷，人民出版社 2009 年版，第 45～46 页。

根据以往的**非批判的历史**，即不是按照绝对批判的意愿编纂的历史，应该严格地分清：**群众**对目的究竟"关注"到什么程度，群众对这些目的究竟怀有多大"**热情**"。"**思想**"一旦离开"**利益**"，就一定会使自己出丑。另一方面，不难理解，任何在历史上能够实现的群众性的"**利益**"，在最初出现于世界舞台时，在

"思想"或"观念"中都会远远超出自己的现实界限，而同一般的**人**的利益混淆起来。这种错觉构成**傅立叶**所谓的每个历史时代的色调。资产阶级在 1789 年革命中的利益决不是"**不合时宜的**"，它"**赢得了**"一切，并且有过"**极有影响的成效**"，尽管"**激情**"已经烟消云散，尽管这种利益用来装饰自己摇篮的"**热情的**"花朵也已经枯萎。这种**利益**是如此强大有力，以至胜利地征服了马拉的笔、恐怖主义者的断头台、拿破仑的剑，以及钉在十字架上的耶稣受难像和波旁王朝的纯血统。这场革命只有对于**那样一些群众**来说才是"不合时宜的"，那些群众认为在**政治**"思想"中并没有体现关于他们的现实"**利益**"的思想，所以他们的真正的根本原则和这场革命的根本原则并不是一致的，他们获得解放的现实条件和资产阶级借以解放自身和社会的那些条件是根本不同的。所以，如果说这场能够代表一切伟大的历史"**活动**"的革命是不合时宜的，那么，它之所以不合时宜，是因为它在本质上仍然停留在那样一种群众生活条件的范围内，而那种群众是**仅仅由少数人组成的**、不是把全体居民包括在内的、**有限的**群众。如果说这场革命是不合时宜的，那么，并不是因为群众对革命"**怀有热情**"和表示"**关注**"，而是因为人数众多的、与资产阶级不同的那部分群众认为，在革命的原则中并没有体现他们的**现实**利益，并没有体现**他们自己的**革命原则，而仅仅包含一种"**思想**"，也就是仅仅包含一个激起暂时**热情**和掀起表面**风潮**的对象罢了。

　　因此，历史活动是群众的活动，随着历史活动的深入，必将是群众队伍的扩大。在批判的历史中，事情当然必定是以另一种方式发生的，批判的历史认为，在历史活动中重要的不是行动着的群众，不是经验的活动，也不是这一活动的经验的**利益**，相反，"在这些活动中"，"**重要的**"仅仅是"**一种思想**"。

　　——马克思、恩格斯：《神圣家族》，见《马克思恩格斯文集》第 1 卷，人民出版社 2009 年版，第 286～287 页。

　　人民这个大多数享有民主，对人民的剥削者、压迫者实行强力镇压，即把他们排斥于民主之外，——这就是民主在从资本主义向共产主义**过渡**时改变了的形态。

　　只有在共产主义社会中，当资本家的反抗已经彻底粉碎，当资本家已经消失，当阶级已经不存在(即社会各个成员在同社会生产资料的关系上已经没有差别)的时候，——**只有在那个时候**，"**国家才会消失，才有可能谈自由**"。只有在那个时候，真正完全的、真正没有任何例外的民主才有可能，才会实现。也只有在那个时候，民主才开始**消亡**，道理很简单：人们既然摆脱了资本主义奴隶制，摆脱了资本主义剥削制所造成的无数残暴、野蛮、荒谬和丑恶的现象，也就会逐渐**习惯**于遵守多少世纪以来人们就知道的、千百年来在一切行为守则上反复谈到的、起码的公共生活规则，而不需要暴力，不需要强制，不需要服从，**不需要**所谓国家这种实行强制的**特殊机构**。

"**国家消亡**"这个说法选得非常恰当，因为它既表明了过程的渐进性，又表明了过程的自发性。只有习惯才能够发生而且一定会发生这样的作用，因为我们在自己的周围千百万次地看到，如果没有剥削，如果根本没有令人气愤、引起抗议和起义而使**镇压**成为必要的现象，那么人们是多么容易习惯于遵守他们所必需的公共生活规则。

总之，资本主义社会里的民主是一种残缺不全的、贫乏的和虚伪的民主，是只供富人、只供少数人享受的民主。无产阶级专政，向共产主义过渡的时期，将第一次提供人民享受的、大多数人享受的民主，同时对少数人即剥削者实行必要的镇压。只有共产主义才能提供真正完全的民主，而民主愈完全，它也就愈迅速地成为不需要的东西，愈迅速地自行消亡。

换句话说，在资本主义下存在的是原来意义上的国家，即一个阶级对另一个阶级、而且是少数人对多数人实行镇压的特殊机器。很明显，剥削者少数要能有系统地镇压被剥削者多数，就必须实行极凶狠极残酷的镇压，就必须造成大量的流血，而人类在奴隶制、农奴制和雇佣劳动制下就是这样走过来的。

——列宁：《国家与革命》，见《列宁专题文集·论马克思主义》，人民出版社2009年版，第260～261页。

我们的国家是工人阶级领导的以工农联盟为基础的人民民主专政的国家。这个专政是干什么的呢？专政的第一个作用，就是压迫国家内部的反动阶级、反动派和反抗社会主义革命的剥削者，压迫那些对于社会主义建设的破坏者，就是为了解决国内敌我之间的矛盾。例如逮捕某些反革命分子并且将他们判罪，在一个时期内不给地主阶级分子和官僚资产阶级分子以选举权，不给他们发表言论的自由权利，都是属于专政的范围。为了维护社会秩序和广大人民的利益，对于那些盗窃犯、诈骗犯、杀人放火犯、流氓集团和各种严重破坏社会秩序的坏分子，也必须实行专政。专政还有第二个作用，就是防御国家外部敌人的颠覆活动和可能的侵略。在这种情况出现的时候，专政就担负着对外解决敌我之间的矛盾的任务。专政的目的是为了保卫全体人民进行和平劳动，将我国建设成为一个具有现代工业、现代农业和现代科学文化的社会主义国家。谁来行使专政呢？当然是工人阶级和在它领导下的人民。专政的制度不适用于人民内部。人民自己不能向自己专政，不能由一部分人民去压迫另一部分人民。人民中间的犯法分子也要受到法律的制裁，但是，这和压迫人民的敌人的专政是有原则区别的。在人民内部是实行民主集中制。我们的宪法规定：中华人民共和国公民有言论、出版、集会、结社、游行、示威、宗教信仰等等自由。我们的宪法又规定：国家机关实行民主集中制，国家机关必须依靠人民群众，国家机关工作人员必须为人民服务。我们的这个社会主义的民主是任何资产阶级国家所不可能有的最广大的民主。我们的专政，叫做工人阶级领导的以工农联盟为基础的人民民主专政。这就表明，在人民内部实行民主制度，而由工人阶级团结全体有公民权的人民，首先是农民，向着反动阶级、反动派和反抗社会主义改造和社会主义建设的分子实行专政。所谓有公民权，在政治方面，就是说有自由和民主的权利。

——毛泽东：《关于正确处理人民内部矛盾的问题》，见《毛泽东文集》第7卷，人民出版社1999年版，第206～208页。

改革党和国家领导制度及其他制度，是为了充分发挥社会主义制度的优越性，加速现代化建设事业的发展。

我们要充分发挥社会主义制度的优越性，当前和今后一个时期，主要应当努力实现以下三个方面的要求：（一）经济上，迅速发展社会生产力，逐步改善人民的物质文化生活；（二）政治上，充分发扬人民民主，保证全体人民真正享有通过各种有效形式管理国家、特别是管理基层地方政权和各项企业事业的权力，享有各项公民权利，健全革命法制，正确处理人民内部矛盾，打击一切敌对力量和犯罪活动，调动人民群众的积极性，巩固和发展安定团结、生动活泼的政治局面；（三）为了实现以上两方面的要求，组织上，迫切需要大量培养、发现、提拔、使用坚持四项基本原则的、比较年轻的、有专业知识的社会主义现代化建设人才。

我们进行社会主义现代化建设，是要在经济上赶上发达的资本主义国家，在政治上创造比资本主义国家的民主更高更切实的民主，并且造就比这些国家更多更优秀的人才。达到上述三个要求，时间有的可以短些，有的要长些，但是作为一个社会主义大国，我们能够也必须达到。所以，党和国家的各种制度究竟好不好，完善不完善，必须用是否有利于实现这三条来检验。

我们过去发生的各种错误，固然与某些领导人的思想、作风有关，但是组织制度、工作制度方面的问题更重要。这些方面的制度好可以使坏人无法任意横行，制度不好可以使好人无法充分做好事，甚至会走向反面。即使像毛泽东同志这样伟大的人物，也受到一些不好的制度的严重影响，以至对党对国家对他个人都造成了很大的不幸。我们今天再不健全社会主义制度，人们就会说，为什么资本主义制度所能解决的一些问题，社会主义制度反而不能解决呢？这种比较方法虽然不全面，但是我们不能因此而不加以重视。斯大林严重破坏社会主义法制，毛泽东同志就说过，这样的事件在英、法、美这样的西方国家不可能发生。他虽然认识到这一点，但是由于没有在实际上解决领导制度问题以及其他一些原因，仍然导致了"文化大革命"的十年浩劫。这个教训是极其深刻的。不是说个人没有责任，而是说领导制度、组织制度问题更带有根本性、全局性、稳定性和长期性。这种制度问题，关系到党和国家是否改变颜色，必须引起全党的高度重视。

如果不坚决改革现行制度中的弊端，过去出现过的一些严重问题今后就有可能重新出现。只有对这些弊端进行有计划、有步骤而又坚决彻底的改革，人民才会信任我们的领导，才会信任党和社会主义，我们的事业才有无限的希望。

——邓小平：《党和国家领导制度的改革》，见《邓小平文选》第2卷，人民出版社1994年版，第322~323、333页。

总之，我们推进政治体制改革，必须坚持以下原则：（一）改革党和国家的领导制度，不是要削弱党的领导，而是为了加强和改善党的领导。要有利于巩固社会主义制度，有利于巩固党的领导，有利于在党的领导和社会主义制度下发展生产力。（二）改革的目标是要始终保持党和国家的活力，克服官僚主义，提高工作效率，扩大基层民主，调动基层和工人、农民、知识分子的积极性。（三）坚持不懈地加强和完善党内民主，以不断促进人民民主的发展。（四）改革是否成功，关键看国家政局是否稳定，看生产力能否得到持续发展，能否改善广大人民的生活，能否增进各族人民的团结。（五）不能丢掉我们社会主义制度的优越性，不能搬用西方那一套所谓"民主"，要根据我国自己的实践、自己的情况来决定改革的内容和步骤。（六）政治体制改革很复杂，每一个措施都涉及千千万万人的利益，要分步骤、有领导、有秩序地进行。

在民主问题上，我一直强调两项原则。第一，民主是相对的、具体的，不是绝对的、抽象的。发展民主，必须与一定社会的具体条件结合起来。第二，世界是丰富多彩的，各国有各国的政治体制模式，不可能千篇一律。要把西方政治制度的模式推广到全世界，不仅是不现实的，也是不可能的。我们不把我们的政治制度强加于人，但别人要把他们的政治制度强加给我们，也绝对不行。

我们进行政治体制改革，必须从中国实际出发，要与我国生产关系和生产力的发展相适应，与经济体制改革相适应，与我国的历史条件、经济发展水平和文化教育水平相适应。实际上，世界上任何国家的政治发展都要遵循与自己的经济社会发展相适应这个道理。

——江泽民：《政治体制改革的目的是完善社会主义政治制度》，见《江泽民文选》第3卷，人民出版社2006年版，第236～237页。

我们也要看到，我国社会主义民主法制建设与扩大人民民主和促进经济社会发展的要求还不完全适应，社会主义民主政治的具体制度方面还存在不完善的地方，在保障人民民主权利、发挥人民创造精神方面还存在不足。随着中国特色社会主义事业持续推进，我国社会主义民主政治建设需要也必然会继续向前推进。

发展社会主义民主政治，必须坚持中国特色社会主义政治发展道路，关键是要坚持党的领导、人民当家作主、依法治国有机统一。我们要积极稳妥推进政治体制改革，以保证人民当家作主为根本，以增强党和国家活力、调动人民积极性为目标，扩大社会主义民主，建设社会主义法治国家，发展社会主义政治文明。要坚持发挥党总揽全局、协调各方的领导核心作用，提高党科学执政、民主执政、依法执政水平，保证党领导人民有效治理国家。要坚持国家一切权力属于人民，健全民主制度，丰富民主形式，拓宽民主渠道，保证人民依法实行民主选举、民主决策、民主管理、民主监督。要全面落实依法治国基本方略，在全社会大力弘扬社会主义法治精神，不断推进科学立法、严格执法、公正司法、全民守法进程，实现国家各项工作法治化。总之，我们要不断推进社会主义民主政治制度化、规范化、程序化，进一步把我国社会主义政治制度的优越性发挥出来，为党和国家兴旺发达、长治久安提供更加完善的制度保障。

——胡锦涛：《在庆祝中国共产党成立90周年大会上的讲话》，载《人民日报》，2011-07-02。

一个国家的政治制度决定于这个国家的经济社会基础，同时又反作用于这个国家的经济社会基础，乃至于起到决定性作用。在一个国家的各种制度中，政治制度处于关键环节。所以，坚定中国特色社会主义制度自信，首先要坚定对中国特色社会主义政治制度的自信，增强走中国特色社会主义政治发展道路的信心和决心。

中国特色社会主义民主是个新事物，也是个好事物。当然，这并不是说，中国政治制度就完美无缺了，就不需要完善和发展了。制度自信不是自视清高、自我满足，更不是裹足不前、固步自封，而是要把坚定制度自信和不断改革创新统一起来，在坚持根本政治制度、基本政治制度的基础上，不断推进制度体系完善和发展。我们一直认为，我们的民主法治建设同扩大人民民主和经济社会发展的要求还不完全适应，社会主义民主政治的体制、机制、程序、规范以及具体运行上还存在不完善的地方，在保障人民民主权利、发挥人民创造精神方面也还存在一些不足，必须继续加以完善。在全面深化改革进程中，我们要积极稳妥推进政治体制改革，以保证人民当家作主为根本，以增强党和国家活力、调动人民积极性为目标，不断建设社会主义政治文明。

发展社会主义民主政治，是推进国家治理体系和治理能力现代化的题中应有之义。党的十八届三中全会提出的全面深化改革总目标，是两句话组成的一个整体，即完善和发展中国特色社会主义制度、推进国家治理体系和治理能力现代化。前一句规定了根本方向，我们的方向就是中国特色社会主义道路，而不是其他什么道路。后一句规定了在根本方向指引下完善和发展中国特色社会主义制度的鲜明指向。两句话都讲，才是完整的。

发展社会主义民主政治，关键是要增加和扩大我们的优势和特点，而不是要削弱和缩小我们的优势和特点。我们要坚持发挥党总揽全局、协调各方的领导核心作用，提高党科学执政、民主执政、依法执政水平，保证党领导人民有效治理国家，切实防止出现群龙无首、一盘散沙的现象。我们要坚持国家一切权力属于人民，既保证人民依法实行民主选举，也保证人民依法实行民主决策、民主管理、民主监督，切实防止出现选举时漫天许诺、选举后无人过问的现象。我们要坚持和完善中国共产党领导的多党合作和政治协商制度，加强社会各种力量的合作协调，切实防止出现党争纷沓、相互倾轧的现象。我们要坚持和完善民族区域自治制度，巩固平等团结互助和谐的社会主义民族关系，促进各民族和睦相处、和衷共济、和谐发展，切实防止出现民族隔阂、民族冲突的现象。我们要坚持和完善基层群众自治制度，发展基层民主，保障人民依法直接行使民主权利，切实防止出现人民形式上有权、实际上无权的现象。我们要坚持和完善民主集中制的制度和原则，促使各类国家机关提高能力和效率、增进协调和配合，形成治国理政的强大合力，切实防止出现相互掣肘、内耗严重的现象。

总之，我们要不断推进社会主义民主政治制度化、规范化、程序化，更好发挥中国特色社会主义政治制度的优越性，为党和国家兴旺发达、长治久安提供更加完善的制度保障。

——习近平：《在庆祝全国人民代表大会成立 60 周年大会上的讲话》，载《人民日报》，2014-09-06。

全面依法治国最广泛、最深厚的基础是人民，必须把体现人民利益、反映人民愿望、维护人民权益、增进人民福祉落实到全面依法治国各领域全过程，保障和促进社会公平正义，努力让人民群众在每一项法律制度、每一个执法决定、每一宗司法案件中都感受到公平正义。党领导健全保证宪法全面实施的体制机制，确立宪法宣誓制度，弘扬社会主义法治精神，提高国家机构依法履职能力，提高各级领导干部运用法治思维和法治方式解决问题、推动发展的能力，增强全社会法治意识。

——《中共中央关于党的百年奋斗重大成就和历史经验的决议》，人民出版社 2021 年版，第 42～43 页。

第六章　用社会主义核心
价值观引领社会思潮

改革开放以来，我们在意识形态领域坚持和巩固马克思主义指导地位的同时，始终面对着各种社会思潮激荡争锋的复杂局势。社会思潮的内容繁多庞杂，在现实生活中的表现形式也是复杂多样，但其核心仍然是社会变革重要机遇期中国究竟"举什么旗，走什么路"的问题。在经济全球化、世界多极化和文化多样化的国际大背景下，随着互联网技术的迅猛发展，西方各种社会思潮不断涌入我国并深刻影响着人们的思维方式、生活方式和价值观念。当前，我国思想文化领域呈现出多元多样多变的态势，人们的思想观念更加复杂，价值取向更加多样；各种社会思潮此起彼伏、相互激荡，意识形态领域的较量和斗争更趋激烈。面对各种思想文化的交流交融交锋，我们必须牢牢坚持和巩固马克思主义在意识形态领域的指导地位，围绕社会主义核心价值体系加强意识形态建设，以社会主义核心价值观引领社会思潮，掌握思想文化和意识形态领域的领导权和话语权。只要用社会主义核心价值观凝心聚力，建设好社会主义文化强国，我们就一定能增强战略定力，"千磨万击还坚劲，任尔东西南北风"，既不走封闭僵化的老路，也不走改旗易帜的邪路。

一、坚持核心价值观的引领地位

社会主义核心价值观是我们民族长期秉承的反映社会主义本质和建设规律的根本原则和价值理念的理性集合体。以"富强、民主、文明、和谐，自由、平等、公正、法治，爱国、敬业、诚信、友善"为基本内容的社会主义核心价值观，符合中华民族的需要并已成为全国人民的共同追求，它们彼此依赖、互为前提，构成社会主义核心价值体系的内核，是中国改革开放和社会主义现代化建设必须遵循的基本价值理念。社会主义核心价值观对于指导我们的各项社会实践活动，引领和整合各种社会思潮具有重大现实意义。

1. 价值观与社会主义核心价值观

马克思指出："'价值'这个普遍的概念是从人们对待满足他们需要的外界

物的关系中产生的。"①这表明，价值是关系范畴，是主体和客体之间的一种效益关系，人与客观事物之间需要和满足需要的关系就是价值关系。价值是作为现实的人同满足其某种需要的客体的属性之间的一种关系，是在实践的基础上发生和发展的，既有客观性，又有主体性。人们关于价值的认识并不仅仅以价值评价的方式表现出来，而且还上升为更普遍的价值认识形式——价值观。价值观是人们基于生存、享受和发展的需要对于什么好或者什么不好的根本看法，是人所特有的应该希望什么和应该避免什么的规范性见解，表示主体对客体的一种态度。因此，价值观包含着两个方面的重要内容：一是对价值的理解，二是对价值的追求，即价值观是对价值的理解和追求。

在一个社会的多样价值体系中，总有一种处于主导、支配地位，反映现实生活和社会发展内在要求以及统治阶级根本利益的基本价值，这就是我们通常所说的核心价值观。核心价值观是整个价值体系中最基础的部分，是一个人、一个集团乃至国家和民族长期秉承的一整套基本理念和根本原则。它代表着价值体系的基本特征，体现着一个社会的基本价值取向，统率着其他处于从属地位的价值观念。一定社会的核心价值观往往是在国家的倡导下形成的，它对于维护国家意识、民族认同感起着意识形态的作用。因此，它也是一定社会中的主流意识形态或者主流文化。社会主义核心价值观是社会主义价值体系中最基础、最核心的部分，是社会主义基本的、长期的、稳定的价值目标。人类发展的历史表明，同一社会虽然可以有多个层次、多元并存的思想价值体系，但国家层面的指导思想、理想信念、意识形态应当是共同的、一元的。这是一个社会健康、稳定、协调发展的保证。在经济全球化的历史语境中，中国社会的和谐进步与稳定发展，除需建立多元化的文化对话机制之外，还需建构一种文化的核心价值观。这种核心价值观的建立，对外可以确立国家自身的文化品格，构成与异域文化进行对话、交流、互动的基础，进而改变单一的意识形态话语机制，为中国文化走向世界搭建更为宽阔的交流平台；对内可以实现不同利益群体之间的相互认同，消解利益分配中可能形成的价值观分化与对立，从而确立一种全社会普遍信守的文化理念，以实现对中国文化精神的集体认同。随着世界经济全球化的深入展开，各个国家之间的交往越来越密切，核心价值观在树立良好形象等方面起着不可替代的作用。我们正处在价值观念深刻变革的时代。东西方之间、传统与现代化之间、发达国家与新兴民族国家之间不同文化和价值观体系的比较和冲突，在国际生活和社会生活中表现得越来越明显，其

---

① 《马克思恩格斯全集》第 19 卷，人民出版社 1963 年版，第 406 页。

影响也日益突出，正成为 21 世纪一个具有全球性、时代性的问题。当前，建设富强、民主、文明、和谐的社会主义现代化国家，实现中华民族伟大复兴，必然要求有一套与之相适应的主导思想，它具有高度的凝聚力和推动力，能为中国特色社会主义事业的成功提供有力的精神保证。

任何一个社会都存在多种多样的价值观念和价值取向，要把全社会意志和力量凝聚起来，必须有一套与经济基础和政治制度相适应并能形成广泛社会共识的核心价值观。核心价值观在一定社会的文化中是起中轴作用的，是决定文化性质和方向的最深层次要素，是一个国家的重要稳定器。习近平总书记指出："人类社会发展的历史表明，对一个民族、一个国家来说，最持久、最深层的力量是全社会共同认可的核心价值观。"如果没有共同的核心价值观，一个民族、一个国家就会魂无定所、行无依归。①

社会主义核心价值观及其培育与践行历来是中国共产党一以贯之的不懈追求，社会主义革命和建设都体现了党对社会主义核心价值观认识的深化。特别是改革开放以来我们党积累了丰富经验，为培育和践行社会主义核心价值观提供了坚实基础。2001 年 10 月，中共中央印发了《公民道德建设实施纲要》，强调以为人民服务为核心，以集体主义为原则，以爱祖国、爱人民、爱劳动、爱科学、爱社会主义为基本要求。2006 年 10 月，党的十六届六中全会提出了"建设社会主义核心价值体系"，这个体系主要包括以下内容：马克思主义指导思想，中国特色社会主义共同理想，以爱国主义为核心的民族精神和以改革创新为核心的时代精神等。2007 年 10 月，党的十七大将"建设社会主义核心价值体系"写入报告，指出社会主义核心价值体系是社会主义意识形态的本质体现。2012 年 11 月，党的十八大报告提出，"社会主义核心价值体系是兴国之魂，决定着中国特色社会主义发展方向"，要大力加强社会主义核心价值体系建设，"倡导富强、民主、文明、和谐，倡导自由、平等、公正、法治，倡导爱国、敬业、诚信、友善，积极培育和践行社会主义核心价值观"。这是社会主义核心价值体系建设的理论创新成果，也是我们党推进社会主义核心价值体系建设的重大举措。2013 年 12 月，中共中央办公厅印发《关于培育和践行社会主义核心价值观的意见》，全面精细地阐述了培育和践行社会主义核心价值观

---

① 《习近平总书记系列重要讲话读本》，学习出版社、人民出版社 2016 年版，第 189 页。

的指导思想、基本原则、实现路径、职责要求，确立了培育和践行社会核心价值观的行动纲领，对推进社会主义核心价值体系建设做出了新的战略部署。

社会主义核心价值观与社会主义核心价值体系，既有内在联系，又各有侧重，相互区别。社会主义核心价值体系是社会主义核心价值观的基础和前提，是社会主义核心价值观形成和发展的必要条件；社会主义核心价值观是社会主义核心价值体系的内核，体现社会主义的价值本质，决定社会主义核心价值体系的基本特征。因此，构建社会主义核心价值观与构建社会主义核心价值体系，是相辅相成、有机统一的。只有将构建社会主义核心价值观与构建社会主义核心价值体系有机统一起来，才能为科学社会主义的理论与实践提供价值合理性依据。党的十八大报告明确提出，倡导富强、民主、文明、和谐，倡导自由、平等、公正、法治，倡导爱国、敬业、诚信、友善，积极培育和践行社会主义核心价值观。这一论断明确了社会主义核心价值观的基本理念和具体内容，指出了社会主义核心价值体系建设的现实着力点，是对社会主义核心价值体系建设的新部署、新要求。社会主义核心价值观是社会核心价值体系基本理念的统一体，直接反映核心价值体系的本质规定性，贯穿社会主义核心价值体系基本内容的各个方面。社会主义核心价值观是社会主义核心价值体系最深层的精神内核，是现阶段全国人民对社会主义核心价值观具体内容的最大公约数的表述，具有强大的感召力、凝聚力和引导力。

2. 社会主义核心价值观承载当代中国发展的精神追求

精神是文化的内核，狭义的文化即精神文化。价值观是文化的核心，是精神的根和魂。习近平总书记指出："人类社会发展的历史表明，对一个民族、一个国家来说，最持久、最深层的力量是全社会共同认可的核心价值观。核心价值观，承载着一个民族、一个国家的精神追求，体现着一个社会评判是非曲直的价值标准。"①因此，核心价值观是文化软实力的灵魂、文化软实力建设的重点。这是决定文化性质和方向的最深层次要素。一个国家的文化软实力，从根本上说，取决于其核心价值观的生命力、凝聚力、感召力。20世纪中后期以来，各个国家和各种社会组织越来越倾向于用"价值"和"价值观"这样的词汇来表达其愿望、诉求、理想、行为等精神特质。许多国家和社会组织都把核心价

---

① 习近平：《青年要自觉践行社会主义核心价值观——在北京大学师生座谈会上的讲话》，人民出版社2014年版，第3~4页。

值观建设作为自己形象识别和精神建构的中心任务。

社会主义核心价值观承载着中国发展的精神追求，而这种精神追求是与中华民族伟大复兴、与中国特色社会主义道路紧密相连的。社会主义核心价值观所承载的中国精神不是简单回归传统，也不是全盘模仿西方，而是一种以社会主义为根本思想特质的、具有中国特色的现代中国精神，即以爱国主义为核心的民族精神和以改革创新为核心的时代精神。中国精神具有民族性和时代性，是民族精神与时代精神的有机统一。民族精神是时代精神的源泉和基因，时代精神是民族精神的传承和创新。黑格尔认为，时代精神是扬弃了旧原则的、带来历史新的冲动的"一个新的原则，一个新的民族精神"。中国精神在其发展演变中之所以能够完成这个"扬弃"，是因为马克思主义的介入。毛泽东说："自从中国人学会了马克思列宁主义以后，中国人在精神上就由被动转入主动。"[①]马克思主义在中国的传播及其中国化过程，本质上是中国精神现代转型的过程，是中国精神获得新的思想特质的过程。马克思主义及其所蕴含的现代精神，如实践精神、唯物主义精神、辩证批判精神、人民主体精神等，在中国革命、建设和改革开放进程中，与中国传统优秀精神相结合，塑造了现代的中国精神。

社会主义核心价值观规定着中国精神的性质。价值观与价值是不同的。价值是客体属性对主体需要满足的关系，客体能满足主体的需要，就是有价值的；不能满足主体的需要，就是没有价值的。价值观则是人们对价值的根本看法，是处理各种价值问题时所持的立场、观点和态度的总和，是关于价值原则、价值规范、价值理想和价值评价等的总体观念。因此，不同价值观之间必然存在对与错、好与坏、境界高与低的问题。作为社会主义核心价值观基本要素的富强、民主、文明、和谐、自由、平等、公正、法治、爱国、敬业、诚信、友善等，在不同时期被人类视为有价值的、值得追求的，这些价值要素也必定会呈现为一种精神样态，如民主精神、自由精神、法治精神、爱国精神等。但关于这些价值要素及其精神本质的看法和观点多种多样，从而形成了不同性质、不同类型的价值观和精神类型。从阶级属性来说，有封建主义核心价值观和封建主义精神、资本主义核心价值观和资本主义精神、社会主义核心价值观和社会主义精神等；从民族国家来说，有诸如美国价值观与美国精神、法国价值观与法国精神、英国价值观与英国精神等。从这个意义上说，中国精神是社会主义核心价值观的精神存在样态，是中国特色社会主义精神。

---

① 《毛泽东选集》第 4 卷，人民出版社 1991 年版，第 1516 页。

在当代中国，我们的民族、我们的国家应该坚守什么样的核心价值观？这个问题，是一个理论问题，也是一个实践问题。经过反复征求意见，综合各方面认识，我们提出要倡导富强、民主、文明、和谐，倡导自由、平等、公正、法治，倡导爱国、敬业、诚信、友善，积极培育和践行社会主义核心价值观。富强、民主、文明、和谐是国家层面的价值要求，自由、平等、公正、法治是社会层面的价值要求，爱国、敬业、诚信、友善是公民层面的价值要求。这个概括，实际上回答了我们要建设什么样的国家、建设什么样的社会、培育什么样的公民的重大问题。①

"富强、民主、文明、和谐"，是我国社会主义现代化的建设目标，是从国家层面对社会主义核心价值观基本理念的总结，彰显着一种国家精神。富强即国富民强，是社会主义现代化国家经济建设的应然状态，是中华民族梦寐以求的美好夙愿，也是国家繁荣昌盛、人民幸福安康的物质基础。民主是人类社会的美好诉求。我们追求的民主是人民民主，其实质和核心是人民当家作主。它是社会主义的生命，也是创造人民美好幸福生活的政治保障。文明是社会进步的重要标志，也是社会主义现代化国家的重要特征。它是社会主义现代化国家文化建设的应有状态，是对面向现代化、面向世界、面向未来、民族的、科学的、大众的、社会主义文化的概括，是实现中华民族伟大复兴的重要支撑。和谐是中国传统文化的基本理念，集中体现了学有所教、劳有所得、病有所医、老有所养、住有所居的生动局面。它是社会主义现代化国家在社会建设领域的价值诉求，是经济社会和谐稳定、持续健康发展的重要保证。

"自由、平等、公正、法治"，是对美好社会的生动表述，是从社会层面对社会主义核心价值观基本理念的总结，彰显着一种社会精神。它反映了中国特色社会主义的基本属性，是我们党矢志不渝、长期实践的核心价值理念。自由是指人的意志自由、存在和发展的自由，是人类社会的美好向往，也是马克思主义追求的社会价值目标。平等指的是公民在法律面前一律平等，其价值取向是不断实现实质平等。它要求尊重和保障人权，人人依法享有平等参与、平等发展的权利。公正即社会公平和正义，它以人的解放、人的自由平等权利的获得为前提，是国家、社会应然的根本价值理念。法治是治国理政的基本方式，依法治国是社会主义民主政治的基本要求。它通过法

---

① 习近平：《青年要自觉践行社会主义核心价值观——在北京大学师生座谈会上的讲话》，人民出版社 2014 年版，第 4～5 页。

制建设来维护和保障公民的根本利益，是实现自由平等、公平正义的制度保证。

"爱国、敬业、诚信、友善"，是公民基本道德规范，是从个人行为层面对社会主义核心价值观基本理念的总结，彰显着一种公民精神。它覆盖社会道德生活的各个领域，是公民必须恪守的基本道德准则，也是评价公民道德行为选择的基本价值标准。爱国是基于个人对祖国依赖关系的深厚情感，也是调节个人与祖国关系的行为准则。它同社会主义紧密结合在一起，要求人们以振兴中华为己任，促进民族团结、维护祖国统一、自觉报效祖国。敬业是对公民职业行为准则的价值评价，要求公民忠于职守、克己奉公、服务人民、服务社会，充分体现了社会主义职业精神。诚信即诚实守信，是人类社会千百年传承下来的道德传统，也是社会主义道德建设的重点内容，它强调诚实劳动、信守承诺、诚恳待人。友善强调公民之间应互相尊重、互相关心、互相帮助，和睦友好，努力形成社会主义的新型人际关系。

3. 承认多元尊重差异包容多样的引领

党的十八大报告用倡导社会主义核心价值观的提法，其中大有深意，说明培育和践行社会主义核心价值观是一个动态的过程、长期的过程，也是一个发展进步的过程。在实践上，社会主义核心价值观要真正成为中国改革开放和社会主义现代化建设必须遵循的基本价值理念，前提是要在纷繁复杂的社会价值观念中处于统摄和主导地位，成为社会意识形态和思想文化的主流，并对整个社会意识和社会思潮起着强大的引领和整合作用，能够凝聚广大社会成员的意志和力量，成为国家发展和社会进步的指路航标。为此，培育和践行社会主义核心价值观必须处理好与中华传统文化、世界先进文明的关系，必须处理好社会思潮多元化与指导思想一元化的关系，必须处理好社会价值观念多样性与主流价值观念统一性的关系。

社会主义核心价值观是凝聚人心、汇聚民力的强大力量。弘扬以伟大建党精神为源头的中国共产党人精神谱系，用好红色资源，深入开展社会主义核心价值观宣传教育，深化爱国主义、集体主义、社会主义教育，着力培养担当民族复兴大任的时代新人。推动理想信念教育常态化制度化，持续抓好党史、新中国史、改革开放史、社会主义发展史宣传教育，引导人民知史爱党、知史爱国，不断坚定中国特色社会主义共同理想。用社会主义核心价值观铸魂育人，完善思想政治工作体系，推进大中小学思想政治教育一体化建设。坚持依法治国和以德治国相结合，把社会主义核心价值观融入法治建设、融入社会发展、融入日常生活。①

为此，习近平总书记提出"四个讲清楚"：要讲清楚每个国家和民族的历史传统、文化积淀、基本国情不同，其发展道路必然有着自己的特色；讲清楚中华文化积淀着中华民族最深沉的精神追求，是中华民族生生不息、发展壮大的丰厚滋养；讲清楚中华优秀传统文化是中华民族的突出优势，是我们最深厚的文化软实力；讲清楚中国特色社会主义植根于中华文化沃土、反映中国人民意愿、适应中国和时代发展进步要求，有着深厚历史渊源和广泛现实基础。

以"三个倡导"为主要内容的社会主义核心价值观是时代精神与民族精神、文化的世界性与本土性有机结合的产物，其中所有内容与因素都是传统与现代、世界文化与中国文化双向对流、相互渗透与包含的结晶，它同时又是常变统一的开放体系，是流动、变易的，而在流动、变易之中又有普遍的常道。社会主义核心价值观不仅具备上述的理论和实践品格，而且是对中华优秀传统文化的继承，是古老的德性和现代国家的契合。"不忘本来才能开辟未来，善于继承才能更好创新。"这要求我们以科学态度对待传统文化。对历史文化特别是先人传承下来的价值理念和道德规范，要坚持古为今用、推陈出新，有鉴别地加以对待，有扬弃地予以继承，既不能片面地厚古薄今，也不能片面地厚今薄古。绝不应该陶醉在国故的荣光里，用国故替代新时代社会主义的文化要求，而是要对传统文化进行理性的审视和扬弃，是其所是，非其所非。培育和践行社会主义核心价值观，一定要以优秀传统文化为根基，增添文化的内涵、实现文化的观照，努力做到以文化人、以文育人，使中华传统文化、传统美德实现创造性转化、创新性发展。

在现代化的道路选择和核心价值的构建问题上，当代中国思想界有两种极端的倾向。一种是"普世价值论"，认为中国的未来只有一条道路，那就是西方文明所代表的普世的现代化道路。另一种是"文化相对论"，认为各个民族与国家由于国情与文化不同，其现代化道路各有价值所在，不同文化之间不可通约，不存在一个为不同文化和民族所共享的"普世文明"。这两种极端的思想倾向，在理论上是错误的，在实践上是有害的。"普世价值论"视西方文明为唯一

① 习近平：《高举中国特色社会主义伟大旗帜　为全面建设社会主义现代化国家而团结奋斗——在中国共产党第二十次全国代表大会上的报告》，人民出版社 2022 年版，第 44 页。

的发展模式，这种文明发展一元论在实践上无疑将导致国家的同质化，不同民族的文化多样性与丰富性将被这种同质化的一元文明所彻底摧毁。"普世价值论"是错误的，但并不表明"普适文明"不存在。有学者明确区分了两种对于普适文明的阐释：一种是在意识形态"冷战"或者"传统与现代"分析框架之中，将普适文明解释为以西方为典范的、值得各非西方国家共同仿效的文明；另一种是存在于多元文明之间相互理解的框架之中，指各文明实体和文化共同体共同认可的某些公共价值以及相互共享与重叠的那部分社会文化建制。这种意义上的普适文明是以文化多元主义为基础的。文化多元主义承认不同的文化之间虽然有质的不同，但彼此之间是可以相互理解的，并且在一些最重要的核心价值上，有可能获得共识，如民主、自由、平等、博爱、公正、和谐等，在当代社会便成为不同民族和文化共享的基本价值。只是在这些价值之间何为优先的问题上，不同的民族与国家可以有自己不同的理解和选择。但是文化相对主义就不同了，它坚持不同的文化各有其独特的价值标准，文化之间不存在可以共享的文明价值。文化多元主义可以与普适文明并存，但文化相对主义只能导致封闭的、狭隘的"中国特殊论"。

"文化相对论"或"中国特殊论"拒绝在文明价值上与其他文明相互比较和参照，而试图走出一条中国式的另类现代性道路。中国文化的确是特殊的，就像西方文化也是特殊的一样，但中国文化毕竟是伟大的轴心文明之一，特殊之中蕴含着丰富的普遍性，蕴含着可以与人类其他文化分享的普适文明。中国作为一个有世界影响力的大国，所要建设的不是适合于一国一族的特殊文化，而是对人类具有共同价值的文明。对中国有益的价值，特别是涉及基本人性的核心价值，也同样应该对全人类普遍有益。中国文明的共同价值，只能建立在全人类的视野之上，而不是以中国特殊的价值与利益为旨归。中国文明在历史上曾经是天下主义，到了今天这个经济全球化时代，天下主义如何转型为与普遍适用的文明相结合的世界主义，这是一个文明大国的目标所在。当前，中国和其他发展中国家更多地关注各民族文化的特殊价值，更加关注自身文化的"主体性"和"特殊性"，以维护本国文化的多元发展。在当今时代，反对西方"普遍主义"，反对"欧洲中心论"，是理所当然的；同时，也要防止在民族复兴中由于受西方"普遍主义"影响而形成的民族文化的"至上主义"。

构建中国特色社会主义核心价值需要把握和遵循普遍性与特殊性相统一的原则。核心价值是一个国家和民族价值体系中最本质、最具决定作用的部分，它支撑和影响着所有价值判断和行为走向，因而应当是对整个人类发展历史和未来走向的总概括。所以，只有将整个人类文明积淀的优秀价值准则结合进去，才能吸引和召唤更广泛的人们去遵循和坚守。文明，是与蒙昧、野蛮相对立的状态，它处在不断开化和进步中，标志着人类改造自然、改造社会以及改造自身的能力和结果。随着生产力和文化的发展，人类必然告别蒙昧、野蛮走向文明，而人类所创造的文明成果无一例外地属于全人类共同享有。社会主义核心价值观具有也应该具有普适性，诚如温家宝所言，"社会主义与民主、法制不是相背离的。民主、法制、自由、人权、平等、博爱等等，这不是资本主义所特有的，这是全世界在漫长的历史过程中共同形成的文明成果，也是人类共同追求的价值观"。同时，一个国家和民族的核心价值观只有具备普适性，才不会因与世界其他国家和民族文化或价值观差异过大而产生排异反应，这对于一个正处于和平崛起中的大国来说尤其重要。

社会主义核心价值观正是在价值一元与多元的融合互动中向前发展的。在当前经济全球化、信息化大背景下，我国社会主义核心价值观必将在多元价值观的冲突、交融中发展演化。这是因为，多元价值不但使价值主体自我认同与理性追求更加凸显，而且多元价值也易导致整个社会价值体系的混乱、冲突与失衡，打破整个社会价值结构的有序、协调及平衡。由此可见，价值观的多元化不仅是当代价值观演变的特征，而且对价值观的评价标准也更趋向多元化和宽容。任何一个国家或民族的价值观念都是一个以核心价值观为主导并有多个从属价值观的结构体系，在经济全球化背景下这种现象表现得尤其明显。因此，一方面，我们必须坚持社会主义核心价值观的地位不动摇，以便为社会主义现代化建设提供精神动力；另一方面，对其他各种价值观念要采取宽容的态度，肯定其存在的合理性，并积极汲取其合理性因素。社会主义核心价值观，不是一个无差别的同质化的价值观，它源于差别又高于差别，源于多元又高于多元。建构社会主义核心价值观就是在坚持社会主义核心价值观主导地位的前提下，尊重文化的多样性，坚持各种健康思想文化相互借鉴、相得益彰，在多元中立主导，在多样中谋共识。

坚持社会主义核心价值观的引导地位，须处理好社会思潮多元性与指导思想一元性的关系。经过 40 余年的改革开放，我国社会经济成分、组织形式、利益分配和就业方式等日益多样化，人们的价值取向、道德观念、文化生活也日趋多样化。我们应该认识到这种多样化是社会进步的体现，承认这种多样化，推动这种多样化，发展这种多样化。与此同时，在社会层面上必须形成一个大家共同遵守和普遍认同的核心价值观。如果没有基本的认同感，社会就不能维系下去，更谈不上发展。为此，我们必须强调和坚持指导思想与主导价值的一元化，重视确立和巩固社会的共同理想信念，确立和巩固国家的社会理想，确立和巩固民族的精神支柱。核心价值观是一个民族、一个国家、一种文化整个价值体系中处于中心地位、具有主导作用的价值取向，它集中体现着人们关于个人、家庭、国家乃至人类社会的终极理想，左右着人们在政治、社会、伦理、审美、历史领域对于是非、善恶、美丑、正邪的基本判断。

坚持社会主义核心价值观的引导地位，须处理好前现代、现代、后现代观念并存性与现代化进程中精神支柱共同性的关系。当下的中国思想界，与经济、社会层面的多元状态相似，呈现出一种说不上是兴旺还是萧条的状态。旧的教条已经荡然无存，但向市场经济转轨的"商品拜物教""市场崇拜"又令人感到压抑。打破"铁饭碗""大锅饭"和被抛向市场同时来临，知识分子在市场经济大潮中好像没有了方向感。被传媒炒得火爆的不是先进模范，而是那些肤浅、平庸却包装得十分精美的各类"明星"。人们惊呼：这是一个只要感觉不要思想的时代。今日之西方，已经不是急于"走入现代化"的西方，而是急于"走出现代化"的西方；已经不是"理性法庭"的一统天下，而是"上帝死了"的无奈世界；贬理性而重激情、反异化而求回归的"后现代文化"甚嚣尘上。由此带来了思想界的困惑：我们是要现代化还是后现代化？说到底，这是在西欧"后现代"的语境和氛围冲击下搞现代化(市场经济与民主政治)所遇到的一种特殊困境：向西方学习现代化的同时，遭遇西方人自己在否定现代化，再加上本国前现代传统的阻力。核心问题表现为怎样认识前体制：是传统之恶抑或是反传统之恶？资本之恶抑或是反资本之恶？西方之恶抑或是东方之恶？农村之恶抑或是城市之恶？封建之恶抑或是现代病的罪恶？理性的罪恶抑或是非理性的罪恶？……对旧体制的两种认识，产生了今后道路的选择困惑。这个危机的根源在于，具有西方文化背景的人，接受的却不是当年西方反专制的现代文化，而是对现代文化进行反思和批判的"后现代文化"。后现代的思想武器，能否解决中国在转型期所面临的种种难题，乃是中国人的困惑，恐怕在某种程度上也是新左派和自由主义所面临的问题。在前现代、现代、后现代观念并存的历史境遇下，确立一种反映全国各族人民共同认同的价值观，关乎国家前途命运，关乎人民幸福安康。

坚持社会主义核心价值观的引导地位，须处理好马魂、中体、西用之间的关系。近代以来，"中国向何处去""中国文化向何处去"始终是国人最为关心和焦虑的问题，具有"天下兴亡，匹夫有责"担当精神的中国知识分子尤其如此。他们提出了"中体西用""西体中用""全盘西化""复兴儒学"等各种匡时救国的方案，相互之间展开了多次思想文化论战。五四运动以后除了原来的中西体用之争外，由于马克思主义传入中国，工人阶级登上政治舞台，中国社会和文化发展道路选择又多了一种可能性，即以当代先进文化马克思主义为指导、为引领，充分发挥源远流长、博大精深的中华文明的固有优势，并以之为基础、为本源，吸收世界各国先进的科学技术、管理经验和思想文化为我所用，创造出一种中国社会主义新文明的可能性。李大钊、鲁迅、毛泽东等人都看出这是中国社会和文化走向现代化的一条"正道"，也是中华民族伟大复兴的必由之路。方克立认为，近代以来的古今中西之争，至"五四"时期已被分别倚重马魂、中体、西用三种思想文化资源的现代新儒家、自由主义西化派和中国马克思主义派"三足鼎立"的格局所取代，并由此提出了马魂、中体、西用"三流合一"的综合创新文化观，即"马学为魂，中学为体，西学为用，三流合一，综合创新"。方克立认为，近代以来，"中体西用""西体中用""全盘西化""复兴儒学"这些口号的影响很大，实际上就是打出了一面面文化旗帜，力图影响甚至决定中国社会和文化发展的方向与道路。从这个意义来说，倡导马魂、中体、西用"三流合一""综合创新"就是我们的文化旗帜，"马魂、中体、西用"就是我们的文化旗帜。党的十七届六中全会通过的《中共中央关于深化文化体制改革推动社会主义文化大发展大繁荣若干重大问题的决定》，明确地指出了社会主义核心价值体系是"兴国之魂"。马克思主义指导思想是社会主义核心价值体系的四项基本内容之一，并在其中居于"灵魂"地位。强调文化建设必须"以民族文化为主体，吸收外来有益文化，推动中华文化走向世界"。习近平总书记近年来关于文化问题的一系列讲话所传达的信息非常重要。他在强调巩固马克思主义的指导思想地位、号召全党学好历史唯物主义基本原理和方法的同时，对民族文化的主体性、根源性问题给予特别关注，指出中华文化积淀着中华民族最深沉的精神追求，是中华民族生生不息、发展壮大的丰厚滋养；中华优秀传统文化是中华民族的突出优势，是我们在世界文化激荡中能够站稳脚跟的根基；中国特色社会主义植根于中华文化沃土，中华民族伟大复兴要以中华文化的发展繁荣为条件。他在联合国教科文组织总部的演讲，是不同文明互相尊重、互相欣赏、互相鉴取、互相包容的典范，表现了海纳百川的开放文化心态。这些论述，是对"马魂、中体、西用"最好的诠释。

二、围绕核心价值观加强意识形态建设

意识形态工作是中国共产党在社会主义革命、建设和改革各个时期工作的重要内容之一。在长期的革命和建设过程中，作为意识形态重要内容的思想政治工作一直被誉为"生命线""灵魂"，对中国革命的成功和社会主义建设及改革的顺利进行起到了关键性的作用，党的意识形态工作可以说是一项极端重要的工作。然而，实践的发展不断催生和推进经济全球化和文化多元化，使意识形态工作面临前所未有的严峻挑战。我们应该有危机感和忧患意识，必须围绕社会主义核心价值观大力加强意识形态建设。

1. 意识形态工作的极端重要性

高度重视并善于做意识形态工作，是中国共产党的一大政治优势和优良传统，是我们党凝聚力量、战胜艰难险阻、夺取一个又一个胜利的重要法宝。中国共产党从成立之日起，就把这一工作放在重要位置上，在广泛的领域开展了形式多样、卓有成效的宣传鼓动工作，在唤起民众、鼓舞士气、瓦解敌军等方面发挥了极其重要的作用，成为中国革命取得胜利的重要武器。中国共产党一直用"生命线"一词来形象比喻和表达意识形态工作的重要地位和作用。习近平总书记在 2013 年全国宣传思想工作会议讲话中明确指出："经济建设是党的中心工作，意识形态工作是党的一项极端重要的工作。"这一精辟概括，是对党的经济建设工作和意识形态工作相互关系的准确定位。而把意识形态工作强调到"极端重要"的程度，这在党的历史上还是第一次。从"生命线"到"极端重要"，是对意识形态工作重要地位和作用的新表达、新概括、新论断，表明了中国共产党对这项工作认识上的又一次升华。关于意识形态工作在现阶段的特殊历史地位，习近平总书记将其极端重要性集中概括为"三个事关"：事关党的前途命运、事关国家长治久安、事关民族凝聚力和向心力。这"三个事关"分别从党、国家、社会的层面上指明了做好意识形态工作的极端重要性。

"事关党的前途命运"

马克思曾指出："如果从观念上来考察，那么一定的意识形式的解体足以使整个时代覆灭。"①因此，共产党必须清醒地认识到，从显性层面上看，政治

---

① 《马克思恩格斯文集》第 8 卷，人民出版社 2009 年版，第 170 页。

动荡或者政权更迭可能在一夜之间发生，但这是长期思想演化的结果。敌对势力要搞乱一个社会、颠覆一个政权，往往是先从意识形态领域打开突破口，先从搞乱人们的思想下手。如果思想、意识或者舆论混乱，就会扰乱人们对党的性质、国家的性质、改革发展性质的认识，进而怀疑和否定党的领导，葬送国家的前途。

社会发展史表明，意识形态的崩溃是国家政治、经济崩溃的先兆。苏联解体的引信就是在意识形态领域放弃了马克思主义的指导地位。戈尔巴乔夫提出"新思维"，搞"思想多元化"，要求"摒弃精神垄断的做法"，全盘放弃马克思主义的指导地位，放弃社会主义的价值理想，在社会生活各个领域实行多元化，任由反马克思主义、反社会主义的思潮泛滥，结果很快就引发了社会动荡，最终导致苏共垮台、民族分裂、联盟解体。再后来中亚、北非发生的"颜色革命"也都与执政党在激烈复杂的意识形态斗争中失控、失权、失语直接相关。

中国共产党是在马克思主义指导下建立，又在马克思主义指导下开展革命斗争、社会主义建设和改革开放的伟大实践的，并为马克思主义确立的实现无产阶级和全人类解放的社会理想——共产主义——而奋斗。因此，马克思主义、共产主义信仰是共产党人的命脉和灵魂。说它是"命脉"，是说离开马克思主义，放弃共产主义，共产党就要变质，就会名存实亡。说它是"灵魂"，是说在共产党的理论体系中，马克思主义决定着其理论的性质，在共产党人的理想信仰中，共产主义是根本。如果放弃马克思主义的指导地位，在指导思想上搞多元化，势必导致人心大乱、天下大乱，给党和国家带来灾难。历史和现实都告诉我们，为了避免重蹈苏联的覆辙，不管到了任何时候，不管形势如何变幻，意识形态工作都绝不能放松，导向都绝不能改，阵地都绝不能丢。

"事关国家长治久安"

伴随着经济全球化的深入发展，世界思想文化深入交流、交融和交锋，西方国家仍然占据意识形态的话语权和主动地位，"冷战"思维依然存在，西方敌对势力企图改变社会主义国家颜色的阴谋依然没有停止，西方国家为达到颠覆、控制他国，实现其自身战略目的，借助隐形的意识形态大力推行文化霸权，加大对发展中国家的文化输出和思想渗透。

西方敌对势力改变中国社会主义颜色的企图从未改变，"西化"和"分化"从未间断，并且以其极强的渗透性、周密的组织性、新颖的传播手段，在经济、政治、文化领域全面袭来。他们插手中国的经济成分、利益分配乃至组织形式，尤其是在意识形态领域进行渗透。西方意识形态机器有意识地对社会主义国家的执政党、政府及其意识形态的主张进行歪曲、丑化及妖魔化。他们闭口不谈社会主义发展取得的成绩，只谈矛盾和问题；他们以偏概全，将经济问题转化成政治问题，将体制机制不健全带来的问题说成根本的制度性的问题，把社会上发生的偶然事件说成必然事件；他们将所有问题产生的原因最终归咎于中国共产党的领导以及马克思主义理论信仰，企图消解、蚕食社会主义国家的主流意识形态。如果我国的意识形态没有强大的自我建构能力和凝聚力，很容易出现意识形态领域的"精神疾病"，形成意识形态殖民。这就是西方意识形态入侵的最新战略，用经济全球化进程中的世界融合来实现西方意识形态的全世界统领，实现西方的意识形态全球化。我们能否打赢与西方国家的意识形态遭遇战，决定着中国特色社会主义前途和命运的好坏，决定着国家能否长治久安。

"事关民族凝聚力和向心力"

意识形态在社会团结和国家统一过程中发挥着重要的凝聚功能，对此，安东尼奥·葛兰西(Antonio Gramsci)形象地把意识形态的这种功能称为"社会水泥"——在整个社会集团中，意识形态起了团结统一的水泥作用。意识形态的凝聚作用就是通过树立广大群众的理想信念凝民心、聚民力，为经济社会发展提供持续支撑力。支撑一个国家实现经济社会长远发展的力量不仅源于经济、科技、军事等物质实力的积聚，而且源于意识形态等精神力量的培育和积聚。毛泽东多次讲到，我们改变旧中国主要靠"两杆子"：一靠枪杆子，二靠笔杆子。枪杆子就是指物质力量，笔杆子就是指精神力量。

孙中山曾把意识形态这种精神力量的巨大作用描述为生力作用。他说："主义就是一种思想、一种信仰和一种力量。大凡人类对于一件事，研究当中的道理，最先发生思想，思想贯通以后，便起信仰；有了信仰，就生出力量。所以主义是先由思想再到信仰，次由信仰生出力量，然后完全成立。"[①]可见，生力就是要努力使我国意识形态的精神力量化作广大民众的行动力。这是一个由主义、思想、理论上升为国民的信仰再转化为国民的自觉行动力量的过程。我们这么大一个国家怎么才能团结起来，组织起来呢？邓小平的回答非常明确："一靠理想，二靠纪律。组织起来就有力量，没有理想，没有纪律，就会像旧中国那样一盘散沙，那我们的革命怎么能够成功？我们的建设怎么能够成功？"[②]显然，这里的理想就是孙中山所说的信仰，也就是马克思主义的信仰。我国的意识形态坚持以发展着的马克思主义为指导，在不断战胜各种风险和困

---

① 孙中山：《三民主义》，见《孙中山选集(下)》，人民出版社 2011 年版，第 639 页。
② 《邓小平文选》第 3 卷，人民出版社 1993 年版，第 111 页。

难的同时创新发展，为经济社会发展提供了强大的支撑力。

习近平总书记提出的"三个事关"，指明了意识形态工作引领国家、稳定社会、凝聚人心、推动发展的强大支撑作用，道出了意识形态工作的关键性、根本性、战略性、全局性意义。当然，"三个事关"不是决定性作用，起决定作用的是经济、军事等硬实力。"三个事关"强调的是意识形态是一种软实力。虽然它不是党、国家、民族和人民进行社会主义建设事业的充分条件，但它是必要条件，有它未必成事，没有它断然败事。只有充分发挥意识形态工作这一政治优势，才能保证经济工作和其他工作的正确发展方向，才能保证党的路线、方针、政策落实到各项工作和群众中去，才能及时排除和战胜各种错误思想的干扰和阻碍，才能巩固和发展全国各族人民共同奋斗的思想政治基础，从而为经济工作和其他工作提供强大的动力与保障。

2. 社会思潮涌动形成交流、交融与交锋

改革开放以来的中国思想界，与同步进行的中国现代化变革紧密相关。现代化变革带来的阶层结构变迁引起了不可避免的利益分化与冲突，而"利益"决定"思想"，"思想"反映"利益"，所以社会利益格局的每一次深刻调整都会导致新的社会思潮的出现。这是因为社会利益格局的调整不可避免地会导致新的利益群体、利益关系的出现，不同的利益群体会有不同的利益诉求，会表现出不同的价值诉求和价值选择。其现实表现就是人们的思想观念越来越独立、价值取向越来越多元化，这就为多样化社会思潮的产生提供了特定的环境和条件。

社会思潮作为一种"思想倾向"或"思想潮流"，总是同特定环境中一定阶级或阶层的利益和要求、同一定的利益关系联系在一起，体现着一定阶级、阶层的价值取向和价值观念。来自不同的阶层、处于不同利益关系中的人们有着不同的利益诉求，对某些利益的共同诉求在一定范围和领域内获得广泛认同就会形成某种社会思潮。当代比较有影响力的社会思潮，大都是改革开放以来在民间自发形成的，着眼于解决我国现代化过程中随着各种问题、矛盾与困境而出现的不同思想派别。它们往往具有不同的价值立场，运用不同的理论资源并依附于不同的利益群体，各自提出迥然不同的解决方案。在我国当今社会思潮中，既有当代马克思主义、社会主义、爱国主义等主流思潮，也存在民主社会主义、自由主义、新权威主义、新左派、文化保守主义、民族主义、历史虚无主义等非主流思潮。

各种思潮与不同阶层绝非简单的一一对应关系，但有学者对其进行了大体归类，也能反映出不同阶层对于不同社会思潮的大致偏好。自由主义思潮由于

强调个体的自山和权利而在普通市民当中有相当多的支持者；新权威主义由于强调秩序和稳定而取得了很多官员和大企业家的赞同；"新左派"由于呼唤平等与社会公正，更受青年知识分子的青睐；"新左派"中的激进派或民粹派，与新民族主义思潮一道，在弱势民众和愤青群体当中有着许多支持者；文化保守主义主要对受过高等教育的"70 后""80 后"中高收入群体和企业家群体有着较大影响；而民主社会主义的主张主要来自饱经风霜的老干部群体。多种社会思潮的存在，是我国社会多元发展的产物，反映了我国社会发展不均衡的客观现实，这在一定程度上适应了我国社会不同阶层和不同群体的多元文化需要和价值追求，但由于社会各个阶层的分化，过去人们对国家社会的那种宏大的认同感也随之解体。与对国家社会的那种宏大的认同相比，人们更加认同一个具体的小群体或阶层，对本群体或阶层以外的人群甚至包括主流意识形态持不认同或漠然的态度。这些多元化的社会思潮相应地表达着不同阶层不同利益群体的诉求，它们与国家的主流意识形态在交流和交锋中不可避免会产生各种矛盾，并在各个领域同主流意识形态争夺话语权，挑战其主导地位，弱化人们对主流意识形态的认同，影响社会共识的凝聚，对马克思主义在主流意识形态领域的主导地位构成严重冲击。

按照马克思主义国家和意识形态理论的传统理解，国家在本质上是阶级统治的工具，任何一个时代的统治思想始终都不过是统治阶级的思想。因此，国家主流意识形态首先是统治阶级的思想，特别是关于统治阶级根本利益关系的思想。关于"国家意识形态"的概念，国内学术界基本保持一致的意见，即在社会意识形态中占据主导地位的主流意识形态。所以，社会思潮与国家意识形态之间是有显著区别的，尤其是在理性程度方面。国家意识形态(又称主流意识形态)是比较系统完善的理论体系，它是理论界经过自觉的理论创新形成的，经过了由此及彼、由表及里的由表象到本质的飞跃，是"制度化的思想体系"，代表的是统治阶级和群众的利益。国家会采取各种手段来维护主流意识形态的主导地位，并保持其与时俱进的品质，这样就使得主流意识形态具有强烈的理性色彩。而社会思潮大多是若干思想、观念自发发展的，有的观点虽然赢得了大众的认同，但其理性和完备程度却不如主流意识形态。

尽管如此，当前一些非主流社会思潮通过对马克思主义和中国化马克思主义理论成果的质疑，形成了对社会主义主流意识形态的冲击和挑战。其中"民主社会主义思潮"以所谓的自由、公正和团结的基本价值理念否认科学社会主义的历史必然性；"新自由主义思潮"以私有化、自由化否定社会主义生产资料公有制和社会主义市场经济体制，进而否定四项基本原则；"激进主义思潮"强调通过政治革命、文化革命以及反传统的方式全力推进中国现代化进程，但其情绪化与非理性的主张对主流意识形态合理性和社会和谐稳定构成了明显的冲击；"新保守主义"以"告别革命"的名义反对一切激进式的社会运动，否定近代以来中国历次革命的社会作用，否认中国共产党的执政合法性；"历史虚无主义"以"重新评价"为名义有选择地否定近代以来某个阶段的一切革命，揪住党在历史上所犯的一些错误不放，否定中国共产党的历史功绩，主张中国应该走资本主义道路，实行"全盘西化"；"新儒学思潮"以复兴传统儒学为宗旨，强调以儒学作为中华民族精神的核心，意在取代或调和马克思主义指导思想。总之，社会上的众多社会思潮与主流意识形态或补充，或相近，或赞同，或反对，或调和，总是试图以它们自身的思想、精神力量来维护、影响、冲击、动摇甚至取代社会的主流意识形态。而随着市场经济的发展、社会变迁的加速以及利益群体的不断分化，加之现代传媒和网络社会的迅速扩张，思想多元化的格局和百家争鸣的态势仍会维系并进一步强化。

然而，我们也应该辩证地看待多元社会思潮与主流意识形态的交流、交融、交锋。尽管社会思潮的多元存在对国家主流意识形态的主导地位构成了挑战，但社会思潮与马克思主义理论的交锋同时也会成为马克思主义理论进步的重要动力源泉。因为社会思潮可以为主流意识形态的发展提供各种思想养分，并在和主流意识形态的碰撞和冲突中促使主流意识形态不断得以补充、完善和创新。不同社会思潮的争鸣与交流也有利于促进人们的思想解放和观念更新，可以满足人们日益丰富的精神需求，激发人们的创造活力，保持社会发展的蓬勃生机。可以说，马克思主义理论的每一次创新和发展，都与社会思潮的涌动有关。我们应该看到多元社会思潮在对社会问题、矛盾的解决上做出的努力和思考，从这些思考中看到国家的精神文化面貌。我们要重视社会思潮对国家主流意识形态提出的挑战，在扬弃和批判过程中发展真理。我们要勇于面对多元社会思潮的"假恶丑"，以科学的态度和求真的精神丰富和发展马克思主义。

社会思潮作为一种思想动态，作为一种心理状态，是社会政治生活的"晴雨表"，可以反映出人们的政治态度和行为走向。所以，社会思潮的存在一定程度上可以唤起党和政府的忧患意识，提醒我们时刻关注意识形态领域的变化，维护国家主流意识形态安全。一方面，现在的中国正处在改革发展的深水区，社会各种矛盾不断积累，传统社会正在逐渐走向现代化，我们不得不对中国未来的生存和发展给予深切的关注，不得不正视社会转型对国家主流意识形态提出的挑战；另一方面，当今时代又是一个开放的时代，各国文化相互交融,各国的政治、经济等也在开放的环境下得到发展和进步。我们再也不能犯同样的错误,闭关锁国和盲目排外只能让国家变得贫穷和落后、愚昧和无知。面对国内外出现的新形势,我们应该引领社会思潮做好意识形态工作,重点增强创新意识,加强理论创新与传播方法创新,既要提升社会主义核心价值观自身的先进性和凝聚力,又要深入研究社会思潮的形成发展规律与现代传播机理和复杂多变态势。对于一些带有根本性的、基础理论性的问题,需要深度挖掘学理支撑,深化当代中国马克思主义理论研究,从理论深层上做出回应,提高马克思主义的引导力和说服力。随着网络技术的迅速发展,需要注重推动传统媒体与新兴媒体的融合发展,充分运用新技术,抢占意识形态领域制高点,切实建立起有效的引领路径、机制,最大限度地形成社会思想共识。

> 做好意识形态工作,比以往任何时候都更加需要创新。随着国内外形势的深刻变化和现代信息技术的迅猛发展,有些做法过去有效,现在未必有效;有些过去不合时宜,现在却势在必行;有些过去不可逾越,现在则需要突破。重点要抓好理念创新、手段创新、基层工作创新。要保持思想的敏锐性和开放度,努力以思想认识新飞跃打开工作新局面。积极探索有利于破解工作难题的新举措新办法,充分运用新技术新应用创新媒体传播方式,占领信息传播制高点。把创新的重心放在基层一线,充实队伍力量,改善工作条件,扎实做好抓基层、打基础的工作。①

正确引领社会思潮,发挥主流意识形态的整合功能,就要充分认识多种社会思潮存在的客观必然性,自觉做到"尊重差异、包容多样"。要坚持以马克思主义为指导,对各种社会思潮进行科学分析,尊重它们存在的合理性及多样性特点,巩固和发展主流思潮,包容与社会主义主流意识形态基本精神不相悖、不抵触的中性思潮,理性批判、坚决抵制消极落后思潮以及其他社会思潮中的有害因素,吸收多种社会思潮中的积极因素,丰富国家意识形态,提高国家主流意识形态的认同度。

---

① 《习近平总书记系列重要讲话读本》,学习出版社、人民出版社 2016 年版,第 196~197 页。

3. 核心价值观是意识形态建设之轴

通俗地说，价值观是人们对事物的好与坏、善与恶、美与丑的基本判断和态度。社会主义核心价值观，指在中国特色社会主义实践基础上，由国家总结和建构并由国家公共权力普及推行的价值观念系统。它由一组价值观念有序构成，集中表现了中华民族和当代中国人的价值追求、价值理想、价值取向和价值规范，具有普遍性、时代性、包容性和民族性，体现了社会主义意识形态的本质。人类社会发展的历史表明，对一个民族、一个国家来说，最持久、最深层的力量是全社会共同认可的核心价值观。核心价值观，承载着一个民族、一个国家的精神追求，体现着一个社会评判是非曲直的价值标准。核心价值观，其实就是一种德，既是个人的德，也是国家的德、社会的德。国无德不兴，人无德不立。如果一个民族、一个国家没有共同的核心价值观，莫衷一是，行无依归，那这个民族、这个国家就无法前进。

在当代中国，我们的民族、我们的国家坚守的是什么样的核心价值观？党的十八大报告将之概括为三个倡导。富强、民主、文明、和谐是国家层面的价值要求，自由、平等、公正、法治是社会层面的价值要求，爱国、敬业、诚信、友善是公民层面的价值要求。这个概括，实际上回答了我们要建设什么样的国家、建设什么样的社会、培育什么样的公民的重大问题。提出的社会主义核心价值观，把涉及国家、社会、公民的价值要求融为一体，继承了中华优秀传统文化，也吸收了世界文明有益成果，最终体现了社会主义本质要求。可以说，核心价值观是构建主流意识形态的"轴心"。

核心价值观概括和体现了主流意识形态的本质。社会主义核心价值观是对社会主义意识形态内容的高度总结和概括，以极少的观念和范畴揭示了社会主义意识形态的精神实质，体现了社会主义意识形态的本质和灵魂。正因为如此，社会主义意识形态也必然以社会主义核心价值观作为自己的本质体现。一方面，意识形态的本质在于表明一个阶级、政党、国家的政策主张存在的理由、存在的价值和追求的目标，它所要解决的是举什么旗、走什么路、向哪走的问题。社会主义意识形态是以马克思主义为指导，与中国社会主义经济基础和政治制度相适应并对其产生重要影响的、理论化的观念体系。由于意识形态本身的复杂性，其往往又兼具真实与虚假、肯定与否定、有意识与无意识、理论形态与实践倾向、存在与终结等诸多对立性质，使人们难以充分理解。另一方面，核心价值观以简洁明了、通俗易懂的形式向社会表明价值诉求，是一个共同体最高的自我肯定和自我立法。社会主义核心价值观以简洁明快、富于感染力的话语概括社会主义意识形态，言明其精神和本质。具体来说，社会主义核心价值观通过倡导建设富强、民主、文明、和谐的社会主义国家，引导人们确立中国特色社会主义共同理想信念，凝聚奋斗力量，推动社会主义建设事业的发展；通过倡导建设自由、平等、公正、法治的社会主义社会，感染群众，凝聚人心，增强党执政的吸引力和人民群众的向心力；通过倡导建设爱国、敬业、诚信、友善的公民道德，帮助人们正确认识和处理个人与他人、国家、集体利益的关系，形成爱国敬业的责任意识、诚信友善的和谐人际关系以及文明健康的生活方式。这样的概括不仅可以强化社会主义意识形态的深层统一性，而且引人入胜，便于人们理解、认同、传播和记忆，有助于增强社会主义意识形态的吸引力、感召力、凝聚力和说服力。这充分表现了社会主义核心价值观与社会主义意识形态之间"本质与内容"的辩证关系。总之，社会主义核心价值观将中国特色社会主义的基本理论、思想观念和价值取向系统地整合在一起，集中体现了马克思主义中国化的精神实质，反映了中国特色社会主义制度和现实的本质要求，体现了社会主义的价值追求，体现了广大人民群众的根本利益，展示了中国特色社会主义的最终发展方向，是全国各族人民团结奋斗的共同价值观念基础。坚持以马克思主义为指导的社会主义意识形态，从根本上说，就是要坚持社会主义核心价值观。社会主义核心价值观是意识形态工作的根本出发点、最终落脚点和成效的评价标准。

核心价值观对主流意识形态具有决定作用。核心价值体观主要涉及的是价值层面的内容，而意识形态包含的内容更多，除了价值外，还涉及法律、道德、哲学、宗教、艺术等诸多思想层面的内容。因此，意识形态这一思想范畴体系在内容上要大于并且涵盖核心价值范畴的内容。换言之，核心价值观属于意识形态这一思想范畴体系中的一支。而在意识形态形成过程中，价值作为一种尺度或准则，起着决定性作用，使意识形态具有强烈的价值导向功能。所以，作为意识形态这一思想范畴中的一支，核心价值观能够渗透进意识形态所有其他分支当中，对整个意识形态起决定性作用，处于核心地位。可以说，以价值为基点，并在此基础上提炼的核心价值观，涵盖了社会发展的指导思想和价值取向，决定着社会意识的性质和方向，影响着人们的思想观念、思维方式、行为规范，引领着社会思潮，是推动社会前进的精神旗帜，它是意识形态的内核。核心价值观不仅渗透意识形态的所有部分，而且决定着它们的内容和性质，是研判意识形态类别的根本标尺，对整个意识形态起着决定性作用。比如，个人主义作为资本主义社会的核心价值观，支配着资本主义意识形态的方方面面。无论在法律、道德、哲学层面，还是在宗教、艺术层面，我们都能看见个人主义的影子。个人主义决定着资本主义意识形态的性质，是识别资本主义意识形态的根本标准。一言以蔽之，个人主义是资本主义意识形态的核心和本质体现。而社会主义核心价值观同样也是社会主义意识形态的核心。因此，核心价值观不仅是意识形态的一部分，而且是其内核。鉴于二者的这层密切关系，我们可以说社会主义核心价值观的构建本身就是一种强化社会主义意识形态的行为，是维护社会主义意识形态安全的体现。不仅如此，构建社会主义核心价值观对构建和维护社会主义意识形态的积极作用还表现在：它可以引领社会思潮，可以抵制西方价值观渗入，可以增强社会主义意识形态的凝聚力和吸引力，可以夯实社会主义意识形态的阶级基础等。简言之，社会主义意识形态是一个广涉价值、道德、宗教、艺术等多项内容的庞大思想体系，这就使得社会主义意识形态的凝聚功能难以充分地表达出来。而在其基础上提炼的核心价值观则更加具体和简洁，有其明确的内容和主题。它犹如一面旗帜，是巩固全党全国人民团结奋斗的共同思想基础，是凝聚和激励全体人民的精神纽带。

三、牢牢掌握意识形态领域主导权话语权

坚持中国道路，弘扬中国精神，凝聚中国力量，意识形态工作在其中发挥着思想引领、舆论推动、精神激励的重要作用。新时代，我们必须牢牢坚持和巩固马克思主义在意识形态领域的指导地位，做好引领社会思潮大文章，积极培育和践行社会主义核心价值观，建设具有强大凝聚力和引领力的社会主义意识形态，在尊重差异、包容多样的基础上最大限度地凝聚社会共识，使全体人民在理想信念、价值理念、道德观念上紧紧团结在一起。我们应立足于中国特色社会主义伟大实践，建设具有中国特色、中国风格、中国气派的话语体系，牢牢掌握中国发展进步的阐释权和话语权，为实现中华民族伟大复兴的中国梦积聚精神力量。

1. 坚持马克思主义指导地位不动摇

我国的社会主义性质决定了在意识形态领域必须坚持马克思主义的指导地位。马克思主义是我们立党立国的根本指导思想，是凝聚全党全国人民共同前进的精神旗帜。在我国社会主义意识形态面临经济全球化、思想传播网

络化以及西方敌对势力"西化""分化"的挑战和冲击下，能不能坚持马克思主义在意识形态领域的指导地位，不仅关系到中国共产党执政地位能不能巩固，也关系到中国特色社会主义事业的成败和中华民族伟大复兴最终能否实现。

坚持马克思主义指导地位就是坚持科学的世界观和方法论。马克思、恩格斯批判地吸收了人类的一切思想成果，特别是德国古典哲学、英国古典政治经济学以及法国空想社会主义，创立了唯物史观和剩余价值学说，这两大发现使社会主义由空想变为科学，形成了科学社会主义理论。马克思主义深刻地揭示了自然、社会和思维发展的一般规律，是科学的世界观和方法论，是人们认识世界、改造世界的强大思想武器。马克思主义的世界观、方法论始终坚持理论联系实际的原则，实践证明，马克思主义是在实践中不断发展的科学，具有与时俱进的理论品质。在 1872 年的《共产党宣言》德文版序言中，马克思、恩格斯指出："不管最近 25 年来的情况发生了多大的变化，这个《宣言》中所阐述的一般原理整个说来直到现在还是完全正确的。某些地方本来可以作一些修改。这些原理的实际运用，正如《宣言》中所说的，随时随地都要以当时的历史条件为转移……"①中国共产党在新民主主义革命、社会主义革命、社会主义建设和改革时期，始终坚持以马克思主义为指导，把马克思主义基本原理同中国具体实际和时代特征相结合，推动马克思主义中国化实现了两次历史性飞跃，形成了两大理论成果：毛泽东思想和中国特色社会主义理论体系。只有坚持以马克思主义、毛泽东思想和中国特色社会主义理论体系为指导，我们才能够坚持马克思主义政党的性质，推动中国特色社会主义事业的发展。

坚持马克思主义的指导地位是中国近现代社会历史发展的必然选择。鸦片战争后，中国逐渐沦为半殖民地半封建国家。面对帝国主义列强的侵略，为争取民族的独立与解放，中国的仁人志士苦苦探索救国救民的道路，先后发动过太平天国运动、洋务运动、戊戌变法和辛亥革命，然而这些努力都相继宣告失败，

事实表明，不触动封建根基的自强运动和改良主义，旧式的农民战争，资产阶级革命派领导的民主革命，以及照搬西方资本主义的其他种种方案，都不能完成救亡图存的民族使命和反帝反封建的历史任务。中国期

---

① 《马克思恩格斯文集》第 2 卷，人民出版社 2009 年版，第 5 页。

待着新的社会力量寻找先进理论，以开创救国救民的道路。①

以十月革命为契机，马克思主义成为中国共产党的理论基础和指导思想。马克思指出："理论在一个国家实现的程度，总是取决于理论满足这个国家的需要的程度。"②中国共产党成立近百年来，之所以能够在新民主主义革命、社会主义革命、社会主义建设和改革中取得举世瞩目的成就，重要原因在于始终坚持马克思主义的指导地位。马克思主义是中国社会发展的主导价值体系和国家意识形态，是指导中国人民胜利实现社会主义现代化，不断推进中国特色社会主义事业向前发展的科学理论。

坚持马克思主义的指导地位是中国特色社会主义建设事业的题中应有之义。当前，各种思想文化相互激荡，马克思主义的意识形态指导地位面临着新的挑战。西方发达资本主义国家凭借其经济、科技等方面的优势及其在经济全球化过程中的主导地位，利用文化交流、媒体宣传等手段，大力推行文化霸权主义以及"和平演变"策略。他们不断抛出"历史终结论""趋同论""中国崩溃论""中国威胁论"等谬论，企图以此动摇人们对共产党的信任和对社会主义事业的信心。改革开放以来，随着社会主义市场经济的发展，社会阶层结构的变化、社会利益集团的分化，思想领域也出现多样化。各种社会思潮（如"普世价值""新自由主义""宪政""公民社会""新保守主义""历史虚无主义"等）纷纷出场，这些具有明显意识形态指向的社会思潮通过各种渠道特别是新媒体等进行传播，企图将主流意识形态边缘化甚至污名化。只有用马克思主义主流意识形态统领多样化的社会思想和思潮，才能保证社会主义核心价值观的确立和社会主义事业沿着正确的方向健康发展。

历史和现实反复证明，只有物质文明建设和精神文明建设都搞好，国家物质力量和精神力量都增强，全国各族人民物质生活和精神生活都改善，中国特色社会主义事业才能顺利向前推进。我们在集中精力进行经济建设的同时，一刻也不能放松和削弱意识形态工作，把意识形态工作领导权和话语权牢牢掌握在手中，不断巩固马克思主义在意识形态领域的指导地位，巩固全党全国人民团结奋斗的共同思想基础。进入新时代，进一步推动我国主流意识形态建设，巩固马克思主义在意识形态领域的指导地位，是一项既必要又迫切的任务。

---

① 《江泽民文选》第 3 卷，人民出版社 2006 年版，第 265 页。
② 《马克思恩格斯文集》第 1 卷，人民出版社 2009 年版，第 12 页。

只有坚持以马克思主义为指导，才能正确制定和宣传贯彻党的路线方针政策，才能发展先进思想、克服落后思想。如果放弃马克思主义的指导地位，在指导思想上搞多元化，势必导致人心大乱、天下大乱，给党和国家带来灾难。这是绝不允许的。任何一个社会的思想领域，总是由那个社会的统治阶级的思想占统治地位的。任何一个国家的统治阶级，为了巩固其政治统治，都要竭力维护和发展其占统治地位的意识形态。西方国家从来就不允许马克思主义在他们的意识形态中居于指导地位。西方国家都有一套系统的方法和手段，来对他们的官员、学生、群众、军队灌输资本主义的思想、价值观和政治信条。在这个问题上，他们也是抓得很紧的。①

坚持和巩固马克思主义的指导地位，必须不断创新和发展马克思主义。坚持一切从实际出发，理论联系实际，实事求是。在实践中检验真理和发展真理，是马克思主义最重要的理论品质。毛泽东思想和中国特色社会主义理论体系是中国共产党创新和发展马克思主义的结晶，它们回答了我国在社会主义革命和建设以及改革开放过程中出现的新情况、新问题。以习近平同志为核心的党中央科学把握中国发展实际和世界发展大势，特别是从坚持和发展中国特色社会主义的全局出发，创立了习近平新时代中国特色社会主义思想，丰富和发展了中国特色社会主义理论体系。要加强马克思主义在意识形态领域的指导地位，就必须深入研究与正确处理重大理论和现实问题，对当下重大理论和现实问题的探索解答过程就是理论创新的过程。只有坚持马克思主义基本原理与中国具体实际相结合，不断深化对共产党执政规律、社会主义建设规律、人类社会发展规律的认识，才能不断开拓马克思主义新境界，在实践中不断丰富和发展当代中国马克思主义。

坚持和巩固马克思主义指导地位，必须着力加强党对意识形态工作的领导。首先，牢固树立党管意识形态的观念，强化各级党委的政治意识、大局意识、核心意识、看齐意识，牢牢掌握意识形态工作的主导权。在政治上坚定自觉地同党中央保持一致，牢牢把握正确的舆论导向，以高度的政治责任感坚定自觉地把马克思主义作为立党立国的指导思想。其次，加强党对意识形态领域的领导，必须努力抓好意识形态工作队伍建设。在当今世界各种思想文化相互激荡的背景下，巩固马克思主义指导地位的任务必须由专业人才队伍来承担。在复杂的意识形态领域斗争中，迫切需要造就一批学贯中西、享誉中外的马克

---

① 《江泽民文选》第 3 卷，人民出版社 2006 年版，第 86 页。

思主义理论大家，一批理论功底扎实、勇于开拓创新的马克思主义学科带头人，一批中青年马克思主义理论研究骨干；迫切需要建立一支政治强、业务精、纪律严、作风正的宣传思想工作队伍，做到意识形态各部门的领导权、管理权、话语权掌握在真正的马克思主义者手中。

坚持和巩固马克思主义指导地位必须牢牢掌握舆论宣传阵地。随着网络新媒体技术的发展，互联网已经成为舆论斗争的主战场，坚持马克思主义的指导地位，就必须掌握互联网意识形态斗争的主动权。一是主流媒体在互联网上要弘扬主旋律，传播正能量，通过社会主义核心价值观的宣传教育拓展舆论宣传阵地。二是应着力打造一批网络意识形态工作队伍，立足网络技术发展前沿，加强网络新媒体现代化建设，充分利用先进技术手段，占领网络技术制高点。三是加快培养认同国家主流意识形态的网络"大 V"或"意见领袖"，增强他们的社会责任感和使命感，进而有效发挥他们在网络舆论中的威信和影响力。四是大力加强互联网法治建设，依法严厉打击网络造谣传谣行为，为改善网络舆论生态、净化网络舆论空间营造良好氛围。

2. 新形势下做好引领社会思潮大文章

在西方社会思潮不断涌入我国的形势下，伴随经济体制的深刻变革、社会结构的深刻变动、利益格局的深刻调整，意识形态领域发生了诸多新变化。与社会生活的多样化和价值取向的多样性相联系，在主流意识形态之外，也出现了各种社会思潮。这些社会思潮主要有："新自由主义""民主社会主义""普世价值""宪政民主""公民社会""历史虚无主义"等。面对经济社会的矛盾和挑战，不同社会思潮从各自立场出发提出自己的理论阐释，各种思潮流派彼此相互对峙并相互展开论争，在不同方面对主流意识形态提出挑战。处理社会主义意识形态的主导性与我国社会思潮的多元性关系，关键在于确立马克思主义主导地位和精神引领，以社会主义核心价值体系引领社会思潮，最大限度地形成社会思想共识，不断增强我国主流意识形态的吸引力和凝聚力。

党的十六届六中全会审议通过的《中共中央关于构建社会主义和谐社会若干重大问题的决定》明确指出："坚持以社会主义核心价值体系引领社会思潮，尊重差异，包容多样，最大限度地形成社会思想共识。"①党的十七大报告进一步提出："积极探索用社会主义核心价值体系引领社会思潮的有效途径，主动

---

① 《中共中央关于构建社会主义和谐社会若干重大问题的决定》，载《人民日报》，2006-10-19。

做好意识形态工作，既尊重差异、包容多样，又有力抵制各种错误和腐朽思想的影响。"①党的十八大部署了以社会主义核心价值体系引领多样化社会思潮的任务，指出"牢牢掌握意识形态工作领导权和主导权，坚持正确导向，提高引导能力，壮大主流思想舆论"②。这些论述鲜明地提出了以社会主义核心价值体系引领多样化社会思潮的根本要求。在全面深化改革时期、经济中高速增长常态化时期、对外开放进一步扩大时期，意识形态领域空前复杂。在多样化的社会思潮中确立社会主义核心价值体系的主导地位，对于最大限度地形成社会思想共识，提高党在意识形态领域的执政能力等方面具有重要意义。

第一，尊重差异，包容多样，最大限度地形成社会思想共识。尊重差异、包容多样是中国共产党在意识形态领域坚持马克思主义指导地位，坚持"百花齐放、百家争鸣"方针的具体运用。面对多样化的社会思潮，要更加坚定地坚持马克思主义的指导地位不动摇。我国是社会主义国家，马克思主义是我们党的根本指导思想，是社会主义意识形态的旗帜。马克思主义指导思想是社会主义核心价值体系的灵魂，决定了社会主义核心价值体系的性质和方向。建设社会主义核心价值体系，最根本的就是坚持马克思主义的指导地位。坚持用发展着的马克思主义指导实践，牢牢掌握意识形态领域的领导权、主动权、话语权，这是尊重差异、包容多样的前提。只有坚持以马克思主义为指导，"多样"之间的客观矛盾才能得到协调和平衡，不同社会思潮之间才能和谐。只有不断推进马克思主义意识形态理论的创新，创造性地丰富和发展中国化的马克思主义，才能巩固以社会主义核心价值体系引领社会思潮的思想基础，使马克思主义意识形态具有强大的发展动力与活力，进而不断增强对错误思潮的批判力，实现对社会思潮有效的、实质性的引领。

辨别、吸收多样化社会思潮中的积极因素。在社会大发展大变革大调整时期，各利益主体都在极力寻找表达诉求的途径，各种社会思潮都在极力寻求快速传播的渠道，多样化的社会思潮中有许多积极因素在社会发展中发挥正能量。对于这些社会思潮，我们要充分尊重社会文化的多样性特点和合理性差异，并吸收借鉴其中的积极成分，使它们在社会主义核心价值体系引领下朝着积极健康的方向发展，更加积极主动地发挥正面功能。只有尊重多样化社会思潮中独特的文化思维，引导社会思潮之间保持合理张力，促进良性互动，才能

---

① 胡锦涛：《高举中国特色社会主义伟大旗帜　为夺取全面建设小康社会新胜利而奋斗——在中国共产党第十七次全国代表大会上的报告》，人民出版社 2007 年版，第 34 页。

② 胡锦涛：《坚定不移沿着中国特色社会主义道路前进　为全面建成小康社会而奋斗——在中国共产党第十八次全国代表大会上的报告》，人民出版社 2012 年版，第 32 页。

为形成最广泛的社会思想共识积聚资源。

　　同时，更要旗帜鲜明地批驳意识形态领域的错误思潮。意识形态领域没有真空地带，各种思潮相互交织、相互碰撞、相互交锋属于常态。对于违背宪法和四项基本原则的思想观点，绝不能听之任之，任其泛滥，必须守住阵地，敢于亮剑，理直气壮地揭露各种错误思潮和腐朽思想。只有同各种反马克思主义的错误思潮进行旗帜鲜明的斗争，才能正确地引领社会思潮。否则，错误思潮发展起来，就会影响和破坏社会主义核心价值体系建设，动摇主流意识形态。

　　第二，壮大主流思想舆论，形成全体社会成员共同奋斗的思想基础。社会主义核心价值体系是一个与时俱进、充满创造活力的体系。只有坚持马克思主义指导地位，才能使全体人民有一个共同的精神支柱和前进方向。中国特色社会主义共同理想是科学社会主义与中国社会主义建设实际和改革开放具体实践结合的产物，是中国共产党最高纲领的阶段性实现，只有坚持这一共同理想，才能凝聚、实现、维护、发展最广大人民群众的根本利益，在多样化社会思潮中形成思想共识。以爱国主义为核心的民族精神，是中华民族生生不息、薪火相传的精神支撑，是中华民族不断发展壮大的思想根基；改革创新是当代中国最鲜明的时代特征，以改革创新为核心的时代精神，是中华民族发展进步的不竭动力，在多样化的社会思潮中形成思想共识，必须弘扬以爱国主义为核心的民族精神和以改革创新为核心的时代精神，为实现中国特色社会主义共同理想提供精神动力。社会主义荣辱观是中华民族传统美德、优秀革命道德与时代精神的创造性结合，是市场经济条件下判断行为得失、确定价值取向、做出道德选择的基本准则。只有树立和践行社会主义荣辱观，才能产生积极的社会发展效应和态势，为社会的风清气正奠定良好道德基础。

　　第三，为社会主义核心价值体系引领社会思潮提供坚实的物质基础。价值认同的最终确立是一个实践问题。观念的东西不能仅仅靠观念去实现，而应该通过实践来完成。并且，真正的、彻底的思想变化，必须要通过改造思想观念赖以产生的环境才能实现。马克思、恩格斯在批判青年黑格尔派脱离现实的历史环境、以抽象的理论词句来曲解历史的唯心主义倾向时，一针见血地指出："其实全部问题只在于从现存的现实关系出发来说明这些理论词句。如前所说，要真正地、实际地消灭这些词句，从人们意识中消除这些观念，就要靠改变了的环境而不是靠理论上的演绎来实现。"[①]因此，对于促进人们对社会主义核心价值体系的认同来说，相对于宣传教育，实践路径则更具有根本性和决定性。

---

　　① 《马克思恩格斯文集》第1卷，人民出版社2009年版，第547页。

只有不断解放和发展生产力，改善人民物质生活，才能充分体现社会主义制度的优越性，巩固社会主义核心价值体系，增强其引领社会思潮的物质基础。要根据解放和发展生产力的要求，坚持和完善公有制为主体、多种所有制经济共同发展的基本经济制度，必须毫不动摇地巩固和发展公有制经济，毫不动摇地鼓励、支持和引导非公有制经济发展。进一步完善社会主义市场经济体制，处理好宏观调控与市场配置资源的关系，充分发挥市场在资源配置中的决定性作用，进一步提高生产力水平。以经济建设为中心，掌握核心技术，转变经济发展方式，提高经济总量和质量以改善人民生活，让党的领导和社会主义制度更加具有理论魅力和现实感召力，最大限度凝聚社会共识。

第四，坚持以人为本，建构有利于促进价值认同形成的现实利益机制。社会中的个体总是"从自己出发"去认识和改变世界的，人们的价值取向归根结底是由自身的利益取向所决定的，人们所有的价值观念都能够在现实生活和实践中找到其物质的和利益的根源。仅仅寄希望于灵魂深处的革命，仅仅依赖口头宣传的价值灌输，仅仅满足于用"好"的价值观念代替"不好"的价值观念，是难以从根本上解决价值观建设问题的。不能脱离人们价值观念得以形成的现实生活和利益基础来确立社会主义核心价值体系。因此，建立对于社会主义核心价值体系的价值认同，其前提和根本还在于不断扩大、增进社会各群体各阶层的共同利益，并努力健全不同利益群体之间的利益协调机制、利益表达机制、利益补偿机制。人民群众的根本利益是意识形态的现实基础，要正确引领社会思潮，发挥主流意识形态的强大功能，就必须着力解决人民群众最关心、最直接、最现实的问题，把实现好、维护好、发展好最广大人民的根本利益作为一切工作的出发点和落脚点，努力贴近实际、贴近生活、贴近群众。主流意识形态的建构在注重理论的同时，要用贴近大众习惯的方式、生动鲜活的群众语言来宣传马克思主义，避免不契合大众生活的空谈和枯燥说教，让人民群众在共享改革发展成果的过程中，提升对主流意识形态的认同。用马克思主义凝聚和统一社会各阶层、各利益群体的思想，实现马克思主义大众化，巩固全党全国人民团结奋斗的共同思想基础。

3. 讲好中国故事、弘扬中国精神、传播中国声音

改革开放以来，我国在经济、政治、文化、生态以及社会建设方面取得了举世瞩目的巨大成就，综合国力和国家软实力不断增强。实践证明，我们已经成功探索出了一条中国特色社会主义道路。然而，与中国特色社会主义道路的丰富内容和具体实践相比，具有中国特色、体现中国精神和中国价值的话语体

系建设则相对滞后。为此，以中国特色社会主义道路、理论、制度、文化为基础，构建具有中国特色、中国风格、中国气派的话语体系，对于讲好中国故事、弘扬中国精神、传播中国声音，掌握国际话语权具有重要意义。"讲好中国故事、弘扬中国精神、传播中国声音"的核心在于"讲好中国故事"，因为好的"中国故事"必定融注了"中国精神"，蕴含着"中国声音"。因此，"讲好中国故事"包含两层含义，一是要讲述好的中国故事，二是要把好的中国故事讲好。讲好中国故事，就是要把握时代脉搏、关注发展大势，聚焦全面建设社会主义现代化国家和实现中华民族伟大复兴的中国梦，把当代中国发展进步的主流展示好。

　　在全面对外开放的条件下做宣传思想工作，一项重要任务是引导人们更加全面客观地认识当代中国、看待外部世界。宣传阐释中国特色，要讲清楚每个国家和民族的历史传统、文化积淀、基本国情不同，其发展道路必然有着自己的特色；讲清楚中华文化积淀着中华民族最深沉的精神追求，是中华民族生生不息、发展壮大的丰厚滋养；讲清楚中华优秀传统文化是中华民族的突出优势，是我们最深厚的文化软实力；讲清楚中国特色社会主义植根于中华文化沃土、反映中国人民意愿、适应中国和时代发展进步要求，有着深厚历史渊源和广泛现实基础。中华民族创造了源远流长的中华文化，中华民族也一定能够创造出中华文化新的辉煌。独特的文化传统，独特的历史命运，独特的基本国情，注定了我们必然要走适合自己特点的发展道路。对我国传统文化，对国外的东西，要坚持古为今用、洋为中用、去粗取精、去伪存真，经过科学的扬弃后使之为我所用。①

　　第一，要坚持马克思主义理论创新，促进中国特色哲学社会科学繁荣发展，深化中国故事的研究。构建当代中国的话语体系，重中之重是推进马克思主义的中国化、时代化、大众化，不断推动实践基础上的理论创新，不断升华中国特色社会主义实践成果、理论成果、制度成果，不断为中国话语体系注入新的内涵。具体而言，就是要以思想解放为先导，不断深化对中国经济社会发展的规律性认识，在回答中国实践提出的新课题的过程中，不断概括出理论联系实际的、科学的、开放融通的新概念、新表述。要进一步扩大中国话语的世

---

① 《习近平：胸怀大局把握大势着眼大事　努力把宣传思想工作做得更好》，载《人民日报》，2013-08-21。

界视野，学习借鉴一切人类优秀文明成果，既要对中华优秀传统文化进行创造性转化和创新性发展，又要融入经济全球化的历史进程和世界历史发展的时代潮流。哲学社会科学界需要对中国特色社会主义、社会主义市场经济等重大理论问题，给出符合现代学术规范和表达方式的、历史和逻辑相统一的解释；需要对现代哲学、经济学、政治学、法学、社会学等社会科学框架体系做出系统研究，努力构建出能够阐释当代中国国情和中国实践的新框架、新概念和新体系，以此讲述好中国人的民主故事、自由故事、人权和法治故事。

第二，要立足中国实践升华中国理论，构建中国特色哲学社会科学体系和学术话语体系。哲学社会科学体现着一个民族的理论思维高度，体现着一个国家的文化软实力。谁的哲学社会科学强，谁的思想文化传播得就广，谁的意识形态影响力就大。构建中国特色哲学社会科学体系和学术话语体系，重要的是坚持用中国理论阐释中国实践，立足中国实践升华中国理论。中国问题的研究应当由中国人来主导，中国实践要用中国理论阐释。深入实施马克思主义理论研究和建设工程，就要提升理论自觉，增强理论自信，坚定不移地走自己的理论创新之路，把中国实践与中国理论更好地结合起来，把中国的学术话语权牢牢掌握在自己手中。要充分调动思想理论界各方面力量，加强对中国实践的理论研究，加强对中国经验的理论提炼，深入阐发中国道路的独特创造、中国理论的独特贡献、中国制度的独特优势，深入阐发中华文化的独特渊源，创建充分反映当代中国实践的哲学、经济学、政治学、法学、社会学等，用中国理论、中国价值、中华文化占领思想理论阵地。

第三，要弘扬中华优秀传统文化，深化中国实践的价值内涵，创新中国实践的表达形式。中国特色社会主义理论植根于中华优秀传统文化的土壤。我国革命、建设和改革不同时期的具体方针带有中国特色，中国共产党制定的路线方针政策贯穿了马克思主义的世界观和方法论，科学发展、和谐世界、实事求是、以人为本、和而不同等都蕴含中国文化的智慧。要结合中华文化讲仁爱、重民本、崇正义的优良传统，积极培育、宣传、践行社会主义核心价值观，实际上也是在宣传中国特色社会主义价值理念，将我们党治国理政的"新概念、新范畴、新表述"转换为国际话语表达的"中国说法"。中国话语必须用中华民族特色的语言形式来表现。中华优秀传统文化提供了中国实践的文化土壤、基因、血脉、语言形式，中国实践的价值秉持和承载了中国文化的价值基因。只有把中国实践的文化价值基因揭示出来，才能深化中国实践话语权的价值内涵。

第四，以社会主义核心价值观为载体，拓展中国话语权的国际影响力。增强话语权，需要借助适当的话语形式。不具有感染力、说服力、渗透力的话语，是难以拥有强大话语权的。话语权的实现需要建构易于表达、易于理解的话语体系，这一载体必须从增强马克思主义话语感染力和吸引力的角度，用简明、概括的语言文字去阐释社会主义的根本价值属性，并通过弘扬、倡导社会主义核心价值观来体现。倡导"富强、民主、文明、和谐，自由、平等、公正、法治，爱国、敬业、诚信、友善"的社会主义核心价值观，把涉及国家、社会、公民的价值要求融为一体。核心价值观作为当代中国的价值主旋律，既体现了社会主义本质要求，继承了中华优秀传统文化，也吸收了世界文明有益成果，体现了时代精神。社会主义核心价值观是当代马克思主义话语的集中表达，只有坚持以社会主义核心价值观为核心来建构中国的话语权，才能为人们的实践活动提供具有普遍意义的价值引领导向，才有可能使中国的话语权在国内外发挥自己的影响力。

第五，重视媒体作用，加强国际传播能力建设，传播中国好声音。媒体是国际传播的主力军，壮大媒体力量是提高国际传播能力的基础环节。要坚持传统媒体与新兴媒体并举，加快传统媒体与新兴媒体的融合发展，以报纸、电视台等传统媒体为依托，大力开发和运用数字化、网络化技术，把传统媒体的内容优势和新兴媒体的传播优势有机结合起来，充分运用新技术新应用，创新媒体传播方式；要加大政策扶持力度，激发市场机制的活力，培育一批具有国际竞争力的文化企业，引导它们把企业经营活动与展示国家形象结合起来。要扶持一批面向国际的智库和非政府组织，鼓励和支持它们开展国际交流合作，在更多国际场合发出中国声音，在国际传播中发挥更大作用；要加强新技术条件下自媒体传播特点和规律的研究，传统媒体应及时将触角延伸到更加广阔的新媒体领域，采取引导、渗透、借用的办法，发挥好自媒体在讲述中国故事的正面作用；着力打造一批形态多样、手段先进、具有竞争力的新型主流媒体，建成几家拥有强大实力和传播力、公信力、影响力的新型媒体集团，形成立体多样、融合发展的现代传播体系，增强对外话语的创造力、感召力和公信力，讲好中国故事，传播好中国声音，阐释好中国特色。

重要论述 6

正如**经济学家**是资产阶级的学术代表一样，**社会主义者**和**共产主义者**是无产者阶级的理论家。在无产阶级尚未发展到足以确立为一个阶级，因而无产阶级同资产阶级的斗争尚未带政治性以前，在生产力在资产阶级本身的怀抱里尚未发展到足以使人看到解放无产阶级和建立新社会必备的物质条件以前，这些理论家不过是一些空想主义者，他们为了满足被压迫阶级的需要，想出各种各样的体系并且力求探寻一种革新的科学。但是随着历史的演进以及无产阶级斗争的日益明显，他们就不再需要在自己头脑里找寻科学了；他们只要注意眼前发生的事情，并且把这些事情表达出来就行了。当他们还在探寻科学和只是创立体系的时候，当他们的斗争才开始的时候，他们认为贫困不过是贫困，他们看不出它能够推翻旧社会的革命的破坏的一面。但是一旦看到这一面，这个由历史运动产生并且充分自觉地参与历史运动的科学就不再是空论，而是革命的科学了。

    ——马克思：《哲学的贫困》，见《马克思恩格斯文集》第 1 卷，人民出版社 2009 年版，第 616 页。

    一方面由于德国工人具有这种有利的地位，另一方面由于英国工人运动具有岛国的特点，而法国工人运动又受到暴力的镇压，所以现在德国工人是处于无产阶级斗争的前列。形势究竟容许他们把这种光荣地位占据多久，现在还无法预先断言。但是，只要他们还占据着这个地位，我们就希望他们能履行在这个地位所应尽的职责。要做到这一点，就必须在斗争和鼓动的各个方面都加倍努力。特别是领袖们有责任越来越透彻地理解种种理论问题，越来越彻底地摆脱那些属于旧世界观的传统言辞的影响，而时时刻刻地注意到：社会主义自从成为科学以来，就要求人们把它当做科学来对待，就是说，要求人们去研究它。必须以高度的热情把由此获得的日益明确的意识传播到工人群众中去，必须不断增强党组织和工会组织的团结。

    ——恩格斯：《〈德国农民战争〉1870 年第二版序言的补充》，见《马克思恩格斯文集》第 2 卷，人民出版社 2009 年版，第 218～219 页。

    既然谈不到由工人群众在其运动过程中自己创立的独立的思想体系，那么问题**只能是这样**：或者是资产阶级的思想体系，或者是社会主义的思想体系。这里中间的东西是没有的（因为人类没有创造过任何"第三种"思想体系，而且在为阶级矛盾所分裂的社会中，任何时候也不可能有非阶级的或超阶级的思想体系）。因此，对社会主义思想体系的**任何轻视**和**任何脱离**，都意味着资产阶级思想体系的加强。人们经常谈论自发性。但工人运动的**自发的**发展，恰恰导致运动受资产阶级思想体系的支配，**恰恰是按照**《信条》这一**纲领进行**的，因为自发的工人运动就是工联主义的、也就是纯粹工会的运动，而工联主义正是意味着工人受资产阶级的思想奴役。因此，我们社会民主党的任务就是要**反对自发性**，就是要**使**工人运动**脱离**这种投到资产阶级羽翼下去的工联主义的自发趋势，而把它吸引到革命的社会民主党的羽翼下来。

…………

但是读者会问：自发的运动，沿着阻力最小的路线进行的运动，为什么就恰恰会受资产阶级思想体系的控制呢？原因很简单：资产阶级思想体系的渊源比社会主义思想体系久远得多，它经过了更加全面的加工，它拥有的传播工具也多得**不能相比**。[注：人们常常说：工人阶级**自发地**倾向社会主义。在下述意义上说，这是完全正确的，就是社会主义理论比其他一切理论都更深刻更正确地指明了工人阶级受苦的原因，因此工人也就很容易领会这个理论，**只要这**个理论本身不屈服于自发性，**只要**这个理论使自发性受它的支配。通常这是不言而喻的，可是《**工人事业**》恰恰忘记和曲解了这个不言而喻的道理。工人阶级自发地倾向社会主义，然而最流行的（而且时刻以各种各样的形式复活起来的）资产阶级思想体系，却自发地而又最猖狂地迫使工人接受它。]所以某一个国家中的社会主义运动愈年轻，也就应当愈积极地同一切巩固非社会主义思想体系的企图作斗争，也就应当愈坚决地告诉工人提防那些叫嚷不要"夸大自觉因素"等等的蹩脚的谋士。

——列宁：《怎么办？》，见《列宁专题文集·论无产阶级政党》，人民出版社 2009 年版，第 85～87 页。

在知识分子和青年学生中间，最近一个时期，思想政治工作减弱了，出现了一些偏向。在一些人的眼中，好像什么政治，什么祖国的前途、人类的理想，都没有关心的必要。好像马克思主义行时了一阵，现在就不那么行时了。针对着这种情况，现在需要加强思想政治工作。不论是知识分子，还是青年学生，都应该努力学习。除了学习专业之外，在思想上要有所进步，政治上也要有所进步，这就需要学习马克思主义，学习时事政治。没有正确的政治观点，就等于没有灵魂。过去的思想改造是必要的，收到了积极的效果。但是在做法上有些粗糙，伤了一些人，这是不好的。这个缺点，今后必须避免。思想政治工作，各个部门都要负责任。共产党应该管，青年团应该管，政府主管部门应该管，学校的校长教师更应该管。我们的教育方针，应该使受教育者在德育、智育、体育几方面都得到发展，成为有社会主义觉悟的有文化的劳动者。要提倡勤俭建国。要使全体青年们懂得，我们的国家现在还是一个很穷的国家，并且不可能在短时间内根本改变这种状态，全靠青年和全体人民在几十年时间内，团结奋斗，用自己的双手创造出一个富强的国家。社会主义制度的建立给我们开辟了一条到达理想境界的道路，而理想境界的实现还要靠我们的辛勤劳动。有些青年人以为到了社会主义社会就应当什么都好了，就可以不费气力享受现成的幸福生活了，这是一种不实际的想法。

——毛泽东：《关于正确处理人民内部矛盾的问题》，见《毛泽东文集》第 7 卷，人民出版社 1999 年版，第 226 页。

当前的精神文明建设，首先要着眼于党风和社会风气的根本好转。

端正党风，是端正社会风气的关键。整党要遵照十二届二中全会的决定，统一思想，整顿作风，加强纪律，纯洁组织，四者缺一不可。党章对这些都有明确的规定，每个党组织应该要求每个党员逐条对照，开展自我批评和相互批评，必要的时候要采取纪律措施。每个党员都能以身作则，我们的一切事情就都好办了。

改善社会风气要从教育入手。教育一定要联系实际。对一部分干部和群众中流行的影响社会风气的重要思想问题，要经过充分调查研究，由适当的人进行周到细致、有充分说服力的教育，简单片面武断的说法是不行的。群众关心的实际生活问题和时事政策问题，各级领导一定要经常据实讲解，告诉大家客观的情况以及党和政府所作的努力，并且对群众所反映的不合理现象及时纠正。群众从事实上感觉到党和社会主义好，这样，理想纪律教育，共产主义思想教育和爱国主义教育，才会有效。

思想政治工作和思想政治工作队伍都必须大大加强，决不能削弱。同样，对严重犯罪活动的防范和打击，也必须继续加强。对一些严重危害社会风气的腐败现象，要坚决制止和取缔。一切企业事业单位，一切经济活动和行政司法工作，都必须实行信誉高于一切，严格禁止坑害勒索群众。

思想文化教育卫生部门，都要以社会效益为一切活动的唯一准则，它们所属的企业也要以社会效益为最高准则。思想文化界要多出好的精神产品，要坚决制止坏产品的生产、进口和流传。资产阶级自由化的宣传，也就是走资本主义道路的宣传，一定要坚决反对。毫无疑问，我们仍然坚持"双百"方针，坚持宪法和法律所保障的各项自由，坚持对思想上的不正确倾向以说服教育为主的方针，不搞任何运动和"大批判"。对坚持错误拒绝改正的党员要执行党纪，但是在处理这些问题的时候不允许重犯任何简单化、扩大化的"左"的错误。

做好以上几方面的工作，社会风气的根本好转也就有了保证。

　　——邓小平：《在中国共产党全国代表会议上的讲话》，见《邓小平文选》第3卷，人民出版社1993年版，第144～145页。

　　我们坚持马克思主义的指导地位，要特别注意从两个方面加强工作：一是及时总结党和人民在实践中创造的新经验和获得的新认识，有力地回答现实生活提出的、干部群众关心的重大思想理论问题；二是善于运用马克思主义观点同各种错误观点进行积极斗争，帮助广大干部群众树立和坚定正确的思想理论认识。

　　坚持马克思主义的指导地位，最基础的工作是用马克思列宁主义、毛泽东思想、邓小平理论武装全党，教育人民。要使这种理论武装工作富有成效，必须大力弘扬理论联系实际的学风，敢于和善于分析、回答现实生活中和群众思想上迫切需要解决的问题。理论只有联系实际，正确回答和指导解决实际问题，才能发挥自己的威力和真正掌握群众。马克思主义具有强大生命力的奥秘，就在于它具有与时俱进的理论品质。马克思、恩格斯、列宁和毛泽东同志、邓小平同志，从来都不把理论研究当作书斋里的学问，总是紧密结合现实斗争的需要，努力回答实践不断提出的重大理论问题，从而不断丰富和发展理论。如果把马克思主义变成了一成不变和干巴巴的教条，变成了简单的说教，脱离了群众活生生的实践，那就不会有说服力，也就会丧失生命力。我们必须坚持马克思主义的基本原理和科学精神，坚持解放思想、实事求是，坚持以马克思列宁主义、毛泽东思想、邓小平理论为指导，努力对当前亟须进行理论引导或说明的突出问题，作出科学的、有说服力的、符合实际的解释和说明，充分发挥理论在思想政治工作中的基础性作用。

　　坚持马克思主义的指导地位，必须坚持唱响主旋律、打好主动仗，科学生动地宣传马克思主义，引导干部群众不断克服和抵制错误、落后、腐朽的思想文化的影响和侵蚀。马克思主义的真理，是在同各种谬误的斗争中确立、发展起来和不断深入人心的。这些年来，社会上一些与马克思主义、社会主义相违背的思想言论时有出现：有的公开鼓吹"全盘西化"，在政治上主张西方式的多党制和议会民主，在经济上主张私有化，在思想文化上主张取消马克思主义的指导地位，在价值观上主张极端个人主义；有的歪曲党和人民的奋斗历史，诋毁马克思主义，煽动对党和政府的不满；有的不负责任，生产格调低下、宣扬色情暴力、迷信颓废的影视作品和书刊；有的对改革开放持怀疑和否定的态度；等等。我们国家这么大，出现这类问题是很难完全避免的。但是，有些问题一再发生，明知故犯，这就需要引起我们高度警觉了。在事关政治方向和根本原则的问题上，我们一定要旗帜鲜明，理直气壮，毫不含糊。对于违反以经济建设为中心、违反四项基本原则、违反改革开放政策的错误思想政治观点，对于反马克思主义的挑战和攻击，必须进行积极的思想斗争，不能听之任之。如果面对错误的思想政治观点，不闻不问，不批评，不斗争，听任它们去搞乱人们的思想、搞乱我们的意识形态，那是极其危险的，势必危害整个国家和社会的安定团结。全党同志特别是党的高级干部和一切从事党的思想政治工作、从事马克思主义研究和宣传的同志，都要牢记这一点。当然，在对错误思想的批评和斗争中，一定要注意充分摆事实、讲道理，以利教育和团结群众。对思想政治领域的问题，要坚持中央确定的原则，头脑清醒，冷静观察，掌握动态，心中有数，审时度势，慎重处理。要加强正面引导，正确区分政治是非和学术问题。对学术问题，要坚持百花齐放、百家争鸣的方针，平等讨论，相互切磋。

——江泽民：《在中央思想政治工作会议上的讲话》，见《江泽民文选》第3卷，人民出版社2006年版，第86～89页。

社会主义核心价值体系是兴国之魂，是社会主义先进文化的精髓，决定着中国特色社会主义发展方向。必须强化教育引导，增进社会共识，创新方式方法，健全制度保障，把社会主义核心价值体系融入国民教育、精神文明建设和党的建设全过程，贯穿改革开放和社会主义现代化建设各领域，体现到精神文化产品创作生产传播各方面，坚持用社会主义核心价值体系引领社会思潮，在全党全社会形成统一指导思想、共同理想信念、强大精神力量、基本道德规范。

（一）坚持马克思主义指导地位。马克思主义深刻揭示了人类社会发展规律，坚定维护和发展最广大人民根本利益，是指引人民推动社会进步、创造美好生活的科学理论。要毫不动摇地坚持马克思主义基本原理，紧密结合中国实际、时代特征、人民愿望，用发展着的马克思主义指导新的实践。坚持不懈用中国特色社会主义理论体系武装全党、教育人民，推动学习实践科学发展观向深度和广度拓展，引导党员、干部深入学习贯彻党的基本理论、基本路线、基本纲领、基本经验，学习马克思主义经典著作，系统掌握马克思主义立场、观点、方法。科学分析世情、国情、党情新变化，深入研究解决改革开放和社会主义现代化建设新课题，不断深化对共产党执政规律、社会主义建设规律、人类社会发展规律的认识，不断把党带领人民创造的成功经验上升为理论，不断赋予当代中国马克思主义鲜明的实践特色、民族特色、时代特色。坚持以领导班子和领导干部为重点，以提高思想政治素养为根本，以建设学习型党组织为抓手，大力推进马克思主义学习型政党建设。深入推进马克思主义理论研究和建设工程，实施中国特色社会主义理论体系普及计划，加强重点学科体系和教材体系建设，推动中国特色社会主义理论体系进教材、进课堂、进头脑，加强和改进学校思想政治教育。

——《中共中央关于深化文化体制改革推动社会主义文化大发展大繁荣若干重大问题的决定》，人民出版社 2011 年版，第 11～13 页。

要深入开展中国特色社会主义宣传教育，把全国各族人民团结和凝聚在中国特色社会主义伟大旗帜之下。要加强社会主义核心价值体系建设，积极培育和践行社会主义核心价值观，全面提高公民道德素质，培育知荣辱、讲正气、作奉献、促和谐的良好风尚。

坚持团结稳定鼓劲、正面宣传为主，是宣传思想工作必须遵循的重要方针。我们正在进行具有许多新的历史特点的伟大斗争，面临的挑战和困难前所未有，必须坚持巩固壮大主流思想舆论，弘扬主旋律，传播正能量，激发全社会团结奋进的强大力量。关键是要提高质量和水平，把握好时、度、效，增强吸引力和感染力，让群众爱听爱看、产生共鸣，充分发挥正面宣传鼓舞人、激励人的作用。在事关大是大非和政治原则问题上，必须增强主动性、掌握主动权、打好主动仗，帮助干部群众划清是非界限、澄清模糊认识。

在全面对外开放的条件下做宣传思想工作，一项重要任务是引导人们更加全面客观地认识当代中国、看待外部世界。宣传阐释中国特色，要讲清楚每个国家和民族的历史传统、文化积淀、基本国情不同，其发展道路必然有着自己的特色；讲清楚中华文化积淀着中华民族最深沉的精神追求，是中华民族生生不息、发展壮大的丰厚滋养；讲清楚中华优秀传统文化是中华民族的突出优势，是我们最深厚的文化软实力；讲清楚中国特色社会主义植根于中华文化沃土、反映中国人民意愿、适应中国和时代发展进步要求，有着深厚历史渊源和广泛现实基础。中华民族创造了源远流长的中华文化，中华民族也一定能够创造出中华文化新的辉煌。独特的文化传统，独特的历史命运，独特的基本国情，注定了我们必然要走适合自己特点的发展道路。对我国传统文化，对国外的东西，要坚持古为今用、洋为中用，去粗取精、去伪存真，经过科学的扬弃后使之为我所用。

对世界形势发展变化，对世界上出现的新事物新情况，对各国出现的新思想新观点新知识，我们要加强宣传报道，以利于积极借鉴人类文明创造的有益成果。要精心做好对外宣传工作，创新对外宣传方式，着力打造融通中外的新概念新范畴新表述，讲好中国故事，传播好中国声音。

——习近平在全国宣传思想工作会议上的讲话，载《人民日报》，2013-08-21。

人类社会发展的历史表明，对一个民族、一个国家来说，最持久、最深层的力量是全社会共同认可的核心价值观。核心价值观，承载着一个民族、一个国家的精神追求，体现着一个社会评判是非曲直的价值标准。

古人说："大学之道，在明明德，在亲民，在止于至善。"核心价值观，其实就是一种德，既是个人的德，也是一种大德，就是国家的德、社会的德。国无德不兴，人无德不立。如果一个民族、一个国家没有共同的核心价值观，莫衷一是，行无依归，那这个民族、这个国家就无法前进。这样的情形，在我国历史上，在当今世界上，都屡见不鲜。

我国是一个有着13亿多人口、56个民族的大国，确立反映全国各族人民共同认同的价值观"最大公约数"，使全体人民同心同德、团结奋进，关乎国家前途命运，关乎人民幸福安康。

每个时代都有每个时代的精神，每个时代都有每个时代的价值观念。国有四维，礼义廉耻，"四维不张，国乃灭亡。"这是中国先人对当时核心价值观的认识。在当代中国，我们的民族、我们的国家应该坚守什么样的核心价值观？这个问题，是一个理论问题，也是一个实践问题。经过反复征求意见，综合各方面认识，我们提出要倡导富强、民主、文明、和谐，倡导自由、平等、公正、法治，倡导爱国、敬业、诚信、友善，积极培育和践行社会主义核心价值观。富强、民主、文明、和谐是国家层面的价值要求，自由、平等、公正、法治是社会层面的价值要求，爱国、敬业、诚信、友善是公民层面的价值要求。这个概括，实际上回答了我们要建设什么样的国家、建设什么样的社会、培育什么样的公民的重大问题。

中国古代历来讲格物致知、诚意正心、修身齐家、治国平天下。从某种角度看，格物致知、诚意正心、修身是个人层面的要求，齐家是社会层面的要求，治国平天下是国家层面的要求。我们提出的社会主义核心价值观，把涉及国家、社会、公民的价值要求融为一体，既体现了社会主义本质要求，继承了中华优秀传统文化，也吸收了世界文明有益成果，体现了时代精神。

富强、民主、文明、和谐，自由、平等、公正、法治，爱国、敬业、诚信、友善，传承着中国优秀传统文化的基因，寄托着近代以来中国人民上下求索、历经千辛万苦确立的理想和信念，也承载着我们每个人的美好愿景。我们要在全社会牢固树立社会主义核心价值观，全体人民一起努力，通过持之以恒的奋斗，把我们的国家建设得更加富强、更加民主、更加文明、更加和谐、更加美丽，让中华民族以更加自信、更加自强的姿态屹立于世界民族之林。

建设富强民主文明和谐的社会主义现代化国家，实现中华民族伟大复兴，是鸦片战争以来中国人民最伟大的梦想，是中华民族的最高利益和根本利益。今天，我们 13 亿多人的一切奋斗归根到底都是为了实现这一伟大目标。中国曾经是世界上的经济强国，后来在世界工业革命如火如荼、人类社会发生深刻变革的时期，中国丧失了与世界同进步的历史机遇，落到了被动挨打的境地。尤其是鸦片战争之后，中华民族更是陷入积贫积弱、任人宰割的悲惨状况。这段历史悲剧决不能重演！建设富强民主文明和谐的社会主义现代化国家，是我们的目标，也是我们的责任，是我们对中华民族的责任，对前人的责任，对后人的责任。我们要保持战略定力和坚定信念，坚定不移走自己的路，朝着自己的目标前进。

....

价值观是人类在认识、改造自然和社会的过程中产生与发挥作用的。不同民族、不同国家由于其自然条件和发展历程不同，产生和形成的核心价值观也各有特点。一个民族、一个国家的核心价值观必须同这个民族、这个国家的历史文化相契合，同这个民族、这个国家的人民正在进行的奋斗相结合，同这个民族、这个国家需要解决的时代问题相适应。世界上没有两片完全相同的树叶。一个民族、一个国家，必须知道自己是谁，是从哪里来的，要到哪里去，想明白了、想对了，就要坚定不移朝着目标前进。

——习近平：《青年要自觉践行社会主义核心价值观——在北京大学师生座谈会上的讲话》，人民出版社 2014 年版，第 3～6、8 页。

思想政治工作从根本上说是做人的工作，必须围绕学生、关照学生、服务学生，不断提高学生思想水平、政治觉悟、道德品质、文化素养，让学生成为德才兼备、全面发展的人才。

要教育引导学生正确认识世界和中国发展大势，从我们党探索中国特色社会主义历史发展和伟大实践中，认识和把握人类社会发展的历史必然性，认识和把握中国特色社会主义的历史必然性，不断树立为共产主义远大理想和中国特色社会主义共同理想而奋斗的信念和信心；正确认识中国特色和国际比较，全面客观认识当代中国、看待外部世界；正确认识时代责任和历史使命，用中国梦激扬青春梦，为学生点亮理想的灯、照亮前行的路，激励学生自觉把个人的理想追求融入国家和民族的事业中，勇做走在时代前列的奋进者、开拓者；正确认识远大抱负和脚踏实地，珍惜韶华、脚踏实地，把远大抱负落实到实际行动中，让勤奋学习成为青春飞扬的动力，让增长本领成为青春搏击的能量。

做好高校思想政治工作，要因事而化、因时而进、因势而新。要遵循思想政治工作规律，遵循教书育人规律，遵循学生成长规律，不断提高工作能力和水平。要用好课堂教学这个主渠道，思想政治理论课要坚持在改进中加强，提升思想政治教育亲和力和针对性，满足学生成长发展需求和期待，其他各门课都要守好一段渠、种好责任田，使各类课程与思想政治理论课同向同行，形成协同效应。要加快构建中国特色哲学社会科学学科体系和教材体系，推出更多高水平教材，创新学术话语体系，建立科学权威、公开透明的哲学社会科学成果评价体系，努力构建全方位、全领域、全要素的哲学社会科学体系。要更加注重以文化人以文育人，广泛开展文明校园创建，开展形式多样、健康向上、格调高雅的校园文化活动，广泛开展各类社会实践。要运用新媒体新技术使工作活起来，推动思想政治工作传统优势同信息技术高度融合，增强时代感和吸引力。

——习近平在全国高校思想政治工作会议上的讲话，载《人民日报》，2016-12-09。

后 记

这部书稿是马克思主义理论学科研究生系列教材之一，从策划到出版已好几年过去了，作为主编，一方面感叹岁月流逝，当今世界处于"百年未有之大变局"，各种思潮更加活跃了；另一方面国家意识形态建设日益加强，这就对运用马克思主义立场、观点和方法来评介当代社会思潮提出了更高且更新的要求。专业研究生教材还要考虑内容合适和表达尺度等，对我们的确是一个不小的挑战。

本书由复旦大学马克思主义学院几位同人集体合作完成，多亏了这些年来大家相濡以沫相互鼓励。除了我负责策划确定提纲，以及导论和第二章的写作之外，其他分工是：林青（第一章）；韩欲立（第三章，第五章第三节）；张奇峰（第四章）；王涛（第五章第一、第二、第四节）；吴海江（第六章）。为了保证书稿质量，还特地劳烦北京大学陈占安、南京师范大学王永贵、武汉大学袁银传、上海交通大学陈锡喜、上海理工大学陈大文等行家进行"会诊"，他们提出了非常中肯的改进意见，我们也尽量吸收了进来。北京师范大学出版社祁传华、赵雯婧编辑坚韧不拔的关注、督促和审读，在此一并致谢。

在写作过程中，我们通过交流切磋，深化了对有关问题的理解和把握，但毕竟水平有限，疏漏难免，因此也非常希望获得专业人士、研究生读者的批评指正。

是为记。

肖　巍
于 2021 年春，复旦大学光华楼

图书在版编目(CIP)数据

马克思主义与当代社会思潮/肖巍主编. —2 版. —北京：北京师范大学出版社，2024.5
马克思主义理论学科研究生系列教材：第 2 版
ISBN 978-7-303-29835-8

Ⅰ.①马… Ⅱ.①肖… Ⅲ.①社会思潮－中国－现代－研究生－教材 Ⅳ.①D092.7

中国国家版本馆 CIP 数据核字(2024)第 038655 号

营 销 中 心 电 话　010-58805385
北 京 师 范 大 学 出 版 社　http://xueda.bnup.com
主题出版与重大项目策划部

MAKESI ZHUYI YU DANGDAI SHEHUI SICHAO
出版发行：北京师范大学出版社　www.bnupg.com
　　　　　北京市西城区新街口外大街 12-3 号
　　　　　邮政编码：100088
印　　刷：北京盛通印刷股份有限公司
经　　销：全国新华书店
开　　本：710 mm×1000 mm　1/16
印　　张：17.25
字　　数：320 千字
版　　次：2024 年 5 月第 1 版
印　　次：2024 年 5 月第 1 次印刷
定　　价：52.00 元

策划编辑：祁传华　　　责任编辑：赵雯婧
美术编辑：王齐云　　　装帧设计：王齐云
责任校对：陈　民　　　责任印制：马　洁　赵　龙